ちくま学芸文庫

古文読解のための文法

佐伯梅友

筑摩書房

目次

本編

展開編

第二章　敬譲語

付　編

古文読解のための文法

凡例

一　本書は、いわゆる学校文法をもととして古文の読解に必要な文法的事項を述べたものですが、文のでき方を主として述べておりますので、単語関係では、品詞の分類法の外は、用言・助動詞の活用のあり方と、活用表とを示すにとどめました。それで、いちいちの助動詞や助詞に関するこまごましたことは、私もその編修委員の一人として責任をもつ『例解古語辞典 第二版』（三省堂刊）の御参照をお願いしたいと存じます。

二　文の文法的な読みについては、その文を構成する語句のまとまりをはっきりとつかみ、語句と語句とのかかわりをはっきりとみること、つまり、文脈をはっきりとさせることが、まず努めるべきことだと、私は考えておりますので、本書の記述もその線に沿うていきます。この意味では、単語の品詞を考えることはもちろん、文を構成する語句にいちいち名を付けることも、是非なければならないとは考えておりませんが、説明には全然そうした名を用いないわけにいきませんので、いろいろ名前を付け用いますけれども、名前よりも事がらの認識のほうが大事であると考えているものであります。

三　本書では、学校文法で「連体修飾語」とよぶものを「限定語」とよび、従って、「連用修飾語」とよぶものを、単に「修飾語」とよぶことにしております。それは、連体修飾語とよばれるものは、普通の文の直接構成成分とはなり得ないものですから、直接構成成分となり得る連用修飾語と同列に扱われるべきでない、という理由からです。意味的には「限定語」とよぶのにふさわしくない例もあって、「装定語」とよぶほうがよいかとも思いますが、もう長いこと用いてきたものですから、そこは大様《おおよう》に考えていただきたいと存じます。

四　学校文法では「文節」という名を用いますが、私は、その名を用いず、「語句」という名を用います。文節というのは橋本進吉博士の発想で、私は、博士がまだ御自分の教科書に用いておられない時代に、そのお考えを借りて、「文素」という名で検定教科書に採《と》り入れたものです。戦争が激しくなって、検定教科書が廃止された時に、国定の教科書に文節が採り入れられて全国に普及してしまったので、私も最後には文素という名をすてて文節としたのでしたが、今はこの名もすてました。文節という名を用いますと、たとえば、

　学校の庭に　きれいな花が　咲いています。

という文は、

　学校の一庭に一きれいな一花が一咲いて一います。

とくぎられ、この一つ一つが文節であり、「学校の」という文節は「庭に」にかかり、「きれいな」という文節は「花が」にかかるということになりますが、ごく普通の感じから申しますと、「学校の」は「庭」にかかり、「学校の庭」という一まとまりが「に」を取って「咲いています」にかかる、「きれいな」は「花」にかかり、「きれいな花」という一まとまりが「が」を取って「咲いています」にかかる、と考えたくなるでしょう。私は、この普通の感じ方を重んじたいのです。語句という語を用いますと、

「学校の」という語句は、「庭」にかかり、「学校の庭に」という語句となって「咲いています」にかかり、

「きれいな」という語句は、「花」にかかり、「きれいな花が」という語句となって「咲いています」にかかる、

ということになります。「咲いています」も一つの語句ですが、「咲いていますから」となって、「見に行きませんか」という、人を誘う語句があとに出れば、「学校の庭にきれいな花が咲いていますから」という一まとまりが、「見に行きませんか」というのにかかる語句ということになります。こうして、語句という場合は、文節のようにはっきりしたものでなく、短いのや非常に長く続いたのやがあって、ごたごたするようですが、馴れてみれば、便利なよび方だと思っております。

基礎編

序章

ここでは、文法というものは、何をもとにして調べ組織されるか、どういう性質のものか、読解にどこまでかかわり得るか、などについて述べようと思います。

一　文法は「文」をもとにして調べる

文法は「文」をもとにして調べる、というのが、私の考え方です。では、その「文」はどこにあるか、といいますと、言葉が言葉として実際に用いられたところにある、というわけです。これは、昭和三十二年に岩波新書として出た、西尾実氏の『日本人のことば』から影響を受けての考え方であって、西尾氏は、言葉が言葉として実際に用いられたものは、すべて「文章」であり、その中から、形態を目安として、「単語」も「文」も抽出される、と言っておられるのです。私はこの考え方を借用して、西尾氏の言われる「文章」の中で、はっきりと言い切られた一まとまりの言葉を「文」として、抽出するのです。「文」とはどういうものかという、その定義には、多くの文法学者が苦労させられたものでしたが、右のように考えると、事は極めて簡単でしょう。たとえば、『源氏物語』の末《すえ》摘花《つむはな》の巻に、

「内裏《うち》よりか」

「しか。まかで侍るまゝなり」

という、源氏の君の問いと、頭中将《とうの》の返事とがありますが、これがそれぞれ文章であり、「内裏よりか」も「しか」も「まかで侍るまゝなり」も、それぞれ一つの文として抽出されることになります。同時に、これらの問いのことばと返事のことばとが引用されている大きな一まとまりの、

思ひ乱れておはするに、頭中将おはして、「こよなき御朝寝《あさい》かな。故あらんかしとこそ、思ひ給へらるれ」といへば、起きあがり給ひて、「心安き独寝《ひとりね》の床《とこ》にて、ゆるびにけりや。内裏《うち》よりか」とのたまへば、「しか。まかで侍るまゝなり。朱雀院の行幸、今日《けふ》なん、楽人《がくにん》、舞《まひ》人さだめらるべきよし、昨夜《よべ》承りしを、①大臣《おとゞ》にも伝へ申さんとてなんまかで侍る。やがてかへり参りぬべう侍り」と、いそがしげなれば、「さらば、

もろともに」とて、御粥・強飯召《こはいひめ》して、②客人《まらうど》にもまゐり給ひて、③引き続けたれど一《ひと》つに奉りて、「なほ、いとねぶたげなり」と咎《とが》め出《い》でつゝ、「隠《かく》い給ふ事多かり」とぞ恨みきこえ給ふ。――①頭中将の父の左大臣。②頭中将にもさし上げなさって。③めいめいの車を引き続けたけれど、一つ車にお乗りになって。源氏の君の車に頭中将が同車したのであろう。

という長い一まとまりも、これで一つの文であるとして抽出されることになります。

言葉が言葉として実際に用いられたものには、現代のものとしては、お互いが毎日他の人とかわしている、その場で消えてしまうものもあり、録音されたものもあるわけですが、過去のものとしては、文字で記録されたものだけであり、その多くは文学作品だということになります。そうして、たとえば『源氏物語』にしても、その中から全部の文を取り出していちいち調べあげたものではないにしても、調べる精神としては、そういう気持ちのものとして調べられ、まとめられた文法なのです。

ただし、昔の作品は、書き写しの誤りもあり、そうでないにしても、人間のわざには時に誤りもあり、筆がそれることもあるわけですから、伝えられた全部を正当なものとして受け入れるわけではありません。たとえば、前掲の長い一文でも、その終わりのほうで、

……御粥・強飯召して、客人にもまゐり給ひて、引き続けたれど一つに奉りて、

と、光源氏を動作の主《ぬし》として述べてきたのが、何の断わりもなしに、

「なほ、いとねぶたげなり」と咎め出でつゝ、「隠い給ふ事多かり」とぞ恨みきこえ給ふ。

と、「客人」すなわち頭中将を動作の主としての叙述になるのは、正常ないき方ではないことを見のがすわけにはいきません。

二　文の抽象性

言葉が言葉として実際に用いられたもの、西尾氏の文章と言われるものは、極めて具体的な物事を表わしているのですが、その中から、文法の材料として抽出された文というものは、その具体性の消えた、極めて抽象的なものになります。

夏目漱石の『坊っちゃん』から例を取りましょう。坊っちゃんが松山市の中学校に奉職するために東京から下って、どこから汽船に乗ったのか、それが三津浜と推測される所に着いて、下船したところです。筒袖を着た客引きの男につれられて、宿屋へ来ました。

門口へ立ったなり中学校を教へろと云《い》ったら、中学校は是《これ》から汽車で二里許《ばか》り行かなくっちゃいけないと聞いて、猶上《なほあ》がるのがいやになった。おれは、筒《つゝ》っぽうを着た男から、おれの革鞄《かばん》を二つ引きたくって、のそ〳〵あるき出《だ》した。宿屋のものは変な顔をして居《ゐ》た。
停車場《ていしやば》はすぐ知れた。切符《きつぷ》も訳なく買った。乗り込んで見るとマッチ箱の様《やう》な汽車だ。ごろごろと五分許《ばか》り動いたと思ったら、もう降《お》りなければならない。道理《だうり》で切符が安いと思った。たった三銭《せん》である。

右の文章の中で、「停車場はすぐ知れた」という文と、「切符も訳なく買った」という文とについて考えてみましょう。これが、右のように文章の中にあれば、「停車場」も「切符」も具体的なものとして用いられているわけですが、これを、それぞれ一つの文として抽出し、文法の材料として考える場合には、停車場はどこのでもかまわないし、切符も乗車券と限らず、映画館の入場券でもかまわない、つまり、それだけ具体性が消える、というわけです。また、「たった三銭である」という文も、この文章の中にあれば、坊っちゃんが買った切符の値段だということになりますが、文として抽出してしまうと、何についての話であるか、わからなくなります。物の値段ではなく、貰《もら》ったおこづかいの額だと考えることもできましょう。文法というものは、こういう文をもとにして、そこに見られるいろいろな法則を調べていくものだ、ということに注意しましょう。単語に至っては、たとえば「筒っぽう」「男」「革鞄」「宿屋」「顔」「停車場」「切符」「マッチ箱」「三銭」等を、みな同類のものとして、「体言」「名詞」とよぶわけで、いよいよ抽象的に考えるものだということが理解されるでしょう。

三　文を読むこと

行く春を　近江の人と　惜しみけり

という芭蕉《ばしょう》の句は、俳句としてすばらしいものとされているものですが、これを

行く歳を　丹波の人と　惜しみけり

と言ったのと同じではないかと非難した人もありました。なるほど、文法でいう「文」としてみれば、それぞれ、語句の構成、語句と語句とのかかわりあいに、何の違いもありません。けれども、俳句という一つの作品、すなわち西尾氏の言われる文章として読み、「行く春」という季節と、近江の国の歴史的な背景を思って、芭蕉の心情を酌む人は、どうしても「行く春を近江の人と」でなければならない、「行く歳」でも駄目、「丹波の人と」でも駄目ということになるのです。

柿食へば　鐘が鳴るなり　法隆寺

という正岡子規の有名な作品も、「文」として扱う時は、「鐘」がどこのどういう鐘か、「法隆寺」がどういう寺であるかなどは、問題になりません。問題になるとすれば、「柿食

へば」という語句と、「鐘が鳴るなり」という語句とのかかわりあいが、まず問題になるでしょう。「食へば」というような言い方は、

①食うから、食うのでというように、あとに言われることの原因・理由を表わす場合と、

②食ったら、食っていたらというように、あとに言われることの起こった場合を表わす場合と、

③食うといつでもというように、習慣的にあとに言われることの起こる場合を表わす場合と、

があり、そのどれに当たるのか、ということの決定になるでしょう。それに次いでは、「鐘鳴るなり」とか、「鐘ぞ鳴るなる」とか古典語ではいうべきところである、ということぐらいでしょう。ですから、この句を子規の句、すなわち文章として味わうためには、子規がどんな状況で法隆寺をおとずれたか、法隆寺はどういう寺か、法隆寺のあたりはおいしい柿の産地であり、子規は柿がだいすきであった、などのことを十分に知らなければなりません。そうして、これらのことは、すべて文法の調べるべきところではないのです。

文法というものは、「文」をもとにして調べ、組織されるもので、その知識を用いて文を読む場合は、文章の中において読まなければならない、ということは、右に述べたことでおわかりかと存じます。文章の中において、ということは、その文が与えられた場面の

中で、ということで、短歌一首とか、俳句一句とかの場合は、読む人が場面を考えなければならないわけです。時には、文法さえも、場面が考えられなければ、決められない場合があります。たとえば、

僕は　うなぎだ。

という文です。「僕は」と「うなぎだ」との関係はどういう関係か、ということは、これだけでは決められません。

もしある人が、うなぎの身になったつもりで、うなぎの身の上話をすることになって、壇上に立ってこう発言したら、文法的には、「僕は」が主語、「うなぎだ」が述語ということになるでしょう。

また、もし四、五人の仲間が、昼飯に何を注文しようかと言いあっている場合なら、この文は、「僕においては、それはうなぎだ」という意味になるでしょう。食べ物の中で、何が一番すきか、ということでの発言でも、やはり「僕においては、それはうなぎだ」という意味で、「僕は」は「うなぎだ」の主語ではなく、「うなぎだ」の主語は「それは」であるが、言わなくてもわかるから、省略されている、と考えるべきでしょう。

右の「僕は」が、僕においては、という気持ちに見られることは、次の「雪は」の例からも考えられるでしょう。まず、謡曲『鉢の木』のシテ、佐野の源左衛門常世のことばに、

あゝ降ったる雪かな。いかに世にある人の面白う候ふらん。それ、雪は鵞毛に似て飛

んで散乱し、人は鶴氅《かくしょうき》を被て立って徘徊すと言へり。

とある「雪は」は、「散乱し」の主語ですが、この文句に語路を合わせた、

雪は鴨を煮て飲んで算段す。

となると、「雪は」は、雪においては、雪の日は、といったような意味で、主語ではなく、主語としてあるべき「われ」という語は省略されている、ということになるでしょう。

四　言葉が言葉として実際に用いられる時

ここで、言葉が言葉として実際に用いられる場合は、言葉がどんなふうになるのかについて、考えておきたいと思います。

言葉を言葉として実際に用いることを、表現ということにしますと、すべての表現は、表現する人、すなわち表現者の心を通して出るものだ、ということは間違いないでしょう。これを比喩的にいうならば、表現では、言葉が表現者の息に包まれて出る、といってもよいでしょう。そうして、その表現を受け取るのも、そういうものとして受け取るわけです。

われわれの記憶の中には、たくさんの言葉がはいっています。そうして、辞書にはそれ以上の言葉が収録されています。われわれが他人の文章を読み、または聞いて、その内容

を理解することができるのは、自分の記憶にある言葉と照らし合わせてのことですから、自分の記憶にない言葉があると、理解ができませんので、人に尋ねたり、辞書を引いたりしなければなりません。その、記憶の中にある言葉も、辞書に収録されている言葉も、ただそれだけのもので、文構成に何の力もないものなのですが、表現すべく用いられると、文を構成する力が与えられて出てくるわけで、それを、表現者の息に包まれて出ると、比喩的にいうわけです。

庭で遊んでいる子が雨の降り始めたのに気付いて、乾し物がぬれると思って、

おかあさん！　雨！

と母親に呼びかけたとします。これは文章であって、単に「おかあさん」「雨」という二つの単語ではない、それ以上のものが表わされており、母親としても、それを聞いた第三者としても、同様に受け取るでしょう。そこには、音調などの問題も含まれはしますが、こういうことを、表現者の息に包まれて出るというわけで、これなどは、その著しい例といえましょう。

月　出《い》づ。

というのが、「月」と「出づ」との二つの単語ではなく、「月」は主語として「出づ」にかかり、「出づ」は述語として「月」を受けて文としてまとめている、ということは、表現者の息がかかったものとして出てきているからであり、読む人も、それとして受け取って

いるから、ということになりましょう。

月も　出でぬ。

月は　出でず。

月や　出づる。

月だに　出でよ。

などでは、その息がいよいよ濃くなっているというわけです。しかも、

月　出づ。

とあるから、これで常に客観的にまことの事実が表現されているとは限りません。

山桜わが見に来れば、春霞、峰にもをにも立ち隠しつつ（古今集、春上、五二）

という歌がありますが、春霞に意志があって、人間に山桜を見せまいと意地悪をしているなどということは、あり得ないことで、これは、表現者がそう感じただけのことでしょう。

桜花咲きにけらしな、あしひきの山の峡《かひ》より見ゆる白雲（古今集、春上、五九）

という歌でも、「白雲」というのは、実際の雲ではありません。これが実際の白雲であるなら、この歌は何を言っているのかわからないでしょう。いつもは白雲など立たないところに、白雲みたいな物が見える。あれは、桜の花が咲いたのだな、というところで、この歌が出来た、と考えなければならないものです。

『徒然草』の百二十八段に、雅房の大納言が、飼っている鷹に食べさせるために、生きている犬の足を切っていたのを、中垣の穴から見ましたと、後伏見院に告げ口をした人があって、それから、大納言は院の寵を失った、ということを述べたあとに、

さばかりの人、鷹を持たれたりけるは思はずなれど、犬の足はあとなき事なり。――

①大納言ほどの人が。②意外だけれど。

としるしてあります。この「犬の足はあとなき事なり」という部分だけ取り出しますと、何のことかわからないでしょうが、これを前から読み続けてくれば、すなわち、この場面からは、「犬の足は」というのは、「犬の足の件は」、詳《くわ》しく言えば、「大納言が鷹に食わせるために生きている犬の足を切ったということは」という意味になるはずで、犬の足の件は事実無根だと断わっているわけなのです。場面からわかるはずのことは、いちいちこまかく言わず、ここで言えば「犬の足は」という中に含ませているわけで、表現者の息がひどく濃くかかっている例なのです。前に述べた、文として抽出すると具体性が消えるということも、これらでそのわけが理解されるかと存じます。

第一章　単語の分類

どういう語を単語と認めるかと開き直られると厄介なことになります。一つの単語は、発音上二つにくぎらずに発音されるものですが、落語で有名な長い人名の、「寿限《じゅげ》無《む》寿限《じゅげ》無《む》五《ご》劫《こう》のすりきれ……」などは、とても一息には終わりまで発音できませんが、これが人名とあれば、一単語としないわけにいかないでしょう。しかし、そういうのは例外として、普通には、次のように考えます。

桜花、咲きにけらしな、あしひきの、山の、峡より、見ゆる、白雲
柿、食へば、鐘が、鳴るなり、法隆寺

単線の語が「自立語」、複線の語が「付属語」で、いずれもみな単語です。付属語とは、自立語に付いてしか用いられないから、というのですが、付属語だけ取り出してみると、自立語のような、はっきりした意味内容が考えられないから、これを単語とは認めがたい、とする人もおります。でも、今は、そういう大きな違いを認めながら、単語として扱うことにしておきましょう。

右の自立語の中で、「咲き」は「咲く」と言い切ることもでき、「見ゆる」も「見ゆ」と言い切ることができ、「食へ」も「食ふ」と言い切ることができ、「鳴る」は「鳴れば」と言うことができます。つまり、これらの語は、用い方によって語形が変わります。これを「活用する」といい、活用する自立語を「用言」と名付けます。

用言は、活用の型によって、「動詞」「形容詞」「形容動詞」の三つの品詞に分けますが、そのことは、後に詳しく申しましょう。

用言に対して、「桜花」「山」「峡」「白雲」「柿」「鐘」「法隆寺」などは活用しない自立語で、それだけでも、「の」「を」「に」「へ」「と」「より」などの助詞を付けても、用いられる点で一致しております。これらを「体言」とよびます。「あしひきの」の「の」も、「山の」の「の」と同じ助詞でしょうが、常に「あしひきの」の形でしか用いられず、もっぱら歌の中で、「山」または「やま」の音を頭にもつ体言にだけかけて用いられ、「枕詞」といわれているものです。文法的には、活用しない自立語の中の「連体詞」とすべきものでしょう。「あらゆる（物）」「いはゆる（忘れ草）」「あたら（命）」なども、連体詞といわれる語です。活用しない自立語には、なお、

いと　うれし。
かく　言はば。
つゆ　知らず。

など、用言、または、用言が中心となっている語句に修飾語としてかかる「副詞」、

飲み　かつ　食ふ。

松島、天の橋立、および　厳島《いつくしま》。

など、並べていう語のまとまりをはっきりさせたり、「ただし」「さらば」「されど」など、後の文の頭において、前の文との関係をはっきりさせる「接続詞」、

やや。おう。ああ。

など、呼びかけ、応答、嘆きなどを表わす「感動詞」などがあります。

その体言を、「名詞」「代名詞」の二品詞に分けるのが普通ですが、数量を数えたり、順番を示したりする語や、時間のくぎりに名付けた語などを、普通の名詞から分けて、「時数詞」を立てるのがよかろうという人もあります。これらは、

家を　五軒　もちたり。

春　咲く　花。

午後二時　出発す。

というように、助詞をとらず、それだけで修飾語として用いられることがあるのを、普通の名詞と違うところとして、重視するからです。

代名詞は、指示する気持ちが強く、話し手と聞き手との関係で変わるわけで、たとえば、同じ人が、自分自身を「我《われ》」と言い、話し相手からは「汝《なんじ》」と言われ、第三者としては

「彼《かれ》」と指されるし、書籍でも何でも、話し手に近い物は「これ」といい、話し手から離れて、聞き手に近い物は「それ」といい、話し手にも聞き手からも遠い物は「あれ」という、というぐあいで、名詞とは様子がだいぶ違います。けれども、体言としては、文法的に名詞と違う用法はないわけです。

付属語も、活用の有無によって、助動詞と助詞との二品詞に分けますが、活用の有無は文法的には大きな違いをもたらすものだということは、追々と明らかにしようと存じます。

右の事どもを、表にして示すと、次のようになります。

単語
- 自立語
  - 活用しない
    - **体言**……名詞・代名詞（時数詞）
    - （非体言）……連体詞・副詞・接続詞・感動詞
  - 活用する……**用言**……動詞・形容詞・形容動詞
- 付属語（助辞）
  - 活用する……助動詞
  - 活用しない……助詞

第二章　用言・助動詞の活用

一　動詞とその活用

用言を、活用のあり方によって、動詞・形容詞・形容動詞の三品詞に分けることは前に申しましたが、動詞という名称は、そうして分けた時に、それに属する大部分の語が、「咲く」「食ふ」「鳴る」というように、物事の動きを表わすものだったからでした。従って、それは、当然時間の制約の中にあるわけです。「見ゆ」「有り」などは、動きというのはどうかと思いますが、時間の制約の中にあるとはいえるでしょう。また、

咲かむか　　咲きやせむ
食ふべし　　食ひもすべし
鳴れども　　鳴りはすれども
見えよ　　見えだにせよ

有らず	有りもせず

というように、下段の言い方をする時に、必ず「す」という動詞が出るのも、注意される点です。

さて、動詞の活用ですが、これを調べるのには、実際に用いられたものを集めるべきですが、ここでは、すでに調べられて得た結果にもとづいて、簡単な作例を並べて考えることにします。「待つ」「落つ」「建つ」の三語を、代表として用います。

待つ	落つ	建つ
①春を待つ。	柿の実《み》落つ。	家を建つ。
②春をぞ待つ。	柿の実ぞ落つる。	家をぞ建つる。
③春をなむ待つ。	柿の実なむ落つる。	家をなむ建つる。
④春をや待つ。	柿の実や落つる。	家をや建つる。
⑤何をか待つ。	何物か落つる。	何をか建つる。
⑥春をこそ待て。	柿の実こそ落つれ。	家をこそ建つれ。
⑦春を待て。	柿の実は落ちよ。	家を建てよ。
⑧春を待ち、秋を待つ。	月落ち、烏なく。	家を建て、蔵を建つ。
⑨春を待つ人。	落つる柿の実。	我が建つる家。
⑩春を待ちわびぬ。	柿の実落ちはてぬ。	建てつゞけたる家。

⑪待たば、来む。　落ちば、拾はむ。　何を建てば、よからむ。
⑫待てば、海路の日和《ひより》あり。　落つれば、同じ谷川の水。　家を建つれば、人うらやむ。
⑬待つとも、来《こ》じ。　落つとも、拾はじ。　家を建つとも、うらやまじ。
⑭待てど（も）来ず。　落つれど（も）拾はず。　家を建つれど（も）うらやまず。

⑮春を待ちて暮らす。　実落ちてつぶれたり。　家を建てて老母を迎へむ。
⑯何物をも待たず。　柿の実落ちず。　家を建てず。
⑰春を待たむ。　柿の実落ちむ。　家を建てむ。
⑱今まで待ちたり。　柿の実落ちたり。　家を建てたり。
⑲春を待ちき。　柿の実落ちき。　家を建てき。
⑳春を待つべし。　柿の実落つべし。　家を建つべし。
㉑春を待つらむ。　柿の実落つらむ。　家を建つらむ。
㉒春を待つまじ。　柿の実落つまじ。　家をば建つまじ。

まず、これくらいのところで考えましょう。①から⑦までは、その動詞だけで文として言い切る――終止する――例です。①は普通一般の言い切り方で、「普通終止法」、②③④⑤は前の語句に助詞の「ぞ」「なむ」「や」「か」のどれかがある場合の言い切り方で、「ゾ・ナム・ヤ・カ終止法」、⑥は前の語句に助詞の「こそ」がある場合の言い切り方で、

「コソ終止法」、⑦は命令の気持ちで言う言い切りで、「命令終止法」です。このうち、④と⑤とは疑問文となり、問いの場合や表現者が心中で疑って言う場合や、反語になる場合があります。ことに、動詞に助動詞が付いて、

春をや待つべき。

何をかは待たむ。

などと言うと、反語になることが多いのです。動詞に助動詞が付くと、全体が一語のようになって、ここにあげた①から⑥までの言い切り方が行なわれるわけで、「春を待つべし」「春を待たむ」なら、「春をこそ待つべけれ」「春をこそ待ため」ということになるのですが、それはまた、後で申しましょう。

⑧は、軽く止めて後へ続けていく言い方で、「中止法」といい、事がらを並べて言う場合によく用います。⑨は、体言に連《つら》ねていく言い方で「連体法」です。「落つる」は「柿」にかかるのでなく、「柿の実」という一まとまりにかかっていくのです。⑩は、あとの用言に連なる用法で「連用法」ですが、これらは「待ちわぶ」「落ち果《は》つ」「建て続く」等を一語と考えて扱うのが普通ですが、「連用形」という活用形の名の出るもととして、例にあげました。⑪から⑮までは、「ば」「とも」「ど」「ども」「て」などの接続助詞を取る場合の形であり、⑯以下は助動詞を取る場合の形です。こうして助動詞が付いて、表現者自身の意志が表示される場合もありますが、多くは、その動詞の表わす事がらの非存在

や、将来や現在の推量、それが過ぎ去った事か、今ある事か、そうあるのがよいか、よくなかろうか、そうあるに違いなかろうとか、そうあるはずはなかろうとかの、表現者のいろいろな認定・推定がはっきり出るわけで、動詞と一まとまりとして、①から⑥までの用法で、助動詞がその言い切りを受け持つことは、前にも述べました。

さて、右によって、「待つ」「落つ」「建つ」の語形変化を図表にして示そうとするのですが、それについては、次の約束を設けます。

a　同じ用法のものは、同じものとする。

b　できるだけ、同じ語形を一つ所にまとめる。ただし、「待つ」では同じ語形でも、「落つ」「建つ」では語形が違う場合、また、「落つ」「建つ」では同形でも、「待つ」では語形が違う場合は、違うほうに合わせる。

c　「待つ」をもとにして、五十音図に合わせて考える。

右の約束でまとめると、次のような表ができます。

待つ	1	2	3	4	5	6
	待た	待ち	待つ	待つ	待て	待て

落つ	建つ	言い切る	続ける	接続助詞をとる	助動詞をとる
落ち	建て			⑪ば	⑯ず ⑰む
落ち	建て		⑧中止法 ⑩連用法	⑮て	⑱たり ⑲き
落つ	建つ	①普通終止法		⑬とも	⑳べし ㉑らむ ㉒まじ
落つる	建つる	②〜⑤ゾ・ナム・ヤ・カ終止法	⑨連体法		
落つれ	建つれ	⑥コソ終止法		⑫ば ⑭ど・ども	
落ちよ	建てよ	⑦命令終止法			

この六つの欄に名を付けるのですが、次のように付けられています。
1は「未然《みぜん》形」、未然は、未《いま》だ然《しか》らずで、事がらがまだ実現していない意です。
2は「連用形」、⑩の連用法で代表させました。

3は「終止形」、①の普通終止法で代表させました。
4は「連体形」、⑨の連体法で代表させました。
5は「已然《いぜん》形」、已然は、已《すで》に然りで、事がらがもう実現している意です。
6は「命令形」です。

右の名付けの態度は一貫していませんが、中でも一番おくれて認められた命令形を別にして考えますと、終止形を中心として、「未然形」と「已然形」、「連用形」と「連体形」というように、対称的になっている点は、たくみな命名だといえるでしょう。

右の表で、語の漢字を当てた部分（これを語幹といいます）を欄外に出し、かなの部分（これを語尾といいます）だけ残した表を作りますと、「打つ」「勝つ」「持つ」「保《たも》つ」などの語が、みな「待つ」のところに当てはまり、「朽《く》つ」や、「づ」と濁るけれども「綴《と》づ」「恥づ」などの語が、「落つ」のところに当てはまり、「棄《す》つ」「当《あ》つ」（現代語「当てる」）や、「づ」と濁るけれども「出《い》づ」「撫《な》づ」「愛《め》づ」「奏《かな》づ」などの語が、「建つ」のところに当てはまることが知られます。

そればかりでなく、「咲かず」「嘆かず」「騒がず」「貸さず」「倒さず」「問はず」「願はず」「飛ばず」「読まず」「慎まず」「散らず」「憚《はばか》らず」など、助動詞「ず」の付く場合に、五十音図ア段の音の出る語は、「死ぬ」「去《い》ぬ」「有り」「侍り」などの例外を除いて、すべて「待つ」の型（この型の活用を四段活用といいます）であり、「尽きず」「過ぎず」

「恋ひず」「滅《ほろ》びず」「恨みず」「悔いず」（終止形「悔ゆ」）「懲《こ》りず」など、「ず」の付く場合に五十音図イ段の音が出るものは、「射る」「似る」「煮る」「着る」「見る」などの例外を除いて、みな「落つ」の型（この型の活用を上二段活用といいます）であり、「得《え》ず」「受けず」「曲《ま》げず」「任《まか》せず」「交《ま》ぜず」「寝《ね》ず」「束《つか》ねず」「経《へ》ず」「教へず」「比べず」「求めず」「絶えず」（終止形「絶ゆ」）「枯れず」「飢ゑず」など、「ず」の付く場合に、五十音図エ段の音が出る場合は、「蹴る」「為《す》」「おはす」「信ず」「案ず」などを例外として、みな前の表の「建つ」の型（この型の活用を下二段活用といいます）になります。古文に出る動詞の大部分は、この三つの型にはいるのですが、普通に「見る」の類と同型に使われている「乾《ひ》る」は、『万葉集』などでは上二段活用であったというように、時代とともに変化してくる場合もありますので、これはと思われる場合には、用例をさがし集めて調べる必要があります。「生きず」と用いる「生く」は、『源氏物語』でも四段活用で、「生きとし生けるもの」などは、「咲ける花」の「咲く」と同じで、四段活用であった名残です。

　さて、右に例外とした動詞も、前に①から㉒までの作例で見たように、用例を集めて、この活用表にあわせて表を作りますと、付録に示したようになります。そこに活用型の名も示しましたが、四段というのは、五十音図のアの段からエの段までで四段であり、二段というのは、連体形・已然形の終わりの「る」「れ」を除外したものについてのことで、ウの段をもとにして、イの段とウの段のものを上二段、ウの段とエの段のものを下二段というわけです。上一段・下一段も同様に考えてください。

二　形容詞とその活用

形容詞は、みな、次に示すような活用の型をもつものですが、その名前は、これに属する語の大部分が、事物の性質や状態などを言い表わすものであるということで、付けられました。従ってそれ自体は、動詞のように、時間的制約の中にあるものでないので、未来のことや過去のことになると、動詞「有り」の力を借りて表現することになります。

まず、動詞の場合と同様に考えてみましょう。「白し」と「涼し」とを代表にします。

白し	涼し
①月白し。	風涼し。
②月ぞ白き。	風ぞ涼しき。
③月なむ白き。	風なむ涼しき。
④月や白き。	風や涼しき。
⑤いつか月の白き。	いづこか風の涼しき。

⑥秋こそ月は白けれ。　ここそ風は涼しけれ。

⑦――――　――――

⑧月白く、風涼し。　風涼しく、月白し。

⑨白き月。　涼しき風。

⑩月白く見ゆ。　風涼しく吹く。

⑪月白くは、出《い》でて見む。　風涼しくは、出でて吹かれむ。

⑫月白ければ、心慰む。　風涼しければ、橋上人多し。

⑬月白くとも、見じ。　風涼しくとも、出でじ。

⑭月白けれど（も）慰まず。　風涼しけれど（も）涼みの人なし。

⑮月白くてまろし。　風涼しくて爽やかなり。

⑦および⑯以下の言い方は、「あり」の力を借りないと出来ません。「あり」がはいれば、⑦は「月よ、白かれ」「風よ、涼しかれ」となり、⑯以下は、次のようになります。

⑯月白からず。　風涼しからず。

⑰今夜《こよひ》は月白からむ。　橋上は風涼しからむ。

⑱月白かりけり。　風涼しかりけり。

⑲昨夜《よべ》は月白かりき。　橋上風涼しかりき。

⑳月白かるべし。　風涼しかるべし。

㉑月白かるらむ。　　　風涼しかるらむ。
㉒月白かるまじ。　　　風涼しかるまじ。

⑱の場合「たり」は付きませんが、「けり」は付きますので、代わりにあげました。これらの「あり」のとけこんだ形は、⑦の命令終止法と、⑯以下の助動詞をとる言い方のためにあるもので、補助活用というべきであり、この補助活用は、①から⑥までの終止法には、「多かり」を例外として、用いられないものです。「多かり」のほうは、『源氏物語』などでは、「あり」のとけこまない形としては「多く」だけで、「多し」も「多き」も「多けれ」もなく、その代わりに補助活用が用いられているようです。ただし、「多し」という形が無かったわけではなく、漢文訓読のほうで用いていたのでした。

※⑪は動詞の仮定条件法に合わせただけで、助詞は「は」であり「ば」ではありません。

※⑮も、元来は「て」の前にあるべき「あり」か「し（す）」のような動詞がおちて出来た言い方でしょう。

右の補助活用を形容詞の活用に入れますと、名前の上では、次の形容動詞といっしょにして、その第一類・第二類とでもするほうが合理的ですが、古くから親しまれている名前でもあり、形容詞・形容動詞とよぶほうが簡単ですから、改めずに従っているわけです。

右を動詞の活用表に見合わせて整理しますと、次のようになります。

（本活用）

		未然形	連用形	終止形	連体形	已然形	命令形
白し	白	○	＝く	＝し	＝き	＝けれ	○
涼し	涼	○	＝しく	＝し	＝しき	＝しけれ	○
言い切る				普通終止法	ゾ・ナム・ヤ・カ終止法	コソ終止法	
続ける			中止法 連用法		連体法		
接続助詞をとる			は とも て			ば ど（も）	

（補助活用）

		未然形	連用形	終止形	連体形	已然形	命令形
白し **涼し**	白 涼し	＝から	＝かり		＝かる	＝かれ	＝かれ

言い切る							命令終止法
助動詞をとる		ず む	けり き		べし らむ まじ		

連用形の語尾で「白し」の類を「ク活用」、「涼し」の類を「シク活用」とよぶのですが、接尾語「さ」の付く時、「白さ」「黒さ」「高さ」「涼しさ」「苦《くる》しさ」「うれしさ」「いみじさ」となり、感動の言い方では、「あな白」「あな黒ぐろ」「あな涼し」「あな苦し」「あなうれし」などいうことを考えると、シク活用のほうでは、「涼し」を語幹とするほうが正しい、と考えられ、そうすると終止形が空欄になりますが、これは、終止形がないのではなく、終止形の語尾がないということです。それで、普通には右のように扱いますが、本書の表では、「涼し」「苦《くる》し」「うれし」を語幹とする行き方を取りますので、注意してください。

三　形容動詞とその活用

学校文法で形容動詞という品詞が認められたのは、連体詞とともに、ずっとおくれてのことだったといえます。この品詞に属する語の成り立ちは、「明らかに」「静かに」「泰然と」「峨々《がが》と」というような形に、動詞「あり」がとけ合って、「明らかなり」「静かなり」「泰然たり」「峨々《がが》たり」となったもので、形容詞に考え合わせると、「なり」「たり」の語尾をもつほうは、補助活用に当たるわけですが、「に」「と」の語尾をもつほうは、この形しかないので、動詞の場合に考えた①から⑦までの終止法もなく、⑨の連体法もなくて、それらはすべて「なり」「たり」の語尾をもつほうでするので、補助活用どころか、これが本体であるという状態にある点が、形容詞と違う点です。語の内容は形容詞と同じで、「あり」がとけ合って動詞的に用いられるということから、形容動詞と名付けられたのです。「たり」語尾のほうは、

北には青山峨々として、松吹く風索々《さくさく》たり。南には蒼海漫々《まんまん》として、岸打つ波も茫々《ばうばう》たり。（平家物語、巻十、海道下り）

ある時は峨々たる巌石に駿馬に鞭《むち》うって、敵のために命をほろぼさん事をかへりみず、ある時は漫々たる大海に風波の難をしのぎ、海底に沈まん事をいたまずして、かばね

を鯨鯢《けいげい》の鰓《あぎと》にかく。（同、巻十一、腰越）

というように、専ら漢文調の文に用いられ、『源氏物語』などの和文には出ませんので、ここでは、「なり」語尾のほうだけ、動詞の例に合わせて考えましょう。

①月明らかなり。
②月ぞ明らかなる。
③月なむ明らかなる。
④月や明らかなる。
⑤いつの夜か、月の明らかなる。
⑥秋こそ月は明らかなれ。
⑦月よ、明らかなれ。
⑧月明らかに、星まれなり。
⑨この明らかなる月を見ずや。
⑩月よ、明らかに照らせ。
⑪月明らかならば、告げよ。
⑫月明らかなれば、出《い》で来たり。
⑬月明らかなりとも、かの人は来《こ》じ。
⑭月明らかなれど（も）、かの人は来《こ》ず。

⑮月明らかにて、かりの飛ぶ見ゆ。
⑯月明らかならず。
⑰月明らかならむ。
⑱月明らかなりけり。
⑲月明らかなりき。
⑳月明らかなるべし。
㉑月明らかなるらむ。
㉒月明らかなるまじ。

※　以上の中で⑱だけ、「たり」が付かないので「けり」にしました。形容詞参照。

⑩の連用法は、動詞の場合と異なり、形容詞の場合と同じで修飾語となる用法で、連用法としては、これが本当のものです。動詞にも、まれにこの用法の出るものがありますが、それは例外です。

以上を動詞の活用表にならって活用表を作るのですが、ここではそれは略して、付録にゆずりましょう。

四　助動詞とその活用

助動詞は、付録の活用表に並べたように、いろいろの語がありますが、その中で、使役の「す」「さす」「しむ」と、受身・可能・自発の「る」「らる」とは、他の助動詞と違って、助動詞がいくつか重ねて用いられるときは常に先頭にあり、動詞が「読み給ふ」「捨て給ふ」というように尊敬の言い方になった場合には「給ふ」のあとに付くことがなく、

読ませ給ふ　　捨てさせ給ふ
読ましめ給ふ　　捨てしめ給ふ
読まれ給ふ　　捨てられ給ふ

というように、「給ふ」の前にあります。

また、使役と受身と重なる場合は、常に使役が前で、

読ませらる　　捨てさせらる
読ましめらる　　捨てしめらる

となり、「給ふ」はそのあとに付きます。

右のことは、「読ます」「読ませらる」「捨てらる」「捨てさせらる」等を、それぞれ一つの動作を表わすものとして動詞に準じて考え、これらについて表現者の気持ちやいろいろ

な認識を表わすために、

読ませず　　読ましむべからず　　読ませられ給ふべし

捨てられ給ふ　　捨てられ給はむ　　捨てさせられけり

というように、助動詞が添えられるものと考えられます。

また、

ア　Aは　秘密文書を　読む。

イ　Aは　Bに　秘密文書を　読ます。

ウ　Aは　Bを　捨てたり。

エ　Aは　Bに　捨てられたり。

この例文で考えると、アの「読む」、ウの「捨つ」という動作の主はAであるが、イの「読む」、エの「捨つ」という動作の主はBであり、Aは、「読ます」「捨てらる」という動作の主だということになり、「読む」と「読ます」、「捨つ」と「捨てらる」とは、それぞれ別な語である、と考えられましょう。

もう一つ、「す」「さす」「しむ」「る」「らる」以外の助動詞は、動詞に自由に付くのが普通ですが、「す」と「さす」と、また「る」と「らる」とは、付く動詞にそれぞれ分担があるばかりでなく、動詞によっては付きにくいものがあることが注意されます。

柿の実　落つ。

池の水　ぬるむ。

などの場合は、

柿の実を　落ちさす。

池の水に　ぬるまる。

という言い方は無理でしょう。磯にうち寄せる波について、

破《わ》れて　くだけて　さけて　散るかも

と歌ったのも、

破れられ　くだけられ　さけられ　散られ

というのは無理でしょう。

破られ　くだかれ　さかれて　散るかも

といってみると、「破る」「くだく」「さく」は四段活用の動詞となって、別物だということになります。つまり「破りてくだきてさきて散らすかも」を受身にした言い方となります。この場合の「散らす」の「す」は使役の助動詞ではなく、「散らす」という四段活用の動詞なのです。「柿の実を落ちさす」も「落《お》とす」といえばよさそうですが、「落とす」も四段活用の動詞なのです。

右のように、「す」「さす」「しむ」「る」「らる」には、他の助動詞と違うところがあることを認めた上で、助動詞の中に入れておきます。他の助動詞の中にも、

彼も人なり、我も人なり。
父、父たらずとも、子は子たるべし。

のように、体言に付くのが本来の用法だというのも含まれていることも注意しましょう。助動詞の活用は、動詞から転じて助動詞的に用いられる「給ふ」「候ふ」「侍り」（本書ではこれも助動詞の中に入れました）等が動詞型活用であるのはもちろんですが、その他にも動詞型活用のものがあり、形容詞型活用のものがあり、形容動詞型活用のものがあり、どれにも似ない独特な活用をするものもあり、全然語形変化のない「じ」「らし」などもあります。語形変化はなくても、終止法がいろいろあり、連体法もあるという点で活用ありと認めるのです。

さて、助動詞の活用も、動詞の場合にならって調べるのですが、二、三のものについて、作例を示してみましょう。

暮らしつ　　入りぬ
①花を見て暮らしつ。　月も入りぬ。
②花見てぞ暮らしつる。　月ぞ入りぬる。
③花見てなむ暮らしつる。　月なむ入りぬる。
④花見てや暮らしつる。　月や入りぬる。

⑤何見てか暮らしつる。　いづくにか月の入りぬる。
⑥花見てこそ暮らしつれ。　かの山にこそ入りぬれ。
⑦※こゝにて日を暮らしてよ。　かの山に入りね。
⑧———　———
⑨花見て暮らしつる人々。　月の入りぬる山を思ふ。
⑩———　———
⑪花見て暮らしてば、心慰みなむ。　月の入りなば、いかにかせむ。
⑫花見て暮らしつれば、心慰みぬ。　月も入りぬれば、ねやに入りつ。
⑬花見て暮らしつとも、うらやむまじ。　月は入りぬとも、ねやには入らじ。
⑭花見て暮らしつれど（も）、慰まざりき。　月は入りぬれど（も）、ねやに入らざりき。
⑮———　※月は入りにて、夜いまだ明けず。
⑯———　———
⑰花見て暮らしてむ。　月も入りなむ。
⑱※花見て暮らしてけり。　月も入りにたり。
⑲花見て暮らしてき。　月も入りにき。
⑳花見て暮らしつべし。　月も入りぬべし。

㉑花見て暮らしつらむ。　月も入りぬらむ。
㉒――――　――――
空欄と※印の部分について。
⑦の場合は、命令終止法ですが、
月夜に「梅の花を折りて」と人の言ひければ、折るとて詠《よ》める（古今集、春上、四〇題詞）
などとある「て」は「折りて給へ（＝クダサイ）」の省略形で、「て」は、「つ」の連用形が助詞化しているもので、命令終止法ではないと考えられます。そうして「てよ」の「よ」は、それに「よ」が付いたものでしょうが、「てよ」となると、「給へ」の省略された気持ちが消えますので、命令終止法として扱うというわけです。
⑧は中止法ですが、この用法は「つ」にも「ぬ」にもないと思われます。「花を見て暮らす」の「て」は、形容詞や形容動詞の⑩の用法に当てて考えられるものですが、この「て」もすでに助詞化したものと考えられます。それは、「つ」は意志的な動作を表わす動詞に、「ぬ」は自然的作用を表わす動詞に用いられることが多いというように、大体の分担があるのですが、「て」は「ぬ」の付く動詞にも自由に付くようになっているということが大きな理由になります。「つ」も「ぬ」も付かない形容詞の本活用や助詞、「さ」「かく」などの副詞にも付いて、

白くて・涼しくて・都にて・悪人とて・さて・かくて

などと用いられることを考えれば、いよいよ変質していることが理解されるでしょう。

⑮は助詞「て」の付く用法で、「つ」にそれがないのは、当然といえましょう。「ぬ」に付くのも、例はまれです。

梅の花咲きて散りなば、桜花つぎて咲くべくなりにてあらずや（万葉集、巻五、八二九）

などが、その例です。

⑯は、打消しの「ず」の付く言い方で、これはないといってもよいところですが、

かくながら散らで世をやは尽くしてぬ、花の常盤《ときは》もありと見るべく（後撰集、春下、九五）——このまま散らずに世を尽くしてしまわないか、そうしたらいいのに、と花に望んでいる言い方。

道知らで止《や》みやはしなぬ、逢坂の関のあなたはうみといふなり（同、恋三、七八七）——近江へゆくのは道がわからなくて、お止《や》めにしてしまいませんか、そうしたほうがよいと思います、というのが上の句の意味。逢坂の関を越えて近江《あふみ》へ行きたい——逢《あ》ふ身《み》となりたい——と言ってきた男に答えた歌で、逢坂の関のあちらは、海だ（憂《う》みだ）と人が言っています、と、断わったもの。

これらは、珍しい例です。

㉒も、「まじ」が打消しを含んだ推量なので、付かないのです。

これを、動詞の活用表に合わせて表にしますと、「つ」は下二段活用型、「ぬ」はナ行変格活用型となるでしょう。動詞と違うところもありますが、動詞的だといってよいでしょう。

「つ」と「ぬ」とでは、付く動詞に分担があると申しましたが、「有り」などにはどちらも付きます。しかし、意味に違いがあるようです。

「ありつや」と問うのは、今、または先刻、あったか、という気持ちで、

院の殿上には、たれたれかありつる。（枕草子、方弘は）

とあるのは、女院の所へお使いに参上して帰って来た人に問うた言葉です。

さらば、そのありつる御文《ふみ》を賜はりて来《こ》。（枕草子、頭の中将のすゞろなるそら言を）

と言いつけた「ありつる文」は、先刻の文で、ちょっと前に、さしあげに、お前に持って行かせた文、の意です。こういう場合に「ありぬる文」とは言いません。

ありぬやと試みがてらあひ見ねば、戯れにくきまでぞ恋しき（古今集、雑体、一〇二五）——※会わずにいたところが。

の「ありぬや」は、簡単に言えば、会わないでも、しかといられるかしら、という気持ちです。形容詞の補助活用に付くのも、

さても、いとうつくしかりつる児《ちご》かな。（源氏物語、若紫）

というのは、先刻見た女児についての詠嘆であり、

（恋人トシテ）吉祥天女を思ひかけむとすれば、法気《ほふけ》づき、くすしからむこそ、また、わびしかりぬべし。（源氏物語、帚木）

というのは、「きっとわびしかるべし」というように、強調の言い方です。

	行くべし	行くまじ
①	我も行くべし。	君は行くまじ。
②	我ぞ行くべき。	彼ぞ行くまじき。
③	我なむ行くべき。	彼なむ行くまじき。
④	君や行くべき。	彼や行くまじき。
⑤	たれか行くべき。	たれか行くまじき。
⑥	我こそ行くべけれ。	彼こそ行くまじけれ。
⑦	――	――
⑧	君も行くべく、我も行くべし。	君も行くまじく、彼も行くまじ。
⑨	行くべき者はたれぞ。	行くまじき者はたれぞ。
⑩	我も行くべくなりぬ。	彼は行くまじくなりぬ。
⑪	行くべくは行け。	行くまじくはとゞまれ。
⑫	我も行くべければ君も行け。	彼行くまじければ君もとどまれ。

⑬君行くべくとも、我は行かじ。	君行くまじくとも、彼は行かむ。
⑭我は行くべけれど（も）、君は行かじや。	彼は行くまじけれど（も）、君は行くや。
⑮我は行くべくて、喜びをり。	彼は行くまじくて、悲しめり。
⑯いづくにも行くべからず。	――――
⑰いづくにか行くべからむ。	彼は行くまじからむ。
⑱いづくにも行くべかりけり。	いづくにも行くまじかりけり。
⑲我も行くべかりき。	彼も行くまじかりき。
⑳――――	――――
㉑今は行くべかるらむ。	今は行くまじかるらむ。
㉒――――	――――

⑦の命令終止法は、補助活用にもありません。その代わり①の普通終止法と⑯の「べからず」とが、命令するような気持ちで用いられることがあります。それは「べし」と「べからず」とにおいて特に目立ちます。

⑯では、「まじ」が打消しを含んでいるので、「まじ」の下に「ず」が付かないのも当然でしょう。⑳も㉒も、もういうまでも無いでしょう。

この活用表を作ると、形容詞型だと知れましょう。

	読まず	読みき
①	この書《ふみ》はいまだ読まず。	この書は昨日読みき。
②	この書をぞいまだ読まぬ。	この書ぞ昨日読みし。
③	この書なむいまだ読まぬ。	この書は昨日なむ読みし。
④	この書をや読まぬ。	この書をや昨日読みし。
⑤	いづれの書をか読まぬ。	いづれの書をか読みし。
⑥	この書こそいまだ読まね。	昨日こそこの書を読みしか。
⑦	※この書は読まざれ。	――
⑧	この書を読まず、かの書を読め。	――
⑨	いまだ読まぬ書は、いづれぞ。	昨日読みし書は、いづれぞ。
⑩	つひに読まずなりぬ。	――
⑪	いまだ読まずは読め。	――
⑫	いまだ読まねば、読まむ。	すでに読みしかば、他に貸したり。
⑬	読まずともありなむ。	――
⑭	読まねど（も）読まむとも思はず。	読みしかど（も）心ひかるるところ無かりき。
⑮	読まずて済《す》むものにあらず。	――
⑯	――	――

⑰などか読まざらむ。
⑱いまだ読まざりけり。
⑲いまだ読まざりき。
⑳いまだ読まざるべし。
㉑いまだ読まざるらむ。
㉒――――

「ず」は、補助活用がある点で、形容詞型に似ているといえましょう。⑪の「は」も動詞の場合の「ば」ではなく、「は」なのです。「読まず」を一まとまりとして意味を考えると、動きを表わすのでなく、状態的であって、形容詞的であることが納得されるでしょう。『万葉集』には、「思はずき」「恋ひ止まずけり」といった例もありますが、今は例外とします。

「き」は補助活用がなく、特殊な活用をします。活用表に入れると、終止形・連体形・已然形の三つしかないことが知られます。このように変化の形の少ないものは、助動詞の重ねて用いられるとき、常に、最後に位置するものです。⑰の「む」の付く用法のない代わりを、「けむ」という助動詞がしております。

右の外の助動詞もこうして考えるのですが、今は、付録の表で結果だけ示すことにします。

付説

右の叙述では、補助活用にとけこんだ「あり」と、そうでない「あり」とのことにふれませんでしたが、たとえば、

見ずもあらず、見もせぬ人の恋しくは、あやなく今日《けふ》やながめ暮らさむ（古今集、恋一、四七六）

いつとても恋しからずはあらねども、秋の夕《ゆふべ》はあやしかりけり（同上、五四六）

などの「見ずもあらず」「恋しからずはあらず」は、「も」や「は」を除けば、

見ずあらず
恋しからずあらず

だから、

見ざらず
恋しからざらず

と言えるはずだ、というわけにはいかないので、「見ざらむ」「恋しかりけり」など、補助活用にとけこんだ場合は、自立語である動詞としての「有り」の内容は失われているのだということを思わなければなりません。

行くべくもあらず
行くべからず

これを比べてみますと、「行くべからず」は禁止的命令の気持ちで用いられることが多い点でも、意味の違いがわかりますが、

恋しくもあらず
恋しからず

の二つでは、「も」の気持ちを別とすれば、大きな意味の違いがありそうにも思われないでしょうが、文法的には大きな違いがあります。それは、発音の上でも、前者は、「行くべくも」と「あらず」、「恋しくも」と「あらず」とを、分けて言って差し支えないのですが、後者は一つづきに発音しなければならないことを考えれば、はっきりするでしょう。

そうして、時代が下ると、

あるべうもなし。（平家物語、巻二、西光被斬）——※「べく」の音便。

故郷も　恋しくもなし、旅の空、都もつひのすみかならねば（同、巻十、海道下り）

というように、「あらず」の代わりに形容詞の「なし」が用いられるようになり、現代語の、「白くない」「嬉《うれ》しくない」という言い方のもとになります。動詞に付く「見ない、聞かない」の「ない」は、これとは別ですから、『平家物語』に、

ゆるされなければ、都までこそかなはずといふとも、この船に乗せて九国の地へ着け

給へ。（巻三、足摺）

とある「ない（なけれ）」を、現代語の「見ない、聞かない」の「ない」のもととみることは出来ません。この「ゆるされ」は体言で、「なけれ」は形容詞「なし」の已然形です。

同じところに、

ゆるされも。※ないに、三人ながら島を出《い》でたりなど聞えば、なか〳〵悪しう候ひなん。

（同上）――※「なき」の音便。

ともあり、「ゆるされ」が動詞なら、「も」がはいるはずがなく、これは二例とも体言とみなければならない証拠です。

第三章　日本文法の根本

日本語では、言わずもがなの当たり前のことのように感じられるかもしれませんが、文を成す語句も、文も、そのまとまり方は、前の語句があとの語句にかかり、あとの語句が前の語句を受けてまとめるという形で行なわれるということが、根本の法則となっていると認められます。この関係を、私は、→　≻——という矢印で表わすことにしております。

次の例で見てください。

神無月のころ、→≻栗栖野といふ所を過ぎてある山里に尋ね入ること→≻侍りき。

これは、『徒然草』第十一段の最初の文の前半を一文として独立させたもので、『徒然草』では、この一まとまりが、最後が「侍りしに」という形になってさらにあとの語句にかかっていくのですが、今は、右にあげたもので考えましょう。右の例では、最後の「侍りき」という語句が、その前の長短二つの語句を受けてまとめているということを、矢印で示しました。この長短二つの語句も、そのまとまり方を考えれば、

神無月の→≻ころ

栗栖野といふ所を過ぎてある山里に尋ね入る　こと

栗栖野といふ所を過ぎて　ある山里に　尋ね入る

栗栖野といふ所を　過ぎて

栗栖野といふ　所　（以下省略）

というように考えられるでしょう。次のは、やはり『徒然草』の、第十段の中の、文の一部を独立させたものですが、考えてみてください。

後徳大寺の大臣《おとど》の寝殿に鳶居《ゐ》させじとて縄を張られたりけるを、西行が見て、「鳶の居たらむは、何かは苦しかるべき。この殿の御心さばかりにこそ」とて、その後は参らざりけると聞き侍り。

この最後の「と聞き侍り」の前は、かっこに入れてありませんが、作者が聞いた所（実際は書物で読んで知った所）を、簡単にまとめたもので、一まとまりとして「と」を付けて「聞き侍り」にかかる語句とし、「聞き侍り」が受けてまとめています。その作者が要約して書いた部分のまとまり方は、

後徳大寺の大臣の寝殿に鳶居させじとて縄を張られたりけるを、西行が見て、「鳶の
居たらむは、何かは苦しかるべき。この殿の御心さばかりにこそ」とて、その後は
参らざりける

と考えられるでしょう。「参らざりける」の前に、「後徳大寺の大臣のもとに」というよう

な語句が、言われずにあるわけです。右の文は、ある部分をA・Bで代表させれば、

　　Aを、西行が見て、Bとて、その後は参らざりける

となるでしょう。Aの部分のまとまりは、最初の部分をどう見るかに問題があります。「後徳大寺の大臣の寝殿に」とまとまるのか、「寝殿に鳶居させじとて」とまとまるのか、「鳶居させじとて」が一まとまりなのか、いろいろ考えられるでしょうが、私は、次のように考えます。

　　後徳大寺の大臣の　寝殿に　「鳶居させじ」とて　縄を　張られたりける

Bの部分は、二つの文で、それぞれ、

　　鳶の居たらむは　何かは　苦しかるべき。

　　この殿の御心　さばかりにこそ。

となるでしょう。「さばかりにこそ」は、あとに「あれ」が言われずにあるもので、「さばかりなり」を、「こそ」を用いて強めた形の省略形というわけです。

以上、長短いろいろな語句のまとまり方を、受けてまとめる語句に注意してみると、そこには、体言があるか用言があるかすることがわかります。「さばかりなり」には体言も用言もありませんが、これは、用言に準じられる語句なのです。それで、語句の結びあう関係を考えるのに、体言と用言とを二本の柱として、これを中心に考えを進めるのが便宜だということになるでしょう。本書はこれでいきます。

第四章　体言が受けてまとめる語句

体言が受けてまとめるのは、まず「限定語」ですが、これに関連していろいろな問題が出ます。そうして、最後に、並立関係のまとまりについて考えます。

一　限定語

神無月の　ころ

栗栖野といふ　所

ある　山里　（「ある」は連体詞）

栗栖野といふ所を過ぎて、ある山里に尋ね入る　こと

右の例の傍線の語句が限定語です。連体修飾語というのを改めてこうよぶことは、凡例

でも申しました。体言の中でも右の例のは意味が格別ぼやっとしていますが、こうして限定語を受けますと、はっきりとしてきます。「山里」だけならどこのでもよいのですが、「ある」と限定語が付くと、どこであるかはわからなくても、どこか一つ特別な山里だということになります。こうして限定するものが多いので、限定語としました。

ところで、限定語というものは、常にそれを受ける体言によってまとめられ、その一まとまりが一個の体言に準じられて、あるいはそのまま、あるいは助詞を取ったりして、文を構成する語句となるもので、文の構成成分としては、間接的なものだということになります。従って、文の構成を考える場合には、限定語を考えず、どれだけのものが体言によってまとめられているかが、考えられるべきことになります。たとえば、

神無月のころ、栗栖野といふ所を過ぎて、ある山里に尋ね入ること　侍りき。

という文では、「栗栖野といふ所を過ぎて、ある山里に尋ね入ること」が大きな一まとまりで、この一まとまりは、

神無月のころ、地震　侍りき。

という文の「地震」と同じ地位にある、というように考えるべきであり、これが実際には役に立つのだ、というわけです。また、「栗栖野といふ所を過ぎて、ある山里に尋ね入ること」という部分でも、一まとまりの部分を、A・Bで代表させて、「Aを過ぎて、Bに

尋ね入ること」というように考えられることが、実際には役立つのだ、というわけです。

限定語を受けてまとめている一まとまりが、さらに限定語を受けることがあります。

去年《こぞ》の春いこじて植ゑし　わが宿の若樹《わかぎ》の梅は　花咲きにけり（万葉集、巻八、一四二三）

この例は、次のように考えられるでしょう。

わが宿の→若樹の梅
去年の春いこじて植ゑし→わが宿の若樹の梅

ところで、この歌では、幾本もあるわが宿の若樹の梅の中で、去年の春、根から掘って植えたのというように限定したわけではなく、若樹の梅の経歴を述べただけのものでしょうから、限定語という名にあわないといわれるでしょう。凡例で、「意味的には『限定語』とよぶのにふさわしくない例もあって」と断わったのは、こういう例のことで、こういうのもあるということで、大様にとお願いするわけです。

二　限定語に当たる語句に、受ける体言が吸収された形のもの

限定語は、右の例で見るように、

……の、（又ハが、）

という形で出るか、

……連体形

という形で出るかするのが普通ですが、時には、それを受けてまとめる体言が吸収されて、限定語に当たる語句が、体言なみに用いられることがあります。

①ある人のいはく、この歌は、奈良のみかどの御歌なりと。（古今集、秋上、二三左注）

②この歌は、ある人のいはく、柿本人麿が歌なり。（同、恋三、六二一左注）

③この歌、ある人、近江《あふみ》のうねめの△となむ申す。（同上、六六四左注）

④この歌は、ある人のいはく、柿本の人まろが△なり。（同上、六七一左注）

⑤ある人のいはく、この歌は前大臣《さきのおほいまうちぎみ》の△なり。（同、雑上、八六六左注）

右の例の①②と見合わせれば、③④⑤は、△の部分にあるべき「歌」という語が吸収されていることは明らかであり、④⑤で「なり」が付いているのは、「柿本の人まろが」「前大臣の」という語句が、体言なみに用いられているからだ、と考えられるでしょう。

水の辺《ほとり》に梅の花咲けりける△をよめる（古今集、春上、四三題詞）

これも△の所に適当な体言があるはずの気持ちだと考えられ、

帰る雁をよめる（古今集、春上、三一題詞）

折れる桜をよめる（同上、五六題詞）

などに見合わせれば、「水の辺に梅の花咲けりける」が体言なみに用いられて、助詞「を」を取ったと考えられるでしょう。

言はぬは　言ふに　勝る。

は「言はぬことは、言ふことに勝る」という意で、現代語なら、「言わないのは言うのに勝る」というところであり、また、「犬は猫に勝る」というのと見合わせれば、「言はぬ」「言ふ」がそれぞれ「犬」「猫」に当たり、体言なみに用いられていることが考えられるでしょう。

古文には、右のような例が非常に多いのです。『徒然草』から、少し例をあげてみましょう。

その中に、ただ、かのまどひ（＝色欲ニ対スル迷イ）の一つ止《や》めがたき（コト）のみぞ、老いたる（ヒト）も若き（ヒト）も、智ある（ヒト）も愚かなる（ヒト）も、変はるところなしと見ゆる。（九段）——（　）の部分を省いたのが原文です。以下同じ。

万《よろづ》の事は、月見る（コト）にこそ慰むものなれ。ある人の「月ばかり面白きものはあらじ」と言ひし（トキ）に、又ひとり、「露こそあはれなれ」と争ひし（コト）こそ、をかしけれ。（二十一段）

残しおかじと思ふ反古《ほうご》など破《や》り捨つる中に、亡《な》き人の手習ひ絵かきすさびたる（モ

ノ）見いでたる（トキ）こそ、ただその折の心地すれ。（二十九段）
大きなる柑子の木の、枝もたわわになりたるが周《まは》りを、厳しく囲ひたりし（コト）こそ、少しことさめて、「この木なからましかば」とおぼえしか。（十一段）

三 「が」なしで体言に続けること

右に並べた例の最後の例で、「枝もたわわになりたるが」というのは、枝もたわわに（実ノ）なりたる木の（＝ナッテイルノハ）という意味なのですが、「木」が吸収されて連体形だけになったので、「が」が付いたのです。連体形のあとには「の」でなく「が」が付くのがきまりなのです。

（逢坂ノ）関近くなりて、山づらにかりそめなる切懸《きりかけ》といふ物したる上《かみ》より、丈六の仏のいまだ荒造りにおはするが顔ばかり、見やられたり。（更級日記）

右の「いまだ荒造りにおはするが」も、「いまだ荒造りにおはする仏の」（＝マダ荒造リデイラッシャルノハ）という意ですが、連体形だけなので「が」が付いたのです。こう考えないで、「顔ばかり見やられたり」の主語とする説もありますが、それなら「見やられたる」と言い切るのが普通で、終止形で言い切られる述語の主語に「の」「が」の付いているのは、規則外れになるのです。

左衛門の乳母《めのと》とて、（源氏ノ君ガ）大弐のさしつぎにおぼいたるが女《むすめ》、大輔《たいふ》の命婦《みやうぶ》とて、（宮中ニ）さぶらふ。（源氏物語、末摘花）

この「大弐のさしつぎにおぼいたるが」も、「大弐の乳母のさしつぎにおぼいたる人の」（＝大弐ノ乳母ノ次ニ大切ナ人トオ思イニナッテイルノハ）の意です。

こうして「が」が付いていればわかり易いのですが、用例としては、この「が」が省略されるのが非常に多いので、注意しなければなりません。右の末摘花の例でも、これに続いて、大輔の命婦を説明して、

王家統流《わかむどほり》の兵部の大輔なる女《むすめ》なりけり。

とあるのです。これは、父親を明らかにしたので、「兵部の大輔なる人の女なり」の意ですから、「兵部の大輔なるが女なり」とあれば我々にはわかり易いのですが、「が」を略すほうがむしろ普通だった、というような状態でした。次に、その例を並べましょう。

雪の面白う降りたりし朝《あした》、人のがり言ふべき事ありて文《ふみ》をやるとて、雪のこと（ヲ）何とも言はざりし△返り事に、（徒然草、三十一段）

これなどは、△の所に「が」のある気持ちで、「……言はざりし文の」（＝……言ワナカッタノハ）の意であることが、すぐわかるでしょう。

「斎宮の御清まりもわづらはしくや」など、（源氏ノ君ハ）久しう思ひわづらひ給へど、

「わざとある△御返りなくは、情《なさけ》なくや」とて、（源氏物語、葵）

葵の上の死に際して、斎宮の母なる人から文《ふみ》が来たのですが、斎宮は潔斎中であり、母なる人はその斎宮に付き添っているので、喪中の身で返事をおくるのもどうかと躊躇《ちゅうちょ》していられるが、むこうからわざわざ寄こされた文に対して、御返事をしなくては、情ないとお思いなさるだろうか、という判断で、御返事を書かれる、という場面なので、やはり△の所に「が」のある気持ちで、「わざとある御文の」（＝ワザワザ送ッテ来ラレタノノ）の意と解さなければならないところです。

待てと言はば（帰ルノヲヤメテ）寝ても行かなむ。強《し》ひて行く△駒《こま》の足折れ、前の棚橋（古今集、恋四、七三九）――乗る馬の足が折れたら帰れなくなるだろうというわけで、家の前の棚橋に、馬の足を引きかけて折ってくれと、頼んでいる気持ちの歌。

この例でも、「強ひて行く」のは駒ではなくて、その主人のはずですから、△の所に「が」のある気持ちで、「強ひて行く人の」の意と解するわけです。

久方の中に生ひたる△里なれば、光をのみぞ頼むべらなる（古今集、雑下、九六八）

これは、作者の伊勢という女房が、桂《かつら》の里（今の京都市右京区、桂川西南の地区）に居て、主君の中宮からいただいた文に対する御返事によんだ歌です。「久方の中」は「月の中」の意です。私のおります所は、月の中に生育している桂の木の名をもった里ですから、という気持ちを、こういう思い切った言い方にしたものですが、「久方の月の桂の里なれば」というより奇抜でおもしろいでしょう。「光」は月の光で、中宮様のお恵みをたとえて言ったものです。

咲き初《そ》めし△宿し変はれば、菊の花、色さへにこそ移ろひにけれ（古今集、秋下、二八〇）

うっかり読むと、菊の咲きそめた宿に、どういう変化があったのか、と思いますが、題詞には、

人の家なりける菊の花を、移し植ゑたりけるをよめる

とあって、咲き初めた菊の生活すべき宿が変わったのだ、というわけです。つまり「咲き初めしが宿」（＝咲キ初メタ菊ノ宿）ということなのでした。

昔、東の五条に、大后の宮おはしましける△西の対に、住む人ありけり。（伊勢物語、四段）

この帯刀《たちはき》の女《め》親《おや》は、左大将と聞えける△御むすこ、右近の少将にておはしける（オ方）をなむ、養ひ奉りける。（落窪物語）

このごろ藤《とう》大納言と申すなる△御兄《このかみ》の、右衛門の督《かみ》にてかくれ給ひにし（オ方）は、物のついでなどにや、かの御うへとて聞《き》こしめし伝ふる事も侍らむ。（源氏物語、橋姫）

これらはみな、△の所に「が」のある気持ちで解すべき例で、最初の例は、「大后の宮おはしましける御殿の西の対に」の意、大后の宮は中心である寝殿《しんでん》にいるはずなのです。次

の例は、「左大将と聞えける人の御むすこ」、最後の例は、「藤大納言と申すなる人の御兄」の意です。こうした例は、いくらでも見付けられるはずですから、注意してください。

四 「の」と「が」とについて

前に「奈良のみかどの御歌」「柿本人麿が歌」という例をあげましたが、この「の」と「が」との使い分けには、ちょっと厄介なところがあります。今、人物に用いる場合だけに限って、『徒然草』で例を拾ってみますと、人物がその呼び名だけで出る場合は、

「人には木の端《はし》のやうに思はる ゝ よ」と清少納言が書けるも（一段）

……縄を張られたりけるを西行が見て（十段）

……殊更に感じ仰せ下されけるよし、家長が日記には、書けり（十四段）

行成の大納言の額、兼行《かねゆき》が書ける扉（二十五段）

鴨長明が四季の物語にも（百三十八段）

小野小町が事、極めてさだかならず（百七十三段）

妙観が刀は、いたくた ゝ ず（二百二十九段）

というぐあいで、みな「が」が用いられていますが、次の二例だけ例外があります。

小野道風の書ける和漢朗詠集（八十八段）

相模の守《かみ》時頼の母（百八十四段）

これは、時代が下ってきて少し乱れたのでしょう。『古今集』では、次のように出ます。

帝《みかど》の御目《おほんめ》には錦と見給ひ、……人麿が心には雲かとのみなむ、おぼえける（仮名序）

僧正遍昭がもとに、奈良へまかりける時に（秋上、二三七題詞）

文屋の康秀が、三河の掾《ぞう》になりて（雑下、九三八題詞）

紀友則が、身まかりにける時（哀傷、八三八題詞）

凡河内躬恒が、まうで来たりけるに（雑上、八八〇題詞）

これに対して、名の下に「朝臣」などが付けば、「の」が用いられます。

業平の朝臣の家に侍りける女のもとに（恋三、六一七題詞）

中納言源ののぼるの朝臣の、近江《あふみ》の介《すけ》に侍りける時（恋四、七四〇題詞）

藤原の敏行の朝臣の　身まかりにける時に（哀傷、八三三題詞）

真静法師の　導師にて言へりけることば（恋二、五五六題詞）

惟喬《これたか》の親王《みこ》の　狩しける供にまかりて（雑上、八八四題詞）

ざっと、右のごとくです。これはこれでよいとして、問題は、次にもう一つあります。

五　いわゆる同格の関係（甲）

右の例で、「行成の大納言」「業平の朝臣」「源ののぼるの朝臣」「藤原の敏行の朝臣」「惟喬の親王」などは、どうして「の」を用いて「が」を用いないのでしょう。これが問題なのです。

この点は、「父」「母」「妹《いも》」などでも同様です。これらは、次のように「が」が用いられるのが普通なのです。

父がいはく（徒然草、二百四十三段）
父がおもひにて（古今集、哀傷、八四一題詞）
母がおもひにて（同上、八四〇題詞）
家にありて波波何刀利美婆《ハハガトリミバ》（＝母ガ看病スルナラ）慰むる心はあらまし、死なば死ぬとも（万葉集、巻五、八八九）
たらちねの母我《ハハガ》養蚕《カフコ》の繭《まよ》ごもり（同、巻十二、二九九一）
伊毛何美斯《イモガミシ》（＝妹が見し）楝《あふち》の花は散りぬべし（同、巻五、七九八）
生駒山《いこまやま》越えてぞ我が来る、伊毛我目乎保里《イモガメヲホリ》（＝妹ニ会イタサニ）（同、巻十五、三五八九）

ところが、尊称の「命《みこと》」の付く場合は、「の」が用いられるのです。

ちちのみの（＝枕詞）父能美許等《チチノミコト》、ははそはの（＝枕詞）母能美己等《ハハノミコト》、おほろかに心尽くして思ふらむその子なれやも（万葉集、巻十九、四一六四）

恨めしき伊毛乃美許等能《イモノミコトノ》、我をばもいかにせよとか、……家さかりいます（同、巻五、七九四）

そこで考えました。「行成の大納言」「業平の朝臣」「父の命《みこと》」などと、「人麿が心」「業平が家」「父がおもひ」などとは、まとまる関係が違うのではないでしょうか。つまり、「行成の」「業平の」「父の」などは、それぞれ「大納言」「朝臣」「命」などの限定語ではないのではないか、ということです。大納言が幾人もいるから「行成の」と限定し、朝臣が幾人もいるから「業平の」と限定し、命が幾人もいるから「父の」と限定するというわけではなく、その人を尊敬するために言うのであって、この場合は、「行成」と「大納言」とは同一人であり、「業平」と「朝臣」とは同一人であり、「父」と「命」とも同一人だという関係になるのでしょう。これを「同格」ということは、文法用語として適切だとは思わないのですが、他によい名が見つかりませんので、しばらく、「いわゆる同格の関係」とよびたいと思います。矢印では、限定語とそれを受ける語句との関係と区別できませんが、内容からは、こういう違いが考えられることに、注意したいのです。

『万葉集』に、紀伊の国（今の和歌山県）へ行く途中で、「せの山」という山を越える時の歌として、次の歌があります。

栲領巾《たくひれ》の（＝枕詞）かけまくほしき妹名をこのせの山にかけばいかにあらむ　一云替へばいかにあらむ（巻三、二八五）

「かけまくほしき」は、口にかけて言いたいという意ですが、次の「妹名」をどう訓《よ》むべきかが問題になります。「妹が名」と訓むと妹なる人が生まれた時に親に付けてもらった名ということになります。ところが、同行の友人が、右の歌にこたえて詠んだ歌は、

宜《よろし》なへわが背《せ》の君が負ひ来にしこのせの山を妹とは呼ばじ

とありますので、前の「妹名」は、「妹」という名で、作者の妻が親に付けてもらった個人名ではないのでした。そうしますと「妹の名」と訓むべきだ、ということになるでしょう。

　また、大伴家持が一族を諭し戒めた長歌に、

（大伴トイウ名ハ）惜《あたら》しき清きその名ぞ、おほろかに心思ひて、むな言《ごと》も於夜乃名《オヤノナ》絶つな、大伴の氏と名に負へる大丈夫《ますらを》のとも（万葉集、巻二十、四四六五）

とある「親の名」も、親の個人名ではなく、父祖から受け伝えた「大伴」という名のことですが、「おや」という語は、「が」を取ることなく、

大伴の遠つ神祖乃《カムオヤノ》、その名をば大来《おほく》目《め》主《ぬし》と負ひ持ちて仕へし官《つかさ》、……人祖乃《ヒトノオヤノ》立つる言立て……（万葉集、巻十八、四〇九四）

というように、常に「の」を取る語なので、「おやの名」というのが、個人名である場合

も、氏族名である場合も、さらには「おや」という名である場合もありうる、ということになります。こういう場合もあることに、注意してください。

さて、右のように考えてくると、次の例なども、この中にはいりそうです。

源氏の　君は、……（源氏物語、桐壺）

右近の　君こそ。（同、夕顔）

これらは、「源氏の君」「右近の君」と一語のように発音されます。

惟光《これみつ》が兄の　阿闍梨《あざり》、婿《むこ》の　三河の守《かみ》、女《むすめ》など、渡り集《つど》ひたるほどに、（源氏物語、夕顔）

御兄《せうと》の　兵部卿の親王《みこ》など、（同、桐壺）

父の　大納言は亡《な》くなりて、母北の方なむ……何事の儀式をも、もてなし給ひけれど、（同上）

右の「母北の方」も、意味は「母の北の方」で、ここで言えば、桐壺の更衣の母であり、大納言の北の方であることを言っているのですが、「母北の方」という一語のように扱われます。「母后《はゝきさき》」（源氏物語、桐壺）、「母御息所《みやすどころ》」（同上）なども同様です。

また、

公世《きんよ》の　二位のせうとに、良覚僧正と聞えしは、（徒然草、四十五段）

為兼《ためかね》の　大納言入道、めしとられて、（同、百五十三段）

というような言い方もあります。

相模の守　時頼（徒然草、百八十四段）

入宋の沙門　道眼上人、（同、百七十九段）

というような、今でいえば肩書きに当たるような語句も、「の」を取れば前の例と同じになりますが、「の」がないので、「母北の方」「母后」式になります。ただし、一息に、一語のように発音されるわけではありません。

六　いわゆる同格の関係（乙）

もう一つ、むしろ、読解にはこのほうが注意すべきものと言うべき「いわゆる同格の関係」があります。その古いものは、

伏廬《ふせいほ》の　曲廬《まげいほ》の内に（万葉集、巻五、八九二）

風まじり雨ふる夜《よ》の　雨まじり雪ふる夜は（同上）

龍田《たつた》道《ぢ》の岡辺の道に、丹《に》つゝじのにほはむ時の　桜花咲きなむ時に（同、巻六、九七一）

というようなものです。それぞれ、傍線の二つの語句が、一まとまりとして、助詞「の」「は」「に」を取ってあとの語句にかかっていきます。

これも、単に「曲廬」ではなく、「伏廬」であることを断わり、単に「雨まじり雪ふる夜」ではなく、「風まじり雨ふる夜」であることを断わり、単に「桜花咲きなむ時」ではなく、「丹つゝじのにほはむ時」であることを断わっている言い方だと考えれば、甲のほうと似たようなことにもなるようですが、かかるほうにも受けるほうにも、最後に同じ体言があって、「いわゆる同格の関係」がはっきり見えることが甲と違うということになるでしょう。

ところが、後には、受ける語句のほうに違う体言（といっても、内容的には同類の）が出るようにもなり、さらに、受ける語句のほうの体言が吸収されて、連体形だけになるのが多くなるのです。次には、その連体形だけになった例をあげましょう。

黄なる生絹《すずし》のひとへ袴長く着なしたる童《わらは》の　をかしげなる△出で来てうち招く。
（源氏物語、夕顔）

白き扇の　いたうこがしたる△を、……とて取らせたれば、（同上）――「こがしたる」は、香がたきしませてある意。

右の例の△の所に、それぞれ「童」「扇」を置けば、『万葉集』の例と同じになります。現代語なら、「をかしげなの」「こがしてあるの」と、「の」を置くところです。

ビールの　冷やしたのが　ありますか。

帽子の　新しいのを　拾った。

これらの言い方と比べてみてください。前にあげた例ですが、

このごろ藤大納言と申すなる御兄《このかみ》の　右衛門の督《かみ》にてかくれ給ひにし△は、物のついでなどにや、かの御うへとて聞しめし伝ふる事も侍らむ。（源氏物語、橋姫）

丈六の仏の　いまだ荒造りにおはする△が顔ばかり、見やられたり。（更級日記）

大きなる柑子の木の　枝もたわわになりたる△が周りを、（徒然草、十一段）

右の傍線の部分の関係は、みな同じで、△の所に、それぞれ「御方」「仏」「木」と置いた気持ちで読めばよいのです。そうして、↓の印の語句の終わりの「の」は、現代語を当てると「で」がよく当たり、時には「だが」を当ててもよい場合もあることが注意されます。

さて、また、右のいき方で、受けるほうの語句が、二つ並んで出る場合もあります。

さる折しも、白き鳥の　嘴《はし》と脚《あし》と赤き△　鴫《しぎ》の大きさなる△、水の上に遊びつゝ魚を食ふ。（伊勢物語、九段）

先帝《せんだい》の四の宮の　御かたち勝れ給へる聞え　高くおはします△　母后《ははきさき》　世になくかしづき聞え給ふ△を、（源氏物語、桐壺）

前者は、△の所に「鳥」、後者は「宮」を入れて解せばよいのです。前者では、↓　Y―

の一まとまりが、「魚を食ふ」の主語となっており、後者では、――→ ≻――の一まとまりが、助詞「を」を取って、あとの語句にかかるようになっています。

　そうしてまた、かかる語句のほうも、最後の体言が吸収されて、連体形だけになっている場合もあり、『源氏物語』の冒頭にその例が出ています。この場合は、原則により「の」でなく「が」が用いられます。


　いづれの御時にか、女御・更衣あまたさぶらひ給ひける中に、いとやむごとなき際《きは》にはあらぬが→ ≻すぐれて時めき給ふ、ありけり。（桐壺）

右の矢印の部分は、

　いとやむごとなき際にはあらぬ人の　すぐれて時めき給ふ人、

という気持ちです。この場合などは、「人の」を「人だが」と解したくもなり、「いとやむごとなき際にはあらぬが」も、「……ないけれど」というように、「が」を接続助詞とみたくもなるでしょうが、『源氏物語』で、「が」を接続助詞とみなければならない例は極めてまれですから、ここも、そうみないのが正しい読み方とされているのです。ただし、接続助詞の「が」の発生は、こうした用例などが一つのもととなっていることは、確かでしょう。

　ついでに言いますと、「時めき給ふ」と言われる人のことを、「ありけり」と言うのは、敬語の使い方がおかしいから、

いとやむごとなき際にはあらぬ人の、すぐれて時めき給ふこと、ありけり。

と解すべきで、「いとやむごとなき際にはあらぬが」は、「時めき給ふ」の主語だと考える説も出ましたが、あとにも、この人が亡くなって、葬儀に際して三位に叙せられたことに対して、

これにつけても、憎み給ふ人々、多かり。（桐壺）

と述べているし、

此の姫君の母北の方のはらから、世におちぶれて、受領の北の方に※なり給へる、ありけり。（蓬生）――※「なり給へる人」「なり給へる方《かた》」などと考えられる。

という例もあるので、敬語の使い方は、さしつかえはなく、「時めき給ふこと」と考える必要はないのです。

なま〳〵の上達部《かむだちめ》よりも、非参議の四位どもの　世の覚《おぼ》え口惜しからず、もとの根ざし賤しからぬ△が　安らかに身をもてなしふるまひたる△いとかはらかなりや。

（源氏物語、帚木）

この文は、全体としては、

Aよりも　B　いとかはらかなりや。

という形のもので、そのBの部分が「いわゆる同格の関係」で矢印で示すような構成であり、その受ける部分のほうがまた、

世の覚え口惜しからず、もとの根ざし賤しからぬ（モノ）が　安らかに身をもてなし
　ふるまひたる（モノ）

という意の「いわゆる同格の関係」のまとまりである、ということになるでしょう。

『更級日記』で、上総の国でいっしょに暮らした継母が、上京の後、作者の父と別れ去ったことを述べて、

　継母《まはは》なりし人は、宮仕へせし△が下りし△なれば、思ひしにあらぬ事どもなどありて、

とあるのも、

　宮仕へせし人の、　下りし人、

と考えれば、「いわゆる同格の関係」のまとまりとなりますが、

　宮仕へせし人の、　下りし事

と考えれば、「宮仕へせし人の」と「下りし」とが、主語・述語関係だということになります。「下りし事なれば」というのが少し不自然だと感じても、

　宮仕えをした人が、　下ったのだから

という気持ちだと考えれば、主語・述語関係とみるほうがよさそうだ、と感じられるでしょう。

　世を捨てたる人の　よろづにするすみなる△が、なべて、ほだし多かる人の　よろづにへつらひ望み深き△を見て、むげに思ひくたすは、僻事《ひがごと》なり。（徒然草、百四十二

段）

これは、簡単な形にすれば、

　Aが　Bを見て、むげに思ひくたすは（＝イチガイニ軽蔑スルノハ）、僻事なり。

という形の文であり、Aの部分は、△の所に「人」と置いて、「いわゆる同格の関係」のまとまりだとみられるでしょう。「よろづにするすみなる」は、何も係累《けいるい》のない意です。Bの部分は、「なべて」がなければ、△の所に「人」と置いて、「いわゆる同格の関係」のまとまりとも考えられますが、「なべて」があるので、これがどこへかかるかと考えると、

　なべて　ほだし多かる人　よろづにへつらひ　望み深し。

という関係の文を、「事」または「さま」などの限定語にして、

　なべて　ほだし多かる人の　よろづにへつらひ　望み深き（事）

となるはずのものと考えられ、「ほだし多かる人の」は主語なのだった、ということになるでしょう。現代語にして、「……望みが深いの」（＝欲ガ深イノ）とすると、それが一層、自然だと感じられましょう。

　梅は、白き、うす紅梅。一重《ひとへ》なる△がとく咲きたる△も、重《かさ》なりたる紅梅の　にほひめでたき△も、みなをかし。（徒然草、百三十九段）

　右の「一重なるが」以下は、簡単な形にすれば、

　Aも　Bも　みなをかし。

という形になりますが、A・Bのそれぞれが、「いわゆる同格の関係」のまとまりか、主語・述語関係のまとまりかと考えると、どっちにも考えられて、決定困難ということになるでしょう。

右のようなことを考えた上で、復習のため、「いわゆる同格の関係」でまとまる例を、『徒然草』からあげてみましょう。

①堀川の相国《しょうこく》は、美男の　たのしき人にて、（九十九段）――「堀川の相国」は、太政大臣源基具。「たのしき人」は、裕福な人。

②かの又五郎は、老いたる衛士《ゑじ》の　よく公事《くじ》に馴れたる者にてぞ、ありける。（百二段）

③むく犬の　あさましく老いさらぼひて毛はげたる△を引かせて、（百五十二段）

④家居《いへゐ》の　つきづきしくあらまほしき△こそ、仮のやどりとは思へど、興あるものなれ。（十段）

⑤荒れたる宿《やど》の　人目なき△に、女の……こもりゐたるを、（百四段）

⑥甲香《かひかう》は、ほら貝のやうなる△が　小《ちひ》さくて口のほどの細長にしていでたる貝のふたなり。（三十四段）

⑦毀《そし》り笑はるゝにも恥ぢず、つれなく好《す》きて嗜《たしな》む人、天性その骨《こつ》なけれども、道になづまずみだりにせずして年を送れば、堪能《かんのう》の△　嗜まざる△よりは、つひに上手

の位に至り、徳たけ人にゆるされて、並びなき名を得る事なり。（百五十段）――

「堪能の　非家の人」（百八十七段）参照。

①②は、前の語句とあとの語句と、内容的には同類だが、違った体言が出ている例、③④⑤は、それぞれ、△の所に、「犬」「家居」「宿」と置いて解する例、⑥は、前の語句のほうに体言が省略されており、補えば「……貝の」となる例です。⑦は、「堪能の人の嗜まざる人」という気持ちだろうと考えて例にしました。「堪能なる人」というのなら、「堪能なるが」となるはずですが、「堪能の人」という例であるために、「人」を略しても「が」を用いなかったもの、と考えました。

七　「いわゆる同格の関係（乙）」に用いられる「の」に似た意味の「の」について

「いわゆる同格の関係（乙）」に用いられる「の」を、現代語に訳す際に、「で」を当ててしっくりするのが多く、場合によっては「だが」が当てはまることがあることは、前に述べましたが、同じような「の」の用例が、別に、もう一つありますので、ここでそれについて述べておきましょう。

次のは、『万葉集』で、上総《かみつふさ》（今の千葉県）の、末《すゑ》の珠名《たまな》という女性を歌った長歌の一部分です。

末の珠名は、①胸分《むなわ》けの広き吾妹、腰細のすがる②娘子《をとめ》の、そのかほのきら〳〵しきに、花のごと笑《ゑ》みて立てれば、（巻九、一七三八）――①胸幅の広い。②ぢが蜂娘子。美人であることをいう。

右の、「すがる娘子の」は、「すがる娘子で」と考えてよいでしょう。

内侍《ないし》は、ねびたれど、いたくよしばみなよびたる人の、前々《さきざき》もかやうにて心動かす折々ありければ、ならひて、……ふるふ〳〵、つとひかへたり。（源氏物語、紅葉賀）

これは好色の老女である内侍の、あわてた場面を書いたものですが、最初の「内侍は」は、最後の「つと、ひかへたり」と響きあうものですけれども、「内侍は、……なよびたる人の」と読んでくると、前の例の「末の珠名は、……すがる娘子の」と、同じような気持ちが感じられるでしょう。

国の親となりて、帝王の上なき位に登るべき相《さう》おはします人の、※そなたにて見れば、乱れ憂ふる事やあらん。（源氏物語、桐壺）――※帝王の位に登るべき人としてみると。

これは、少年光源氏の人相を鑑定した高麗人のことばですが、最初に、「この人は」と置けば、前の二例と同じになるでしょう。そうして、この「人の」は、あとに述べることとの関係で、「人で」というより「人だが」と訳すほうがしっくりし、また、「人の」を「ものの」としてもいける、ということが注意されるでしょう。つまり、この類の「の」は、接続助詞「ものの」を生じるもとをもっていたといえるでしょう。

八　並立語

次の傍線の語句は、並立関係のまとまりとして、それぞれ二つが一まとまりとなり、一個の体言なみに用いられます。並立語というのは、かかるほうの語句の名で、三つ以上の語句が並立関係でまとまる場合は、最後の語句以外は、みな、並立語とよびます。これらは、受ける語句と一まとまりとして用いられますので、限定語と同様に、文の直接構成成分とはなりません。

①高砂《たかさご》・住《すみ》のえの松も、相生ひのやうにおぼえ、（古今集、仮名序）
②花に鳴くうぐひす・水に住む蛙《かはづ》の声を聞けば、（同上）
③あたら夜の月と花とを、同じくは、心知れらん人に見せばや（後撰集、春下、一〇三）
④吹く風と谷の水とし無かりせば、み山隠れの花を見ましや（古今集、春下、一一八）

①では、「高砂・住のえ」が並立関係のまとまりで、助詞「の」を取って「松」の限定

語、②では、「花に鳴くうぐひす・水に住む蛙」が並立関係のまとまりで、同じく「の」を取って「声」の限定語となっていますが、言い直せば、「高砂の松・住のえの松も」「花に鳴くうぐひすの声・水に住む蛙の声を」という意になるところです。③では、「月と花と」が並立関係の一まとまりで、「あたら夜の」という限定語が、この一まとまりにかかるので、言い直せば、「あたら夜の月と、あたら夜の花とを」ということになります。④では、「吹く風と谷の水と」が並立関係の一まとまりで、助詞「し」を取って、「無かりせば」の主語となっています。

右の②④の例のように、並立語が限定語をもった体言である場合には、それを受けるほうの体言も限定語をもっているのが原則です。③の「あたら夜の」が「月」だけにかかるということは、ないのが当然というわけです。『土左日記』の、

立①てば立つ、ゐ②ればまたゐる、吹く風と波とは、思ふどちにやあるらむ（正月十五日）——①風が立てば波が立つ。②風がおさまると、波もまたおさまる。

という例は、例外ですが、「吹く波」というのはないはずですから、この例外が許されるというわけなのでしょう。

雪ふれば、冬ごもりせる草も木も、春に※知られぬ花ぞ咲きける（古今集、冬、三三）——

※関知されない。

右の「草も木も」は並立関係のまとまりの一種で、「冬ごもりせる」という限定語はこの一まとまりにかかるのですが、「草も木も」という一まとまりは、前の①②③④の並立関係のまとまりのように、体言扱いにならない点で、大きな違いがみられます。つまり、

草も木もを　　草も木もに

などとは用いられず、そういう場合には、

草をも木をも　　草にも木にも

ということになるのです。それで、「も」を並立助詞とは認めていないのです。

第五章　用言が受けてまとめる語句

ここでは「主語」「修飾語」「並立語」について述べます。動詞を中心として考え、必要に応じて形容詞・形容動詞にもふれましょう。

前に述べましたように、用言は助動詞が付いて出ることが多いのですが、助動詞の付いているものは、その全体を用言に準じて扱います。

一　主語

春来《き》ぬと人は言へども。。鶯の鳴かぬかぎりはあらじとぞ思ふ※（古今集、春上、

二）――※違うだろう。

新院の①おりゐさせ給ひての春②詠《よ》ませ給ひけるとかや。

③殿守《も》りのとものみやつこ よそにして 払はぬ庭に 花ぞ 散りしく（徒然草、二十七段）

──①新上皇。ここでは花園上皇。②御退位になったその春。③主殿寮《とのもりづかさ》の下部《しもべ》。

右の例で──印の語句が主語です。それぞれ、何ガ来たのか、何ガ言うのか、何ガ鳴かないのか、だれガお詠みになったのか、だれガ払わない（掃除しない）のか、何ガ散りしくのか、その何ガ・だれガを示しています。「殿守りのとものみやつこ」は「よそにして」にもかかるわけですが、こういう場合には「払はぬ」が主《おも》な語句ですから、そこでまとめるとみるわけです。「よそにして」はどうして払わないのかを示す修飾語とします。「新院の」も、「おりゐさせ給ひ」にもかかるとみえますが、そうすると、「詠ませ給ひける」の主語は、必ずしも「新院の」でなくてもよいことになります。「おりゐさせ給ひての春」を「文保二年の春」とでもしてみれば、「詠ませ給ひける」にかかるとするのが当然だとなるでしょう。さて、主語を受けてまとめる──印の語句を「述語」と名付けています。

右の例で、主語は、体言だけか、体言に助詞が付いているかすることが知られましょう。そうして、その体言は、限定語を受けてまとめている場合も多いばかりか、限定語に当たる語句だけで、体言が吸収されている場合もあります。次の例で考えてください。

栗栖野といふ所を過ぎてある山里に尋ね入ること 侍りき。（徒然草、十一段）

又ひとり、「露こそあはれなれ」と争ひしこそをかしけれ。（同、二十一段）

黄なる生絹のひとへ袴長く着なしたる童のをかしげなる出で来てうち招く。（源氏物語、夕顔）

ある人、清水へ参りけるに、老いたる尼の行き連れたりけるが、道すがら「くさめ、くさめ」と、言ひもて行きければ、（徒然草、四十七段）

二　修飾語

主語のところで用いた例文で考えてみましょう。

①春来ぬと人は言へども、鶯の鳴かぬかぎりはあらじとぞ思ふ。

②新院のおりゐさせ給ひての春詠ませ給ひける。

③殿守りのとものみやつこよそにして払はぬ庭に花ぞ散りしく

④栗栖野といふ所を過ぎて。

⑤栗栖野といふ所を過ぎてある山里に尋ね入る

⑥又ひとり、「露こそあはれなれ」と争ひし

⑦黄なる生絹のひとへ袴長く着なしたる

——→の語句が修飾語です。①では、何と言うのか、その内容を、いつまで、何と思うのか、その時間の範囲と内容とを示しています。「言へども」が述語でもあり、「思ふ」は言われずにある主語「我は」の述語だと考えますと、ある一まとまりの中に、主語と修飾語とある時は、修飾語を受けてまとめるのは、述語だということも考えられるでしょう。②でもそれは確かめられるでしょう。この修飾語は、いつお詠みになったかを明らかに示しています。③の「よそにして」については、前に述べました。④では、どこを過ぎて行くのかを、⑤では、どういうぐあいにして、どこに尋ね入るのかを示しています。⑥では、又ひとりが、何と言って争ったか、その内容を、⑦では、何を、どう着なしているのかを明らかにしています。

何と言うのか、何と思うのか、その内容がかっこに入れられ、助詞「と」「など」であとへ続けられていく場合には、かっこの中はどんなに長くても、いくつの文が並んでいても、すべて一つの袋に入れられた荷物と同じく、たとえば、「Aと言へば、Bと答へ」というようにして、A・Bは別に考えるべきことを注意してください。

三　修飾語のでき方

修飾語は、体言と助詞でできるもの、用言関係でできるもの、その他いろいろありますので、それについて考えてみましょう。

(1)　体言（限定語を受けているのも含む）や、体言に準じられた語句でできるもの

体言を「何々」、動詞を「ドウドウスル」で代表させて、型を示します。

ア　何々ヲ　ドウドウスル。

縄を　張る。

烏の　群《む》れゐて　池の蛙を　とりければ、

後徳大寺の大臣の……縄を張られたりけるを　西行が　見て、

イ　何々ニ　ドウドウスル。

父に　問ふ。

寝殿に　縄を　張る。

女の髪すぢを縒《よ》れる綱には、大象も　よく繋《つな》がる。

殿守りのとものみやつこよそにして払はぬ庭に　花ぞ　散りしく

言はぬは　言ふに　まさる。

ウ　何々へ　ドウドウスル。

音に聞きし猫また、あやまたず足もとへふと寄り来て、

官人章兼が牛、離れて、庁の内へ入りて、大理の座の浜床の※上に登りて（二百六段）――※「人毎に山へ登りしは」（五十二段）ともある。

エ　何々ト　ドウドウスル。

見ぬ世の人を　友とす。

同じ心ならむ人と　物語りす。

「我落ちにき」と　人に　語るな（古今集、秋上、二二六）

故郷《ふるさと》となりにし奈良のみやこにも（同、春下、九〇）

オ　何々ヨリ　ドウドウスル。

遣水《やりみづ》より　煙の立つこそ　をかしけれ。

暁方《あかつきがた》より　さすがに　音なくなりぬるこそ、

死は　前よりしも来らず。

カ　何々カラ　ドウドウスル。

波の音の　今朝《けさ》から　異《こと》に聞ゆるは、春の調《しらべ》や改まるらむ（古今集、物名、四五六）

※惜しむから　恋しきものを、白雲の立ちなむのちは、なに心地せむ（同、離別、三七二）——※いっしょにいて別れを惜しんでいる今から。

キ　何々トテ　ドウドウスル。

「鳶ゐさせじ」とて　縄を張る。

ク　何々ニテ　ドウドウスル。

「狂人のまね」とて　大路を走らば、

よきほどにて　出《い》で給ひぬ。

川にて　馬洗ふ。

剣にて　人を　斬る。

ケ　何々シテ　ドウドウスル。

水をも　手して　さゝげて　飲みけり。

人して　惟光召させて、（源氏物語、夕顔）

（以上の例は、『徒然草』からのものは、出典名を省きました）

以上の「何々」に付く

を・に・へ・と・より・から・とて・にて・して

などの助詞を、「格助詞」とします。この中の「を」は、省略されることが多く、キの例中の「鳶」、クの例中の「馬」、ケの例中の「惟光」などは、その省略された例ですが、その他の格助詞は、省略されることは、まずないと考えてよいでしょう。「を」は元来は間投助詞といわれるものから出たもので、

萩が花散るらむ小野の露霜にぬれてを行かむ、さ夜は更《ふ》くとも（古今集、秋上、二二四）

というように用いられたものですから、

月　見る。

に対して、

月を　見る。

は、詠嘆の気持ちがあったはずなのですが、それが忘れられて、「月　見る」のほうは、「を」を省略した言い方だと感じられるようになって、「を」が格助詞として認められた、というのが実状だというべきでしょう。

右の修飾語は、動詞に対して用いられるのが普通ですが、

我と　ひとしからざらん人は（徒然草、十二段）

海よりも深く、山よりも高し。

というように、まれに動詞以外の用言に対して用いられることのあるものもあります。

また、「に」「にて」は※紛らわしい場合があって、

家に　ありて、母がとりみば、慰むる心はあらまし、死なば死ぬとも（万葉集、巻五、

〈八九〉——旅先で死んだ人を悲しんだ歌。※世話をするなら。

の「に」は格助詞ですが、「これは我が家だから」という意を「し」で強めて、

これは　我が家にしあれば、

と言ったなら、この「に」は、助動詞「なり」の連用形とされる「に」であり、

比叡の山に、児《ちご》にておはします（徒然草、四十七段）

の「にて」も、同じ「に」に「て」の付いたので、「児」という資格で生活していらっしゃる、という気持ちなのです。「児にて」が修飾語であることは同じですが、成り立ちが違い、意味が違うというわけです。

格助詞（特に、「を」「に」「へ」「と」「より」「から」など）が付いて出来る修飾語と、次に述べるいろいろな形で出る修飾語とは、意味の上から同じ修飾語とはしにくいとして、格助詞が付いて出来る修飾語は、取り分けて別な名を付けようとする説もありますが、学問としてはとにかく、読解のための文法、実用のための文法としては、大まかでいけるところは大まかでいこうと思いますので、私は、格助詞の付いて出来るものも修飾語とする説に従っております。

体言の中で、時を表わす語と数量を表わす語とは、格助詞が付かないで修飾語となることがあります。

何時《イツ》　ドウドウスル。

昔　男　ありけり。（伊勢物語、二段）

新院のおりゐさせ給ひての春、詠ませ給ひけるとかや。（徒然草、二十七段）

沅《げん》・湘《しやう》（＝川ノ名）日夜　東に　流れ去る。（同、二十一段）

幾ツ　ドウドウスル。

友とするにわろき者　七つ　あり。（徒然草、百十七段）

百度《もゝたび》　戦ひて、百度　勝つ。（同、八十段）

また、

春は　花を見る。

一度も　勝たず。

などの「は」「も」は、格助詞ではありませんから、前の「イツ」「イクツ」の例にはいります。

雪は　鵞毛に似て　飛んで散乱す。

雪は　鴨を煮て飲んで　算段す。

前の「雪は」は主語ですが、あとのは修飾語です。こういう例もありますから注意してください。（二二五―二二六ページ参照）

○ばかり・まで

三月《みつき》ばかりに　なるほどに（竹取物語）

神へまゐるこそ本意なれと思ひて、山までは見ず。（徒然草、五十二段）

右の「ばかり」「まで」は、ある意味を添える助詞で、副助詞とされるものです。これを取り去ると、添えた意味は無くなりますが、文として成り立たなくはありません。

ところが、

月ばかり　面白き物は　あらじ。（徒然草、二十一段）

法師ばかり　羨ましからぬ物は　あらじ。（同、一段）

昔、男、武蔵の国まで　まどひありきけり。（伊勢物語、十段）

わが宿は、道もなきまで　荒れにけり。（古今集、恋五、七七〇）（一四二ページ参照）

これらの「ばかり」「まで」は、取り去ると文が成り立ちません。これは、前のと区別したい大きな違いだとも思いますが、大まかに副助詞とするのが普通です。こういう例もあることに注意してください。

○ごとに・ながら

桜花　手ごとに　折りて、家づとにせむ（古今集、春上、五五）

折節《をりふし》の移り変はるこそ　物ごとに　あはれなれ。（徒然草、十九段）

萩の露、玉に貫《ぬ》かむととれば①消《け》ぬ、よし見む人は　②枝ながら　見よ（古今集、秋上、三三）――①消えてしまう。②枝にあるままで。

桜ちる花の所は、春ながら　雪ぞ　降りつつ消えがてにする（同、春下、七五）――第一、二句は三句とまとまるのではなくて、五句にかかるもの。

この「ごとに」「ながら」は接尾語とされています。用言に付く用法もあります。それは用言のほうを見てください。

(2)　用言でできる修飾語

用言や用言に準じられる語句でできる修飾語には、それだけでできるものと、「て」「で」「つつ」「ながら」などの助詞が付いてできるものとがあります。

甲　用言や用言に準じられる語句だけでできる修飾語。

これは、その連用形でできるのですが、動詞の場合はまれで、形容詞・形容動詞、および「ず」「べし」「まじ」などの付いた語句、「何々のごとし」「何々のごとくなり」「何々のやうなり」の形をとる語句でできるのが普通です。

童《わらは》べぞ　出《い》で入り　遊ぶ。（源氏物語、若紫）

かきつらね　昔の事ぞ　おもほゆる（同、須磨）

（惟光に）急ぎ　参るべきよし言へ。（同、夕顔）

日数の　早く　過ぐる程ぞ、物にも似ぬ。（徒然草、三十段）
雪の　面白う　降りたりし　朝、（同、三十一段）
心細く　住みなしたる　庵（同、十一段）
周りを　厳《き》しく　囲ひたり（同上）
何事にかあらん、ことごとしく　ののしりて、（同、十九段）
しづかに　思へば、（同、二十九段）
（水車ハ）つひにまはらで、いたづらに　立てりけり。（同、五十一段）
手など　つたなからず　走り書き、（同、一段）
息もつぎあへず　語り興ずるぞかし。（同、五十六段）
※ことならば、君とまるべく（花ハ）にほはなむ（古今集、離別、三九五）――※同じことなら。
音にだに人の知るべく　我が恋ひめかも（古今集、恋三、六六四）
げに　え堪《た》ふまじく　泣い給ふ。（源氏物語、桐壺）
たなばたの手にも劣るまじく　その方（＝裁縫ノウデ）も　具して、（同、帚木）
（水車ハ）思ふやうに　めぐりて、（徒然草、五十一段）
男《をのこ》をば　女に笑はれぬやうに　おほし立つべし（同、百七段）
（銭ヲ）君のごとく　神のごとく　恐れ尊みて、従へ用ゐることなかれ。（同、二百十

七段）

（老イユク身ハ）走りて坂をくだる輪のごとくに 衰へゆく。（同、百八十八段）

（法師ハ）人には 木の端のやうに 思はるゝよ。（同、一段）――これは「思ふ」状況でなく、内容を表わしている。「木の端のやうなりと」の「と」を用いない場合の言い方。

（若宮ヲ）見奉らでしばしもあらむは、いとうしろめたう 思ひきこえ給ひて、（源氏物語、桐壺）――「いとうしろめたしと」の「と」を用いない場合の言い方。

いま一方《ひとかた》は、主《ぬし》強くなるとも、必ずうちとけぬべく 見えし（同、夕顔）――「うちとけぬべしと」の「と」を用いない場合の言い方。

乙 「て」「で」「つつ」「ながら」などが付いてできる修飾語。

この場合は、動詞が普通ですが、形容詞・形容動詞に「て」が付いて出る例もあります。「で」は、「ずして」から変わった助詞で、打ち消す意を含み、未然形に付きますが、その他の語は、連用形に付きます。意味の取り方が、一筋にはいきません。

衣冠より馬・車にいたるまで、あるにしたがひて 用ゐよ。（徒然草、二段）――あるにしたがうという状態で。

おのれ、車やらん事 さい王丸にまさりて え知らじ。（同、百十四段）――さい王丸

（＝人名）より勝るという状態で。

禄を出《いだ》さるれば、（ソレヲ）①肩にかけて　拝②して、退く。（同、六十六段）——①は、拝の礼をする時の状態を示し、②は、退く前になすべき行動を示す。拝の礼をすませて、それから、という気持ち。

（ソノ人ハ）いと心ことによしありて、同じ木・草をも植ゑなし給へり。（源氏物語、若紫）——よしありというぐあいに。

かく危き枝の上にて、安き心ありて　ねぶるらんよ。（徒然草、四十一段）——眠っている状態を、安き心ありという状態で、といったのでなく、安き心があって、それでと、理由を示しているのだとすると、「安き心あれば」という接続語に近い、ということになります。形だけで、簡単に決めるわけにいきません。

この扇の、尋ぬべき故ありて　見ゆるを、（源氏物語、夕顔）——「……故ありと」の「と」を用いない場合の言い方。

かの空蟬《うつせみ》の、あさましくつれなきを、この世の人には違《たが》ひて　おぼす。（同上）——「……違ひたりと」の「と」を用いない場合の言い方。

君は、（御病ノ）いささかひまありて　おぼさるゝ時は、（同上）——「……ひまありと」の「と」を用いない場合の言い方。

声をかしくて　拍子とり、（徒然草、一段）——「声をかし」という状態で。いい声で。

三寸ばかりなる人、いとうつくしうてゐたり。（竹取物語）――「いとうつくし」という状態で。

「衣《きぬ》す、けためり。白くて着よ」とて、（衣ヲ）投げ取らせたれば、（枕草子、職の御曹司におはします頃）

他用《ことよう》に用ゐることなくて、その銭《あし》※みなになりにけり。（徒然草、六十段）――※すっかり無くなってしまった。

御前駆《おんさき》の松明《まつ》ほのかにて、いと忍びて出《い》で給ふ。（源氏物語、夕顔）――「……ほのかなり」という状態で。

その夜、大臣《おとど》の御里に、源氏の君（ヲ）まかでさせ給ふ。（中略）いときびはにておはしたるを、（大臣ハ）ゆゝしううつくしと思ひきこえ給へり。（同、桐壺）――「いときびはなり」という状態で。「おはしたる」は、「おはす」が「来る」の尊敬語として動作的な内容があるから「たる」が付いているので、「いときびはに」なら「おはする」となり、「いときびはなる」の尊敬表現となる、という相違が出る語であると考えられます。

昔（ワタクシガ）見給へし女房の、尼にて侍る東山の辺《へん》に、移し奉らむ。（ソコハ）惟光が父の朝臣の乳母《めのと》に侍りし者の、みづはぐみて住み侍る（トコロ）なり。（同、夕顔）――「尼にて侍る」は、尼という状態で住んでおります、の意。「乳母に侍りし」

は、「乳母なりし」の丁寧表現で、「にて」と「に」だけとの違いがはっきりみえる例です。
この「にて」が後に、本来の意味を失い、語形も「で」となって、

「……声は、坂東声《ばんどうごゑ》で候ひつる」と申せば、木曾殿、「あっぱれ、これは斎藤別当であるごさんめれ。……」とて、（平家物語、巻七、実盛）

というように用いられ、現代語の「だ」の出るもととなります。

嵐にむせびし松も、千年《ちとせ》を待たで薪《たきぎ》にくだかれ、（徒然草、三十段）

（水車ハ）つひにまはらで、いたづらに立てりけり。（同、五十一段）

遥かなる田の中の細道を、稲葉の露にそぼちつつ分け行く（同、四十四段）

骸《から》はけうとき山の中に納めて、さるべき日ばかり詣《まう》でつつ見れば、（同、三十段）――「さるべき日ばかり詣でつつ見る」と考えては変であることに注意。

※談義《だんぎ》の座にても、（芋頭《イモガシラ》ヲ）大きなる鉢にうづたかく盛りて、膝《ひざ》もとに置きつつ、食ひながら、文《ふみ》をも読みけり。（同、六十段）――※仏典などの講説をする席。いつの談義の座でも膝もとに置くので「置きつつ」といった。

「立ちながら　こなたに入り給へ」とのたまひて、※御簾《みす》の内ながらのたまふ。（源氏物語、夕顔）――立ったまま。はいり方ではなくて、はいって後の状態を示すもの。※御簾の内にいるままで。主人公の応対のさま。体言につく「ながら」は接尾語とされている

が、連用形に付くのは接尾語から助詞に変わったものと考えられる。

この文《ふみ》をひろげながら、(文ノ)端《はし》に手習ひすさび給ふ。(同、末摘花)——この文をひろげたまま。※歌などを気の向くままにお書きになる。

よぎりおはしましけるよし、たゞ今なむ人申すに、①驚きながらさぶらふべきを、②なにがしこの寺にこもり侍りとは知ろしめしながら忍びさせ給へるを、うれはしく思ひ給へてなむ。(同、若紫)——①驚いたまま、すぐ(参上すべきですが)。②私がこの寺にこもっておりますとは御存じのまま、(私にないしょでおいでになったのを)。「御存じのくせに」と考えれば、接続語に入れることになります。

紀伊守《きのかみ》に仰言《おほせごと》賜へば、※うけたまはりながら退きて、……と、下に嘆くを、(同、帚木)——※お断わりせずお受け申したまま。

(芋頭ヲ)食ひながら、文をも読みけり。(徒然草、六十段)

日は照りながら、雪の、頭《かしら》に降りかかりけるを、(古今集、春上、八題詞)

最後の例も、「日は照っているままで」と、その時の状態をいっているとして、修飾語としたのですが、「日は照っているのに」と考えると、接続語とすることになるでしょう。「(芋頭ヲ)食ひながら」のように、二つの動作が同時に行なわれる意のものは、おくれて出て、後になるほど多くなります。

(3) 副詞でできる修飾語

副詞というのは、単語の中でもっぱら修飾語となるものに名付けた名ですから、修飾語となるのは当然です。連体詞といわれる単語は古いものはまれで、後世のものに多く、文法上も、昭和以後に認められたといってよいものです。もし、連体詞のほうが先に認められていたなら、副詞は、連用詞とでも名付けられていたかもしれません。

副詞といわれるものを分けて、二種にまとめてみました。一つは、どんなふうにするのか、あるのか、どの程度にするのか、あるのか、そのし方、あり方を示すもので、もう一つは、受けるほうが、打消しになるか、禁止の言い方になるか、とにかく、ある決まった言い方になる、つまり、用言のあり方に関係するものです。

甲 どんなふうに、どの程度にと、そのし方・あり方を示すもの。

次の例は、『源氏物語』の若紫の巻から、目に付いたものをあげました。

すなはち　僧都《そうづ》　参り給へり。――すぐ。
かく（山二）こもれるほどの御物語。
いと　あはれに　ものし給ふ事かな。
屏風の中を　すこし　引きあけて、

おのづから　さるやうありて、
君は、まづ　内裏《うち》に参り給ひて、
やがて　御おくり仕うまつらん。——このますぐ。
わざと　かう　御文あるを、
かの御放ち書きなん、なほ　見給へまほしき。
かくわりなき齢《よはひ》すぎ侍りて、必ず　数まへさせ給へ。
御車を　やをら　引き入れさせて、

乙　用言のあり方に関係するもの。

老人の事をば、人も、え笑はず。（徒然草、百五十一段）
つゆ　違はざらん。（同、十二段）
つゆ　おとなふもの　なし。（同、十一段）
ゆめ……人ときしろひそねむ心　使ひ給ふな。（源氏物語、若菜下）
もし　聞えありて便《びん》なかるべき事なりとも、（ソレハ）さるべきにこそは。（同、夕顔）
もし　賢女あらば、それも、ものうとくすさましかりなん。（徒然草、百七段）
おのれ、もし、兵仗《ひやうぢやう》の難やある。（同、百四十六段）

その男、尼※が細工《さいく》に、よも勝り侍らじ。（同、百八十四段）――※北条時頼の母の自称。

冬枯れのけしきこそ、秋には　をさ〳〵劣るまじけれ。（同、十九段）

かゝる老法師の身には、たとひ憂へ侍りとも、何の悔いか侍らん。（源氏物語、薄雲）

(4)　その他、いろいろなでき方の修飾語

行く〳〵　飲み食ふ。（土左日記、十二月二十八日）

母君、泣く〳〵　奏して、（源氏物語、桐壺）

同じことを　かへす〴〵誦し給ひて、（枕草子、五月ばかり、月もなう）

かへす〴〵　口惜しき御心なり。（徒然草、三十一段）

空しき御骸《から》を見る〳〵、なほおはするものと思ふが、いとかひなければ、（源氏物語、桐壺）

浮きぬ沈みぬ　五六町こそ流れたれ。（平家物語、巻五、文覚荒行）

かけ足になっつ、歩ませつ、馳《は》せつ、ひかへつ、阿波《あは》と讃岐《さぬき》との境なる大坂越えといふ山を、夜もすがらこそ　越えられけれ。（同、巻十一、勝浦）

泣きみ笑ひみ　うちとけのたまへる、いとめでたし。（源氏物語、松風）

心のまゝに茂れる秋の野らは、（徒然草、四十四段）

「いかにぞ。今はと見果てつや」とのたまふまゝに、袖を御顔におしあてて　泣き給

ふ。（源氏物語、夕顔）

君がため　春の野に出《い》でて　若菜つむ（古今集、春上、二一）

心のみ　妹《いも》がり　やりて、吾《わ》は　こゝにして（万葉集、巻十四、三五三八）——妹のもとへ。

さしたる事なくて、人のがり　行くは、よからぬ事なり。（徒然草、百七十段）

梅の花、今咲けるごと　散り①過ぎず　わが家《へ》の園《その》にあり②こせぬかも（万葉集、巻五、八二六）——①散ってなくならないで。②あってくれないかなあ。

見るごとに　思ひは止まず恋ひこそまされ（同、巻十九、四一八六）

人目ゆゑ　後にあふ日の遥《はる》けくは、わがつらきにや思ひなされん（古今集、物名、四三四）

このほどの事、くだくだしければ、例の　漏《も》らしつ。（源氏物語、夕顔）

咲く花は千種《ちくさ》ながらにあだなれど、誰かは春を恨みはてたる（古今集、春下、一〇一）

さて、以上の修飾語の多くのものには、時に、

は・も・ぞ・なむ・こそ・や・か

などの係《けい》助詞や、

だに・すら・さへ・のみ・ばかり・まで・など・し・しも

などの副助詞が付くことがあります。「何々ヲ」の場合は、「を」の後に付くときと、「を」を略して、「何々」にすぐ付くときとあります。「は」が「を」の後に付くときは、「をば」となります。

副助詞と係助詞と重なる場合もありますが、そのときは、係助詞が後になります。

この娘、たゞ栗をのみ食ひて、（徒然草、四十段）

心のみ　妹がりやりて（前ページ参照）――「心をのみ」の意。

名をば　さかきの造《みやつこ》と なむ　言ひける。（竹取物語）

春の朝、吉野の山の桜は、人麿が心には「雲か」とのみ　なむ　おぼえける。（古今集、仮名序）

今日のみと春を思はぬ時だにも、立つこと易き花のかげかは（同、春下、一三四）

四　接続語

接続語の代表は、「ば」「とも」「ど」「ども」などの付いた語句ですが、これは、文的な語句と文的な語句との関係を示すのが本来ですから、後に一章を設けますので、ここでは手短にふれておきます。

山守《やまもり》は　言はば①　言はなむ②。高砂の尾の上の桜　折りてかざさむ（後撰集、春中、五〇）

――①文句を言うなら。②言ってほしい。

この場合「言はなむ」が述語で、「言はば」という接続語を受けています。是非にと求めているのではないので、「言はば」と言ったのですが、「おだやかに」とか、「大声にて」とか、「ひそかに」とかいう修飾語と違う点は、受ける語句の形が、「言へ」と命令的には言えますが、「言ふ」「言ひけり」「言はず」「言はねど」など、いろいろな形で受けるわけにいきません。

山守は　おだやかに　言はなむ。

ならば、「言へ」だけでなく、「言ふ」「言はず」「言はむ」「言ひけり」「言はねど」など、いろいろな形で受けられるでしょう。これは、接続語と修飾語の大きな違いの一つだといえましょう。

往生《わうじやう》は、一定《いちぢやう》と思へば一定、不定《ふぢやう》と思へば不定なり。（徒然草、三十九段）

この文は、「往生は」を主語として、

往生は　一定なり。

往生は　不定なり。

というのに、それぞれ、「一定と思へば」「不定と思へば」という条件を付けたもので、この条件が接続語です。

家居《いへゐ》のつき〳〵しくあらまほしきこそ、仮のやどりとは思へど、興あるものなれ。

（徒然草、十段）

この文は、「AこそBなれ」の形の文で、その「Bなれ」に当たる「興あるものなれ」に、「仮のやどりとは思へど」という断わりの接続語が添えてあるわけです。この接続語を添えないと、兼好法師は、家居にひどく興味を寄せているな、出家に似合わず、執着があるのだろうか、と疑われるかもしれないから、「家居なんて仮のやどりだとは思っているのだが」という気持ちの接続語を添えたというわけです。

五　並立語

用言の並立関係でまとまる語句も、体言の場合と同じく、前の語句を並立語とします。三つ以上の語句の場合は、最後の語句が受ける語句で、他はみな並立語とします。

見ず知らずの人

鳴かず飛ばずの生活

などは、並立のまとまりが体言扱いで「の」を取っているのですから、ここでは問題にしません。それでも、いろいろの場合が出ますが、まず、ごく普通の並立関係のまとまりを考えましょう。

(1) ごく普通の並立関係

ごく普通の並立関係の並立語は、助動詞を取らない用言の連用形中止法で出るのが原則です。それで、受けるほうの語句も、助動詞が付いていていても、または終止形以外の形で出ていても、助動詞を除き、終止形で言い切った形にして考えることにします。

神楽《かぐら》こそ、なまめかしく、おもしろけれ。(徒然草、十六段)

これは、「なまめかしく、おもしろし」が並立のまとまりで、この一まとまりが一語のように扱われて、「こそ」に対応して已然形終止をしているというわけです。この一まとまりは、「なまめかしくおもしろき神楽」「なまめかしくおもしろくは、楽しかるべし」など、自由に用いられます。並立語に助詞が付いていることは無く、『徒然草』の序段の、

あやしうこそ物くるほしけれ。

の「あやしうこそ」は、並立語ではなくて、修飾語なのだという点に、注意が必要です。

蟻のごとくに集りて、東西にいそぎ、南北にわしる。……営《いとな》む所、何事ぞや。生をむさぼり、利を求めて、止む時なし。(徒然草、七十四段)

この文では、「東西にいそぎ、南北にわしる」が並立のまとまりであり、「生をむさぼり、利を求む」がもう一つの並立のまとまりです。「蟻のごとくに集りて」という修飾語は、「東

西にいそぎ、南北にわしる」という一まとまりにかかること、「生をむさぼり、利を求む」の一まとまりが、「て」を取って修飾語となり、「止む時なし」にかかっていることが考えられます。

黄金《こがね》は山にすて、玉は淵に投ぐべし。（徒然草、三十八段）

これも「黄金は山にすて、玉は淵に投ぐ」という並立の一まとまりが「べし」を取っているので、別々に言えば、「黄金は」のほうも「山にすつべし」となるはずなのです。これを、

黄金を山にすて、玉を淵に投ぐ。

とすれば、この一まとまりは、もっと自由で、

黄金を山にすて、玉を淵に投げざる者は……

とも言え、こう言えば、別々に言えば、並立語のほうも、

黄金を山にすてざる者

ということになるはずなのです。

人は、たゞ、無常（＝死）の身に迫りぬることを心にひしとかけて、束《つか》の間も忘るまじきなり。※さらば、などか、この世の濁りもうすく、仏道をつとむる心もまめやかならざらん。（徒然草、四十九段）――※「無常の身に迫りぬることを心にひしとかけて、

束の間も忘れずあらば」の意。

この例の「などか」以下は、

この世の濁りもうすく、仏道をつとむる心もまめやかなり。

という並立関係の一まとまりを、「などか……ざらん」と反語にした言い方なので、これを別々に言うなら、並立語のほうも、

などか、この世の濁りもうすからざらん。

となるはずのものだと考えることで、正しい解が得られるのです。

このように、並立関係のまとまりに「ず」を付けて全部を打ち消す例は、他にもあります。次の例は、『後撰和歌集』で、

朱雀院の子の日におはしましけるに、障《さは》る事侍りてえ仕うまつらずして、延光の朝臣につかはしける

と題詞のある、左大臣の歌です。朱雀院に直接さしあげるのは恐れ多いから、お側にいる延光の朝臣に送って、とりなしを願う気持ちでしょう。

松も引き若菜もつまずなりぬるを、何時《いつ》しか桜、早も咲かなむ（春上、五）

子の日のお供が出来なくて、松も引かず若菜もつまずにしまいましたが、というのが上の句で、下の句は、桜が早く咲くのを願って、その節は是非お供をお仕え申したいという気持ちを含めたものと考えられます。そうして、この上の句が上述のような意味になるのは、

松も引き若菜もつむ

という並立関係の一まとまりを、「ず」で打ち消した言い方だと考えるからですが、助詞「も」も大きく働いていると思われます。もし、

松は引き若菜はつまず

であったら、そういう意味にはならないはずですから。

次の例は、越中の守大伴家持が愛弟の死の知らせを受けてよんだ長歌の終わりの部分です。

愛《は》しきよし汝弟《なおと》の命《みこと》、何しかも時しはあらむを、はたすゝき穂に出《づ》る秋の、萩の花にほへる宿を、朝庭に出《い》で立ち平《な》らし、夕庭に踏み平《たひ》らげず、佐保の内の里を行き過ぎ、あしひきの山の木末《こぬれ》に、白雲に立ちたなびくと、我《あれ》に告げつる（万葉集、巻十七、三九五七）

右の中の「朝庭に出で立ち平らし」は、「夕庭に踏み平らぐ」と並立関係で一まとまりになって、この全体が「ず」で打ち消されているので、「朝庭に出で立ち平らさず」の意になる、と考えられているわけです。

ところで、

命ある物を見るに、人ばかり久しきは、なし。かげろふの夕《ゆふべ》を待ち、夏の蟬の春秋を知らぬも、あるぞかし。（徒然草、七段）

右の「かげろふの夕を待ち」も「……待たず」の意になるものと、これまで私は主張してきましたが、並立のまとまりを考えようとすると、

かげろふの夕を待ち、夏の蟬の春秋を知る。

という一まとまりは考えにくいので、これは別扱いとすべきではないか、という気になりました。これについては、後で論じることにして、これまでの続きを、述べまとめたいと思います。

『古今集』の仮名序に、次の文があることは、どなたも御存じでしょう。

①力をも入れずして天地を動かし、②目に見えぬ鬼神をもあはれと思はせ、③男・女の中をもやはらげ、④猛《たけ》き武士《ものゝふ》の心をもなぐさむる（モノ）は、歌なり。

この文は、「Aは　Bなり」という型の文で、「Bなり」は「歌なり」ですが、「Aは」のほうがたいへん長く、①②③が並立語で、④の「なぐさむる」を「なぐさむ」とすれば、これまで見てきた並立関係のまとまりと同質のものとなります。今は、その並立関係のまとまりの最後を連体形にして、モノという体言にかかる限定語とするはずのところを、モノは吸収されて、そのまま体言扱いの語句として「Aは」のAになったのです。それで、①②③を別々にすれば、並立語のほうも、

力をも入れずして天地を動かすは、歌なり。
目に見えぬ鬼神をもあはれと思はするは、歌なり。

男・女の中をもやはらぐるは、歌なり。

ということになるわけです。

この①②③④のまとまりは、述語として、

歌は、①②③④（終わりを終止形でおく）。

古への歌は、①②③④（終わりを「なぐさむべし」とする）。

誠なき歌は、①②③④（終わりを「なぐさめけり」とする）。

これは私のこしらえた文ですが、こういう用法が可能だということは、これまで考えてきたところで明らかでしょう。

走る獣は、檻《をり》にこめ鎖《くさり》をさされ、飛ぶ鳥は、翅《つばさ》を切り籠《こ》に入れられて、雲を恋ひ、野山を思ふ愁へ、止む時なし。（徒然草、百二十一段）

この文は、並立関係がちょっと複雑です。簡単なものに書き換えてみますと、

走る獣は、檻にこめ鎖をさされて、野山を思ふ愁へ、止む時なく、

飛ぶ鳥は、翅をきり籠に入れられて、雲を恋ふる愁へ、止む時なし。

という、すっきりした、並立関係の一文であり、並立語のほうを、「止む時なし」とすれば、二つの文になります。けれども、文としては平凡の感じがするでしょう。『徒然草』

のほうは、走る獣と飛ぶ鳥と、並べて述べ、あとのほうでは順序を変えて、飛ぶ鳥のほうを前に出しました。それだけ文が複雑になり、平凡でなくなりましたが、私の矢印では、文の構成が示しにくくなりました。

また、『徒然草』のほうでは、「雲を恋ひ野山を思ふ」が、飛ぶ鳥と走る獣のことですが、これを考え合わせると、走る獣の「檻にこめ」と「鎖をさされ」も同一の獣ではなく、飛ぶ鳥の「翅をきり」と「籠に入れられ」も同一の鳥でない、ということが考えられるでしょう（「檻にこめて」「翅をきりて」と「て」があれば、関係がすっかり違ってきます）。また、「檻にこめ」「翅をきり」も、実は、「檻にこめられ」「翅をきられ」の意になるところだということも、考えられるでしょう。

『方丈記』のはじめにも、同様な例があります。

玉敷きの都のうちに、棟《むね》を並べ甍《いらか》を争へる、高き卑しき人の住居《すまゐ》は、……

というところです。わかり易く書き換えれば、

玉敷きの都のうちに、棟を並べたる卑しき人の住居、甍を争へる高き人の住居は、……

というわけでしょう。「高く卑しき」としないで、「高き卑しき」と、限定語を並べた形なのは、並立語としては、解しにくくなることをおそれたのでしょう。『源氏物語』には、

世の静かならぬことは、必ず政《まつりごと》の直きにもゆがめるにもより侍らず。

という意味のことを、

世の静かならぬことは、必ず政の直くゆがめるにもより侍らず。（薄雲。ただし大系本には「より」がない）

と言っているのですから、「高く卑しき」としてもいけるはずだと思いますが。

(2)　ちょっと変わった並立の関係

花の散り、月の傾《かたぶ》くを慕ふならひは、さる事なれど（＝モットモナ事ダガ）、（徒然草、百三十七段）

右の「花の散り、月の傾く」は、並立関係の一まとまりに見えますが、「傾く」を終止形として言い切ろうとすると「の」があって困る点が、今まで見てきた並立関係のまとまりと違うところです。これは、

花の散る△を慕ひ、月の傾く△を慕ふ。

（△の所に、ホドとか、現代語のノなどを置いて考える）

という並立関係のまとまりの、並立語のほうから、あとの語句にあるのと同じ語を出来るだけ省いたものと考えられます。いま、

犬を　慕ひ、猫を　慕ふ。

という文を、同様に扱って比べてみますと、

犬・猫を　慕ふ。

花の散る・月の傾くを　慕ふ。

となりますから、「花の散る」は、このままでよいはずですが、普通の用言関係では、並立語は連用形中止法を取るという原則が強く意識されて、

花の散り、月の傾くを慕ふ。

というようになったのではないでしょうか。

古《いにし》への聖《ひじり》の御代の政《まつりごと》をも忘れ、民の愁《うれ》へ国のそこなはるゝをも知らず、よろづに清らを尽くして、いみじと思ひ所せきさましたる人こそ、うたて思ふ所なく見ゆれ。

（徒然草、二段）

この文は、いろいろに読めて問題が出そうですが、私の一つの読み方を述べてみましょう。

まず、最初から、「知らず」までですが、助詞「をも」に注意しますと、並立関係のまとまりが考えられ、「忘れ」は「知らず」と置きかえてもいけそうな、同じ傾向の内容ですから、これまでやったように並立語を受けるほうの助動詞「ず」を取りはずさないで、「ず」の付いたままで、並立関係の一まとまりを考えるべきでしょう。そうして、ここに用いられている語句としては、連用形で、全体が修飾語としてあとにかかるわけですが、どの語句にかかるとみるか、私は、「よろづに清らを尽くして」という語句にかかるとみ

たらよかろうと思います。そうして、以上の一まとまりが、「いみじと思ひ所せきさましたる」にかかると考えます。ここも並立関係のまとまりですが、正確には、「いみじと思ひ所せきさます」が並立関係のまとまりで、それに「たる」が付いたので、分けていえば、並立語のほうも、「いみじと思ひたる」という意になるところだと思います。結局、この文は、

Aこそ、うたて思ふ所なく見ゆれ。

という形だということになります。

ところで、最初のほうの「民の愁へ」の「愁へ」は体言だとして、そう用いた「民の愁へ」の例をたくさんあげている人もありますが、「民の愁へ」が「国のそこなはるゝ」と並んで出る調子の上からは、「愁へ」は用言で連用形中止法だとする考えも、すてかねます。もし用言とみるとしますと、「民の愁へ、国のそこなはる」というまとまりは考えにくいので、前の「花の散り、月の傾くを慕ふ」と同様に、

民の愁ふるをも知らず、国のそこなはるゝをも知らず

という並立関係の、並立語のほうから、あとの語句にあるのと同じ語句を出来るだけ省いて、

民の愁ふる、国のそこなはるゝをも知らず

となるはずのところが、こういう場合の習慣によって、「民の愁へ」という連用形中止法

になったのだ、と説明することになります。

ここで、前にちょっと触れた、

かげろふの夕を待ち、夏の蟬の春秋を知らぬも、あるぞかし。

という文ですが、この「の」は、前の二例の「の」とは違って、「いわゆる同格の関係」を示すもののようです。つまり、

かげろふの夕を待つ（ムシ）、夏の蟬の春秋を知らぬ（ムシ）も、あるぞかし。

というような気持ちで、この文だけで言えば、

犬・猫もあるぞかし。

と体言を並べたのと同じく、体言扱いの語句を並べたものですが、「待つ」が用言であるために、こういう場合の習慣によって、「待ち」と連用形中止法になった、とみるべきではないでしょうか。とにかく、

かげろふの夕を待ち、夏の蟬の春秋を知る。

という並立関係の語句が、意味的にも文法的にも自然な一まとまりと考えられない以上、この一まとまりを「ず」で打ち消し、別々に言えば「待ち」は「待たず」の意になるとするのはよろしくない、と私は考えるようになりました。

花はさかりに、月はくまなきをのみ見るものかは。（徒然草、百三十七段）

これは、有名な文ですが、文法上は厄介な文です。

花は盛りなるをのみ見、月は隈なきをのみ見る。

これは、並立関係のまとまりで、並立語のほうの「見」を、「見る」と言い切りにすれば、二つの文となる、ごく普通のものです。これを反語文にして、

花は盛りなるをのみ見、月は隈なきをのみ見るものかは。

とすると、私の矢印ではどうにもなりませんが、意味を取るには、さして困難はないでしょう。ところで、この前半の語句から、後半にある語を出来るだけ削りますと、次のようになるでしょう。

花は盛りなる、月は隈なきをのみ、見るものかは。

そうして、この「盛りなる」を、普通の用言関係の並立語のように「盛りに」としたのが『徒然草』の文なのです。「盛りに」は体言と助詞の「に」ではないのです。「盛りに見るものかは」と考えたくなるのは、「見る」だからで、もし、

花は盛りに、月は隈なきをのみ、よしとせず。

という文であったら、「盛りに」は体言と助詞だとはいえないでしょう。もしまた、

山は高きをのみよしとし、海は深きをのみよしとするものかは。

という文を右のように変形していくなら、

山は高く、海は深きをのみ、よしとするものかは。

という文になっていくはずだ、ということも考え合わせてください。実際の例としては、前にあげた、

世の静かならぬことは、必ず政の直くゆがめるにもより侍らず。（一二八ページ参照）

が参考になるでしょう。

(3) 助詞「て」と並立語

並立語は、用言関係では連用形中止法で出るのが原則で、これまで見てきた例に例外はありませんでしたが、次のような例がまれにあります。

①木だちもの古《ふ》りて、わざとならぬ庭の草も心あるさまに、②簀子《すのこ》・透垣《すいがい》のたよりをかしく、③うちある調度も昔おぼえて安らかなるこそ、心にくしと見ゆれ。（徒然草、十段）

この例では、①の部分を、

木だちもの古り、わざとならぬ庭の草も心あるさまなり。

とすれば、並立関係でまとまることがはっきりするでしょう。しかし、原文のまま「て」を除くと、「木だちもの古り」は「わざとならぬ庭の草も心あるさまに」とともに、②と肩を並べていく並立語のように感じられるでしょう。「て」があるので、これは「わざとならぬ庭の草も心あるさまなり」とまとまって、①の並立語となることがはっきりします。

こう考えると、①②③は長さもつり合い、語句の終わりが、「……さまに」「……をかしく」「安らかなり」と、動詞でない、性質の相似た語で終わり、非常に整然とした並立関係のまとまりが見えてくるでしょう。「木だちもの古りて」と、「て」の用いられた理由と効果とを、私は、このように考えております。

そのほど（＝四十歳ノ年ゴロ）過ぎぬれば、①容貌《かたち》を恥づる心もなく、人に出《い》でまじらはん事を思ひ、②夕陽《ゆふべのひ》に子孫を愛して、さかゆく末を見んまでの命をあらまし、③ひたすら世をむさぼる心のみ深く、物のあはれも知らずなりゆくなん、あさましき。

（徒然草、七段）

この文では、並立語をどのように認めようかと迷わされますが、「夕陽に子孫を愛して」が接続語として「（子孫ノ）さかゆく末を見んまでの命をあらまし」と一つにまとまるものと考え、前後もそれに導かれて右に示した①②③の、それぞれ動詞で終わる語句が、並立関係でまとまるものと考えますと、非常に整然としたものが見られます。

ついでに申しますと、前（一二七ページ）に、

走る獣の「檻にこめ」と「鎖をさされ」も同一の獣ではなく、飛ぶ鳥の「翅をきり」と「籠に入れられ」も同一の鳥でない（略）（「檻にこめて」「翅をきりて」と「て」があれば、関係がすっかり違ってきます）。

と書きましたが、「て」があると、同一の獣が檻にこめた上に鎖をさされ、同一の鳥が翅をきった上に籠に入れられることになる、こういう場合もあることにも注意しましょう。

(4) 並立語の特例

並立語は、連用形の中止法で出るのが原則ですが、前にあげたように、助詞「て」が付くという例外もあり、次のような例もあります。

往生は、一定と思へば一定、不定と思へば不定なり。(徒然草、三十九段)(一一九ページ参照)

「一定なり」の連用形なら「一定に」となりそうですが、これは、「一定」という字音語が、体言的な感じであるためでしょうか。

冬こもり(=枕詞)春さり来れば、鳴かざりし鳥も来鳴《キナキヌ》奴、咲かざりし花も咲けれど、……(万葉集、巻一、一六)

「冬こもり春さり来れば」は、「鳴かざりし鳥も来鳴きぬ」でまとまるわけでなく、「咲かざりし花も咲けり」までかかわるはずですから、「鳥も来鳴き」とすればよいわけですが、それでは、歌として落ちつかない、といって「ぬ」の連用形は中止法としては用いられない、というので、「ぬ」を軽く用いた、というわけでしょうか。

帝《みかど》はいと若うおはします、(帝ノ)祖父大臣《おほぢおとど》、いと急に、さがなくおはして、その

(=帝ノ祖父大臣ノ)御ままになりなむ世を、いかならむと、上達部・殿上人、みな思ひ嘆く。(源氏物語、賢木)——「いと急に」は、たいそう気短で、の意。

これは、桐壺院崩御後の状況を述べたところですが、「帝はいと若うおはしまし」とすれば、通常、原則どおりの並立語となりますが、今は、終止形を軽く用いた形をとっています。この場合は、このほうが落ちつきがよいでしょう。「たいそうお若くいらっしゃる」というような気持ちで読んでいきましょう。

本編

第一章　普通の文

これから「文」についての諸問題を扱うのですが、まず、普通の文についていろいろ考え、最後に、体言文について述べようと思います。

ここで普通の文というのは、主語・述語の関係で表現された、または、表現されるはずのものをいいます。それは、用言をもととして出てくるのが原則ですが、「体言＝だ」「体言＝なり」「体言＝のごとし」、および、これと同様の語句を用言扱いにしての話です。

まず、それがいかに構成されるかを考えましょう。

一　普通の文の構成成分

みんなが、夜空に美しい星をながめている場合なら、
　きれいだね。
とか、
　きれいですね。
とか言うだけで、星のことを言っているのだとすぐわかるし、もうあの人が帰って来そうなものだと、みんなで待っている場合なら、
　帰ったよ。
とか、
　お帰りになりました。
とか言えば、みんな「あの人が帰ったのだ」と了解して、
　何が？
とか、
　だれが？
とか、問い返すようなことは、だれもしないでしょう。この場合の「きれいだね」「きれ

いですね」「帰ったよ」「お帰りになりました」は、基礎編の序章で申しました「言葉が言葉として実際に用いられたもの」であり、西尾氏の「文章」とされるものであって、これを文法の材料として取りあげれば、「文」であり、「普通の文の省略形」だということになります。

もし、場合が別で、「何が?」「だれが?」と問い返されそうな場合には、

星が　きれいだね。

山本くんが、帰ったよ。

というような表現を取るでしょう。さらに、「いつ?」「どこから?」など、いろいろ問い返されないためには、

ア　山本くんが、きのう、アメリカから、飛行機で、帰ったよ。

イ　アメリカに行っていた山本くんが、きのう、あちらで結婚した奥さんといっしょに、アメリカの飛行機で、帰ったよ。

などと言うことになるでしょう。イの場合には、「きのう結婚した」と勘ちがいされないために、「きのう」の位置を変えることも考えられます。

さて、右のア・イの文の構成は、

ア　①山本くんが　②きのう　③アメリカから　④飛行機で　帰ったよ。⑤

イ　①アメリカに行っていた山本くんが　②きのう　③あちらで結婚した奥さんといっしょに

④アメリカの飛行機で→　帰ったよ。⑤

という関係で、それぞれ、①②③④の語句が⑤にかかり、⑤でまとめられているという構成だと知られます。これらの語句に名を付けますと、①が主語、②③④が修飾語、⑤が述語、ということになることは、基礎編で申しましたが、この文では、この五つの語句が「文の直接構成成分」だということになります。イのほうで、「きのう」の位置を変えることも考えられるといいましたが、「きのう」に限らず、他の語句も同様です。述語のあとにもっていくこともできます。たとえば、

山本くんが、きのう　帰ったよ、飛行機で。

というように。この場合は、「飛行機で」は「倒置された修飾語」と扱われます。

このように、文を直接に構成している語句は、意味の上で変えにくい場合もありますが、その位置を変えることが出来るのが普通です。ただし、変えれば、変えたことで何らかの気持ちの違いが生じ、もとの文とすっかり同じとはいえませんが、倒置の外は、文法上では問題にしないといってよいでしょう。

また、述語が言い切られずに、つまり文としての独立を失って、たとえば、「帰ったから」となって、「歓迎会をしてやろうよ」などと続けられる場合は、倒置ということは許されません。

以上のことは、古文においても同じことです。

荒れにけり。あはれ、幾世《いくよ》の宿なれや。住みけん人のおとづれもせぬ（古今集、雑下、九八四）

我が宿は、道もなきまで　荒れにけり、つれなき人を待つとせし間《ま》に（同、恋五、七七〇）

右は、二首とも「題知らず」の歌ですが、前者は、終わりまで読めば、住み捨てられて荒れ果てた家を見ての感慨だろうと見当はつくでしょう。場面がこう考えられれば、

コノ宿ハ　荒れにけり。
あはれ、コノ宿ハ　幾世の宿なれや。
ココニ　住みけん人の、おとづれもせぬ。

という気持ちの、三つの文から成っている歌だ、ということになるでしょう。「あはれ」は、「ああ、ああ」という嘆きのことばで、あとのどの語句にかかり、どの語句が受けてまとめるというわけでない、孤立的な語句で、文の成分としては「独立語」とよばれております。「幾世の宿なれや」は、幾世を経た宿かしら、という意で、幾世を経たというような古いものとは思われないが、という気持ちで、その荒廃のひどさに驚いているのだろうと思われます。下の句は、「住みけん人のおとづれ」とまとまるのではなく、

住みけん人の　おとづれも　せぬ

という関係だということは、次の歌の下の句を見合わせて、考えられるでしょう。

わが待たぬ年は来ぬれど、冬草のかれにし人は、おとづれもせず（古今集、冬、三三八）——「冬草の枯れ」が「離《か》れ」と変わって、「離れにし人」と出る手法。「離れにし人」は、作者のもとから去って行った人で、作者がもう戻るかと待っている人です。

後者は、「我が宿は、荒れにけり」が主語・述語、「道もなきまで」が修飾語、「つれなき人を待つとせし間に」が倒置された修飾語です。「道もなき」は、雑草が茂って歩くべき道も見えない状態で、「道もなし」といえば、主語・述語の文ですが、今は「道もなきまで」という一まとまりで、修飾語となっています。もし「荒れにけり」が「荒れにけれど」とでもなって、あとへ続くことになったら、修飾語の倒置は許されませんから、

我が宿は、つれなき人を待つとせし間に、道もなきまで荒れにけれど、

と言わなければなりません。この場合は、荒れた時を示す語句より、荒れた状態を示す語句のほうが、「荒れにけり」の近くにあるのが自然なので、修飾語の順序が右のようになるわけです。「つれなき人を待つとせし主《ぬし》」は、宿の主の「我」であることは、この場合は言わなくてもわかりますから、

つれなき人を我が待ちし間に

などと、無理に「我が」と入れないほうが、歌の調子もよいでしょう。

もし、また、「荒れにけれど」でなく、「荒れにけるを見て」という場合には、主語「我

が宿は」は、「我が宿の」となり、

我が宿の、つれなき人を待つとせし間に、道もなきまで荒れにける

という一まとまりが、体言扱いとなり、それ故に助詞「を」を取って「見る」という用言にかかることが出来るのだ、というわけで、この一まとまりは、「山を見て」という場合の「山」に当たるのだということも考えられるでしょう。前の歌の下の句が、

住みけん人は　おとづれもせず

でなくて、

住みけん人の　おとづれもせぬ

とあるのも、同じわけですが、このほうは、「おとづれもせぬコトヨ」というような気持ちで、詠嘆の表現になっているのだというわけです。

前の歌の「あはれ」は、独立語だと申しましたが、ここに、独立語の例を少しあげておきましょう。

いざ、桜、われも散りなん。一盛りありなば、人に、憂きめ※見えなん（古今集、春下、七七）――※人の目にいやなさまがうつることになってしまうだろう。

やあ、中村くん、山本くんが帰ったよ。

右の傍線の語句がそれで、いずれも相手に呼びかけた言葉であり、あとのどの語句ともかかり受けられる関係をもたない、孤立的な語句であることが知られるでしょう。

こうして、普通の文の直接構成成分として、主語・述語・修飾語の外に、時に独立語があると考えられますが、もう一つ、これも時にですが、接続語がありうるということは、基礎編の第五章の「四　接続語」のところを見ていただけば、と存じます。

二　述語を中心としての普通の文のあり方

体言、および、体言に準じられる語句を、「何々」で代表させていいますと、

a　何々ガ　ドウドウスル。

　山本氏　帰る。

　わが宿は　荒れにけり。

b　何々ガ　ドウドウダ。

　星　うつくし。

　露こそ　あはれなれ。

c　何々ガ　何々ダ。

　ねこは　動物なり。

　園の別当入道は、さうなき庖丁者なり。（徒然草、二百三十一段）

ひとり灯し火のもとに書《ふみ》をひろげて見ぬ世の人を友とするぞ、こよなう慰むわざなる。（徒然草、十三段）

通常、右の三種が考えられます。ドウドウスルは、動詞を中心とした語句、ドウドウダは、形容詞・形容動詞を中心とした語句ですが、

光陰　矢の如し。

その様　鬼のやうなり。

などの「矢の如し」「鬼のやうなり」などもこの中に含めます。「動詞を中心とした語句」というのは、例でもわかると思いますが、助動詞などが付いているものも含めるということで、「帰る」だけでなく、「帰らむ」「帰らざりけり」「帰れりや」「帰り給ふべからず」などをみな含めて考えるわけです。これは、ドウドウダの場合も、何々ダの場合も同様です。何々ガも何々ダも、何々が非常に長い場合があることも多いので、その一例として、「ひとり灯し火のもとに」の例をあげました。これは「何々ぞ、何々なる」の型を取っています。こういえば、それぞれどのまとまりが何々に当たるか、考えられるでしょう。

三　主語の形

古典語では、主語は、体言または体言に準じられる語句だけなのが普通で、「は・も・ぞ・なむ・や・か・こそ・さへ・だに……」などの助詞を取って出ることはありますが、述語が終止形で言い切られる場合の主語が、「何々の」または「何々が」の形を取ることは、絶対にないのだ、ということを頭において、古文に立ち向かうべきことを、強く注意したいと思います。次に、簡単な作例をあげておきましょう。

人　来《く》。

人の　来る　日。

人の　来るを　喜ぶ。

人の　来るまで　待て。

人の　来れば、喜ぶ。

君　来《こ》ず。

君が　来ぬ　日。

君が　来ぬを　寂しとす。

君が　来ねば　寂し。

ただし、右の例は、「の」「が」の付いて出る普通の場合を示したので、必ず付いて出なければならないというわけではありません。

四　述語の言い切り方

ここでは、まず、前の二にあげたa型・b型の文について考え、その後、c型の文について述べようと思います。

ここで用言というのは、助動詞の付いたものも全体を用言扱いにしていうことを忘れないでください。

(1)　a型・b型の文の、述語の言い切り方

ア　用言だけで言い切られる場合

①普通終止法——その文の直接構成成分のどれにも「ぞ・なむ・や・か・こそ」の助詞が付いていない場合の終止法で、終止形が用いられます。この場合は、主語に「の」または「が」の付くこともありません。もしあれば、正当な理由の考えられない限り、誤りと認めます。(例は省略)

②ゾ・ナム終止法——その文の直接構成成分のどれかに、助詞「ぞ」または「なむ」が付いている場合の終止法で、連体形が用いられます。「なむ」は会話文に多く、和歌に

は、会話文の引用でもない限り、絶対に用いられません。柔らかな感じを与えるもののようです。

また、互《かた》みに打ちて、男をさへぞ　打つめる。（枕草子、正月一日は）――粥の木で女房が他の女性のしりを打つ話のところ。

やどりして春の山べに寝たる夜は、夢の中《うち》にも　花ぞ　散りける（古今集、春下、一一七）

「さらば、そのありつる※御文《みふ》を賜はりて来《こ》」となむ、仰せらるる。（枕草子、頭の中将の、すゞろなるそら言を）――※先刻の御文を。

その程過ぎぬれば、……もののあはれも知らずなり行くなん、あさましき。（徒然草、七段）

③ヤ・カ終止法――その文の直接構成成分のどれかに、助詞「や」または「か」が付いている場合の終止法で、連体形で言い切ります。この場合は、疑問文になるので、「や」または「か」の意味を文末に移して、全文が疑問で包まれるように意味を取ります。

蓑《みの》・笠や　ある。貸し給へ。（徒然草、百八十八段）――蓑・笠があるか。

ほとゝぎすや　聞き給へる。（同、百七段）――ほととぎすをお聞きになりましたか。

位高くやんごとなきをしも、すぐれたる人とやは　言ふべき。（同、三十八段）

――すぐれた人と言うべきかよ。必ずしもそうは言えなかろう、という気持ちになる。

四条大納言撰《えら》ばれたる物を、道風書かん事、時代や　違《たが》ひ侍らん。（同、八十八段）――現代式にいえば、時代がくい違っていないでしょうか、というところ。「時代違ひ侍り」と言いたいところを、極めて遠慮して言った形。

殿は　何にか　ならせ給ひたる。（枕草子、すさましきもの）――何におなりになったか。

「いづれの山か　天に近き」と問はせ給ふに、（竹取物語）
④コソ終止法――その文の直接構成成分のどれかに、助詞「こそ」が付いている場合の終止法で、已然形が用いられます。
片田舎《かたゐなか》の人こそ、色こくよろづはもて興ずれ。（徒然草、百三十七段）
その世には、かくこそ　侍りしか。（同、二百十五段）
今様《いまやう》は、むげにいやしくこそ　なり行くめれ。（同、二十二段）
○　右の②③④終止法を「係り結び」といい、「ぞ・なむ・や・か・こそ」の五つの係《けい》助詞を、特に「係りの助詞」といいます。係りの助詞は、重ねて用いられることはありません。

○係りの助詞としての「か」は、『万葉集』では、

松浦《まつら》川《がは》川の瀬はやみ、紅《くれなゐ》の裳《も》の裾ぬれて鮎か釣るらむ（巻五、八六一）

海原の沖行く船をかへれとか領巾《ひれ》振らしけむ、松浦佐用姫（同上、八七四）

家人の※斎《いは》へにかあらむ、平らけく船出はしぬと、親に申さね（巻二十、四四〇九）

――※「斎へばにかあらむ」の意。神を祭り身をつつしんで、旅の安全を祈っているからかしら。

というように、疑問の意を含む語句の下でなくても用いていますが、次第に「や」に押されて、平安時代以後は、疑問の意を含む語句の下に限って用いられるようになりました。

○「とかや」と続くと、係りの助詞とならず、疑問の意はそれの付いた語句だけになります。

資季の大納言入道とかや聞えける人、具氏の宰相の中将にあひて、（徒然草、百三十五段）

⑤命令終止法――他に命令して言う場合や、そうすること、そうあることを望んで言う場合の終止法で、命令形が用いられます。この場合に、文の直接構成成分のどれにも、係りの助詞が付くことはありません。

衣冠より馬・車にいたるまで、あるに従ひて用ゐよ。美麗を求むること　なかれ。（徒然草、二段）

こゝをきれ。かしこを断《た》て。（同、六段）

さらば行け。道隆は豊楽院、道兼は仁寿殿の塗籠《ぬりごめ》、道長は大極殿へ行け。（大鏡、道長）

春風は　花のあたりをよきて　吹け（古今集、春下、八五）

よそに見て帰らん人に、藤の花、はひまつはれよ、枝は折るとも（同上、一一九）

右近の君こそ。まづ物見給へ。中将殿こそ、これより渡り給ひぬれ。（源氏物語、夕顔）――この「右近の君こそ」は、呼びかけたことばで、独立語です。これが「見給へ」にかかるのならば、「見給へ」は命令形ではありえず、下の「中将殿こそ……」と同じになり、「右近の君、まづ物見給ふ」というのを強めた表現になるのです。こういう、係りの助詞でない「こそ」のあることも、注意してください。

⑥詠嘆の終止――その文の直接構成成分のどれにも係りの助詞がないのに、連体形で言い切られている例がよくあり、これは詠嘆表現だとされています。この場合は、主語が「何々の」または「何々が」の形で出るのが普通です。

み吉野の山の白雪ふみ分けて入りにし人の　おとづれもせぬ（古今集、冬、三二七）

——次の例と比べてみてください。

わが待たぬ年は来ぬれど、冬草のかれにし人は　おとづれもせず（一四三ページ参照）

思ひやるさかひ　遥かになりやする、まどふ夢路に　あふ人の、なき（古今集、恋一、五二四）——「なりやする」で言い切り。下の句は別の一文です。

今しはとわびにしものを、さ①ゝがにの　衣《ころも》にかゝり我②を頼《たの》むる（同、恋五、七七三）——①蜘蛛《くも》が。②私を、あの人が来るかもしれないと頼みにさせることよ。

春立てば花とや※見らむ、白雪のかゝれる枝にうぐひすの鳴く（同、春上、六）——※「見るらむ」の古い言い方。

⑦会話では、動詞関係や助動詞「き」などは連体形で、形容詞・形容動詞関係などは連用形で言いさした形で止めることが、しばしばあります。これは、終止形できっぱり言うのを避けて、柔らかさを求めた言い方だと考えられます。手紙の文も同様です。

雀の子を、犬君《いぬき》が逃※がしつる。（源氏物語、若紫）——※逃がしちゃったの、という気持ち。少女が祖母なる人に泣いて訴えたことば。

（院ハ）深うしもおぼしとがめじと、（私ハ）思ひ給ふる。（同、薄雲）

「物思ひに病《やまひ》づくものと、目に近く見給へし」など、申し給ふ。（同、若紫）

「(源氏ノ君ハ)いかで、かく取り集め柳の枝に(桜ヲ)咲かせたる御有様ならむ。ゆゝしう」と、聞えあへり。(同、薄雲)――「ゆゝし」では強く響くことに注意。

「時々は世の常なる御けしきを見ばや。堪《た》へがたうわづらひ侍りしをも、『いかが』とだに問ひ給はぬこそ。①珍しからぬ事なれど、なほ、うらめしう」と、聞え給ふ。(同、若紫)――源氏の君が葵上に言ううらみ言。①のあとには「つらかりけれ」などが言われずにあるとみられる。葵上の返事に、「とはぬはつらきものにやあらん」と出る。

袖ぬるゝこひぢとかつは知りながら、おり立つ田子《たご》のみづからぞ憂き

山の井の水も　ことわりに。(同、葵)――六条御息所の源氏の君への返事。「こひぢ」は「恋路《こひぢ》」と「泥《こひぢ》」とをかけて、泥田におり立つ田子(農夫)の身の上と、御息所の自身の身の上とを同時に述べて、涙に袖のぬれる恋路と知りながら、その恋路におり立つ我が身の切《せつ》なさを述べています。「山の井の水も」は古歌のことばによって「袖のみぬるゝも」の意を暗示して、「ことわりなり」というところを、連用形で止めてあります。

⑧『万葉集』には、連用形で軽く止めた例と、已然形で言い放したと思われる例とが、少しあります。後世は、川柳が、よく連用形止めを使うことは、常識でしょう。

おし照る(=枕詞)難波菅笠置き古《ふる》し、のちは誰《※た》が着む笠ならなくに(万葉集、巻十一、二八一九)――※あなた以外の誰が着る笠でもないのに。

家離《さか》りいます吾妹《わぎも》を止《とど》めかね①山隠しつれ、②こゝろどもなし（同、巻三、四七一）――①妻を山に埋葬した意を、こう言いました。②しゃんとした気力もない。

○こう考えてきますと、古くは、未然形以外は、みな文を言い切ることができて、それぞれ違った気持ちを表わすものだったのでしょう。そうして、気持ちの上から、連体形が「ぞ・なむ・や・か」に、已然形が「こそ」に合うものがあって、密接な関係をもつようになって、係り結びのきまりが出来た、ということなのでしょう。万葉集時代には形容詞の已然形がまだ十分発達していなくて、「こそ」の係りも終止形や連体形で結んだものでした。

○係り結びのきまりは、述語が言い切られる場合のことで、述語が接続助詞を取ってあとへ続いていく場合には、このきまりは行なわれません。

「いと忍びて、五月《さつき》のころほひより物し給ふ人なむあるべけれど、その人とは、さらに、家の内の人にだに知らせず」となむ申す。（源氏物語、夕顔）

いにしへは、「車もたげよ」「火かゝげよ」とこそ言ひしを、今様《いまやう》の人は、「もてあげよ」「かきあげよ」といふ。（徒然草、二十二段）

イ　用言のあとに助詞が付いて言い切られる場合

これにも、助詞が付くことで言い切られる場合と、言い切られたところへ助詞が付いて、それをはっきりさせる場合と二つありますが、まず、助詞が付いて言い切られる場合から、一つ一つの助詞をあげて説明しましょう。

ばや　未然形に付いて、「……したいな」「……ありたいな」という気持ちを表わします。

「その人に会ひ奉りて、恨み申さばや」と思ひて、尋ね申すなり。（徒然草、百十五段）

ほとゝぎす、※まだしき程の声を聞かばや（古今集、夏、一三八）――※まだその時節でないころの、鳴き馴れない声。

まろは、いかで死なばや。世づかず、心憂《う》かりける身かな。（源氏物語、浮舟）

「（自分ヲ）誰《たれ》と知られで※出《い》でなばや」とおぼせど、（同、紅葉賀）――※ここから出てしまいたいな。

なむ（なん）　未然形に付いて、他に対して、「……してほしいな」「……あってほしいな」という気持ちを表わすのですが、面と向かって要求することばではないようです。歌などに詠《よ》んで相手に言うのも、直接に要求する気持ちではなく、こういう気持ちでいるのですという、柔らかな表現だと思われます。

また、月、さし出《い》でなむ、とおぼすほどに、（源氏物語、橋姫）
今よりは、つぎて降らなん。我が宿のすすきおし並《な》み降れる白雪（古今集、冬、三一八）
夕暮れのまがき※は、山と見えななむ。夜は越えじと、（アノ人ガココニ）やどりとるべく（同、離別、三九二）――※庭の垣根。
「さやうにせさせ給ひて、いとかう物恐ろしからぬ御住まひに、おぼし移ろはなむ。たちとまりさぶらふ人も、いと堪《た》へがたし」など聞ゆれば、（源氏物語、蓬生）
――父宮のなき後、貧窮生活にある姫君の侍女たちのことばですが、「聞ゆれば」とあっても面と向かって申しあげるのではなく、姫君の耳にも聞こえる所で、お互いに話し合っているのだと解します。
「枕結《ゆ》ふ今夜《こよひ》ばかりの露けさを、深山《みやま》の苔にくらべざらなん。（私ドモノ袖ハ）干《ひ》がたう侍るものを」と聞え給ふ。（同、若紫）――「旅寝の袖もつゆぞかはかぬ」と言った源氏の君への答え。あなたの旅寝の今夜だけの露っぽさを、ここで暮らしている私どもの袖に比べないでほしい、という気持ち。比べないでくれと要求しているのではなく、こんな気持ちなのです、という気持ちです。

な……そ　間に、連用形で終わる語句を置いて、その動作を禁止する意を表わすもの。次の「な」で言い切るのよりも柔らかな言い方。これを一つの助詞のように扱うのは便宜上のことで、元来「な」は禁止を表わす副詞で、古くはあとに「そ」のない例もありました。

遠き妹《いも》がふりさけ見つつ偲《しの》ふらむこの月の面《おも》に　雲な　たなびき（万葉集、巻十一、二四六〇）——元来は、「雲よ、なたなびき」という意。「な来《こ》そ」など最初に「な」が出ることからも、「な」が助詞でなかったことが考えられるでしょう。

残りたる雪にまじれる梅の花、早くな散りそ、雪は消《け》ぬとも（同、巻五、八四九）

いとかう思ひな入り給ひそ。（源氏物語、若紫）

今は、まろぞ、思ふべき人。（マロヲ）なうとみ給ひそ。（同上）——この「な」も最初に出ており、副詞とみないわけにいかないはずのもの。

な　終止形（「あり」の類には、連体形）に付きます。前項参照。

あなかしこ、過《あやま》ち、引き出《い》づな。（源氏物語、竹河）

住みよしと海女《あま》は告ぐとも、長居すな、人忘れ草生《お》ふといふなり（古今集、雑上、九一七）

てしが・てしがな・にしが・にしがな・しが　連用形に付いて、「……たいものだ」という気持ちを表わします。古くは「が」でなく「か」でした。

龍馬《たつのま》も今も得てしか、あをによし（＝枕詞）奈良の京《みやこ》に行きて来むため（万葉集、巻五、八〇六）

「いかで、このかぐや姫を、得《え》てしがな、見てしがな」と、音に聞き、めでてまどふ。（竹取物語）

「いかで、この人に、『思ひ知りけり』とも見えにしがな」と、常にこそおぼゆれ。（枕草子、よろづのことよりも）

甲斐《かひ》が嶺《ね》を、さやにも見しが、心《け》なく《れ》横ほり臥《ふ》せるさやの中山（古今集、東歌《あづまうた》、一〇九七）

もが・もがも・もがな　形容詞・打消しの助動詞「ず」の連用形の外、「何々に」「何々と」のあとにも付いて、「も」のあとに「ありにし」「してし」などが言われずにある気持ちで用いられます。また、体言に直接に付いて文を言い切ることもあり、上に見てきた助詞と違うところがあります。

あしひきの（＝枕詞）山は　無くもが（万葉集、巻十八、四〇七六）――「無くもありにしが」の意。

都辺《みやこへ》に行かむ船もが、刈り菰《こも》の（＝枕詞）乱れて思ふこと告げやらむ（同、巻十五、三六四〇）――「船もありにしが」の意。

世の中に、※さらぬ別れの無くもがな（古今集、雑上、九〇一）――※死別。

思はぬ方に靡かずもがな（源氏物語、夕霧）――「靡かずもありにしがな」の意。

天《あま》飛ぶや鳥にもがもや、都まで送り申《まを》して、飛びかへるもの（万葉集、巻五、八七六）

――「鳥にもありにしがも」の意。「や」は詠嘆の助詞。

甲斐《かひ》が嶺《ね》を、嶺越し山越し吹く風を、人にもがもや、言伝《ことづ》てやらん（古今集、東歌、一〇九八）――「人にもしてしがも」の意。「や」は右の例に同じ。

夢のうちに※やがてまぎる、我が身ともがな（源氏物語、若紫）――「……ともありにしがな」の意。※このまま消えて、どこにいるかわからなくなる我が身。

み吉野の山のあなたに、宿もがな（古今集、雑下、九五〇）――「宿もありにしがな」の意。


ぞ　体言や連体形に付き、問いの気持ちを強める場合と、説明を強める場合とがあり、「AはBなるぞ」の気持ちで、「AはBぞ」という例が多いのです。

「あれは　誰《た》ぞ」と、おどろ〳〵しく問ふ。……「まろぞ」と答《いら》ふ。……「またおはするは　誰《た》ぞ」と問ふ。（源氏物語、空蟬）――「誰《た》ぞ」の場合は、「ぞ」が「そ」となる。

「尼御前《あまごぜ》、何事を、かくはのたまふぞ」と問ひけれども、答《いら》へもせず。……「『養君《やしなひぎみ》の……たゞ今もや、①鼻ひ給はん』と思へば、かく申すぞかし②」と言ひけり。（徒然草、四十七段）――①くしゃみをなさるだろう。②念をおす気持ちの助詞。

や　已然形に付く場合と終止形に付く場合とあります。

「已然形＝や」は、反語になるのが本来ですが、時には疑問の意の場合もあり、特に、「AはBなれや」の型で反語・疑い・詠嘆など、いろいろに用いられます。

（私ガアナタヲ）※偲《しの》ぶとも、人知るらめや、言ふ人なしに（古今集、恋一、五〇五）――※「偲ぶと」に「も」が付いたもの。

※まひなしに、ただ名のるべき花の名なれや（同、旋頭歌、一〇〇八）――※礼物もなしで。

秋の野におく白露は玉なれや、貫《つらぬ》きかくる蜘蛛の糸すぢ（同、秋上、二二五）――玉かしら。まるで玉のように見えるので驚いていったもの。

荒れにけり。あはれ幾世の宿なれや（同、雑下、九八四）

上下よろこびあはれしほどに、三年《みとせ》の過ぐるは夢なれや、永長二年になりにけり。（平家物語、巻一、願立）――夢だなあ。

沖つ波・辺波《へなみ》立つとも、わがせこが御船《みふね》の泊《とま》り、波立ためやも（万葉集、巻三、二四七）――このように「も」が付くのは、古いものです。

「終止形＝や」は、問い・反語・疑いなどいろいろです。

卯の花の咲き散る岡ゆ、ほとゝぎす鳴きてさ渡る、君は聞きつや（万葉集、巻十、一九七六）

名にしおはば、いざ言《こと》とはむ、都鳥、「わが思ふ人は、ありや、なしや」と（古今集、羇旅、四一一）――無事でいるか、死んだかと。

僅かに二つの矢、師の前にて、一つをおろかにせんと思はんや。（徒然草、九十二段）

この世に①のゝしり給ふ光源氏、かゝる②ついでに③見奉り給はんや。（源氏物語、若紫）――①評判の高くいらっしゃる。②機会。③問いの形で、勧誘。

※「行き離れぬべしや」と、試み侍る道なれど、（同、賢木）――※きっと出家できるかしら。

今さらになに①生《お》ひ出《い》づらん、②竹の子のうきふし繁き世とは③知らずや（古今集、雑下、九五七）――①この子は、なんでこう育っていっているのだろう。②この世には憂《う》いつらい節《ふし》（場合）がいっぱいだが、竹の子にも、短い中に節《ふし》がいっぱいなので、引き合いに出した。③知らないか、と問う気持ち。この「ず」は終止形だが、次の例のは連用形で、「ずやあらん」の意の省略形。なお、言い切ったあとに付く詠嘆の「や」も参照。

西面《にしおもて》には、「かうしも渡り給はずや」と、うち屈しておぼしけるに、（源氏物語、須磨）

※さまでもあるべき事なりやは。（源氏物語、若菜下）――※それほどまでも。この例の

ように、「やは」というと、反語の気持ちが強くなります。

か（疑問）　連体形、または、体言に付いて、問い・反語・疑いなどに用います。古くは「かも」、平安以後は「かは」とも用いますが、「かは」は、多く反語になります。「体言＝か」は、「体言＝なるか」の意です。

玉かつま（＝枕詞）会はむと言ふは、誰なるか（万葉集、巻十二、二九一六）

歌は歌ふや。舞などするか。（枕草子、職の御曹司におはしますころ）

心なき鳥にぞありける、ほとゝぎす、物思ふ時に鳴くべきものか（万葉集、巻十五、三七八四）

春雨にもえし柳か、梅の花ともに後《おく》れぬ常の物かも（同、巻十七、三九〇三）

この雪いかゞ見ると、一筆《ひとふで》のたまはせぬ程のひが〱しからん人の仰せらるゝ事、聞き入るべきかは。（徒然草、三十一段）

『万葉集』には、「ぬか」「ぬかも」の形で、願望を表わす例があります。「ぬ」は、打消し「ず」の連体形です。

二上《ふたがみ》の山にこもれるほとゝぎす、今も鳴かぬか、君に聞かせむ（万葉集、巻十八、四〇六七）

ぬばたまの（＝枕詞）夜渡る月をとゞめむに、西の山辺に　関もあらぬかも（同、巻

七、一〇七七）

か（詠嘆）　連体形、または、体言に付くことは、疑問の「か」と同じですが、多くは、前の語句に「も」があって、響き合います。古くは「かも」、平安以後は「かな」とも用います。

静けくも　岸には波は寄せけるか、これの屋通《やとほ》し聞きつゝをれば（万葉集、巻七、一二三七）

川風の　涼しくもあるか、打ち寄する波と共にや　秋は立つらん（古今集、秋上、一七〇）

浅緑、糸よりかけて、白露を玉にも貫《ぬ》ける春の柳か（同、春上、二七）

人毎に折りかざしつゝ、遊べども、いやめづらしき梅の花かも（万葉集、巻五、八二八）

梓弓《あづさゆみ》（＝枕詞）春立ちしより、年月の射るがごとくも思ほゆるかな（古今集、春下、一二七）

を・ものを　「を」は、連体形、または、体言に付きます。「ものを」は連体形に付きますが、この「もの」は、体言としての内容が希薄になって、助詞化したといわれるものです。どちらも、接続助詞に転じていくことに注意しましょう。

も、しきの（＝枕詞）大宮人の踏《ふ》みし跡所《あとどころ》、沖つ波来寄らざりせば、失《う》せずあらましを（万葉集、巻七、一二六七）

泊瀬川《はつせ》、白木綿花《しらゆふはな》に落ちたぎつ瀬をさやけみと、見に来《こ》し吾を（同上、一一〇七）——※すがすがしく清しとして。

つひに行く道とはかねて聞きしかど、昨日《※きのふ》・今日《けふ》とは思はざりしを（古今集、哀傷、八六一）——※この私がその道を行くのが、昨日・今日とさし迫っているとは。

住吉の岸の姫松、人ならば、「幾世か経《へ》し」と問はましものを（同、雑上、九〇六）

山ならねども、これらにも、猫のへあがりて、猫またになりて、人とる事はあなるものを。（徒然草、八十九段）

○　以上の場合、その文の直接構成成分が、係りの助詞をもっていることはありません。以下は、すでに言い切られているあとに付いて、それをはっきりさせるものです。

かし　念を押す気持ちがあります。面と向かって言う命令形に付くと、柔らげ、丁寧に言う気持ちが出るようです。

「こよなき御朝寝《あさい》かな。故あらむかしとこそ、思ひ給へらるれ」と言へば、（源氏物語、末摘花）

まことのうつ※は物となるべきを取り出《いだ》さんには、難《かた》かるべしかし。（同、帚木）——※器量ある有能人。

開《あ》けんとならば、（アケテ）ただ※入りねかし。（枕草子、大進生昌が家に）——※あいさつなどせずに、はいったらいいのに。その人の退去したあとで、その行動について批評していることば。

さらば、寝給ひねかし。（源氏物語、紅葉賀）——源氏の君が外出するかと疑って、若き紫の君が言うことば。

「おのづから、さる※やうありて聞ゆるならむと、思ひなし給へかし」と、のたまへば、（同、若紫）——※申しあげるわけがあって申しあげるのだろうと。

夏の蟬の、春秋を知らぬも、あるぞかし。（徒然草、七段）——読者を説得しようとする調子が感じられる。

や

詠嘆の気持ちを添えます。終止形に付いている場合は、前の疑問の「や」との区別が必要です。

あはれ、いと寒しや。（源氏物語、夕顔）

「さて、その文《ふみ》の言葉は」と問ひ給へば、「いさや、異なる事もなかりきや。……」（同、帚木）

「かぎを置きまどはし侍りて、いと※不便《ふびん》なるわざなりや。……」とかしこまり申す。

（同、夕顔）――※不都合なこと。

（我ハ）知らずや、人を、かく恋ひむとは（古今集、恋一、五三三）

待ち給へや、そこは、持《ぢ》（＝勝負ナシ）にこそあらめ。（源氏物語、空蟬）

※弁《べん》などは、いとをかしき官《つかさ》に思ひたれど、……随身のなきぞ、いとわろきや。（枕草子、をのこは）――※太政官の弁官。

さあるにより、「かたき世ぞ」とは、定めかねたるぞや。（源氏物語、帚木）

うはべの情《なさけ》は、おのづからもてつけつべきわざをや。（同上）

な

独り言の場合は詠嘆ですが、相手に向かっての発言には、返事を求めている気持ちのことが多いようです。

伊予の介、（ソノ人ヲ）①かしづくや。②君と思ふらむな。（源氏物語、帚木）――①大切にしているか。②主君だと思っているだろうね。

「こゝは、常陸《ひたち》の宮ぞかしな」「※しか侍り」と聞ゆ。（同、蓬生）――※さようでございます。

「（オマエハ、ワタシヲ）憎しとこそ思ひたれな。されど、この扇の、尋ねまほしき故ありて見ゆるを、……」とのたまへば、（同、夕顔）

花の色は移りにけりな、いたづらに、わが身世にふるながめせしまに（古今集、春下、一一三）

（コノ袖ヲ）見せばやな。雄島《をじま》の海人《あま》の袖だにも、ぬれにぞぬれし、色は変はらず（千載集、恋四、八八四）

※いづれか、狐ならむな。たゞ、はかられ給へかし。（源氏物語、夕顔）——※あなたと私と、どっちが狐だろうかねえ。

○詠嘆の「かな」の「な」も、この「な」です。

よ

普通は詠嘆。時に、念をおして言う気持ちを表わします。

いで、あな悲し。かく、はた、おぼしなりにけるよ。（源氏物語、帚木）——尼になった女性にいうことば。「……なりにける（コト）」の意で、連体形止めの詠嘆に、「よ」が付いている。

「さりとも、※吾子《あこ》は、我が子にてあれよ。……」とのたまへば、（同上）——※相手の少年を親しんで呼ぶことば。

鳥は、他所《ことところ》の物なれど、鸚鵡《あうむ》、いとあはれなり。人の言ふらんことをまねぶらんよ。（枕草子、鳥は）

出《い》でて見よ。例ならず言ふは誰《たれ》ぞとよ。（同、五月ばかり、月もなう）——「……誰ぞと、出でて見よ」の倒置された形に「よ」が付いたとみたのですが、次の『平家物語』の例の「とよ」といっしょにすべきものかとも思われます。

とよ

念をおす気持ちを表わします。

「明日の軍《いくさ》には、一定《いちぢやう》討たれなんずとおぼゆるはとよ①。我いかにもなりなん後《のち》、人②はいかゞし給ふべき」なんど言ひしかども、（平家物語、巻九、小宰相）――①「は」は、明治以後の女性語の、「嬉しいワ」などのもととなるもの。②そなたは、の意。

心に任せぬ世の習ひは、思はぬほかの不思議もあるぞとよ。それも思へば心憂《う》し。まどろめば夢に見え、さむれば面影《おもかげ》に立つぞかし。生きてゐて、とにかくに人を恋しと思はんより、たゞ水の底へ入らばやと、思ひ定めてあるぞとよ。（同上）――平通盛の妻、小宰相が通盛の討死を知って、投身自殺を決意して、付き添っている乳母にいうことばの一節。

も

『万葉集』などに多く、疑問・詠嘆の「かも」の「も」もこれです。

梅の花散らまく※惜しみ、わが園《その》の竹の林にうぐひす鳴くも（万葉集、巻五、八二四）

――※散るのを惜しがって。

山川の清き川瀬に遊べども、奈良の都は忘れかねつも（同、巻十五、三六一八）

①秋の夜を長みにかあらむ、なぞこゝば②眠《い》の寝らえぬも③、独り寝ればか（同上、三六八四）——①寝られないのは、秋の夜を長しとしてならんか、の意。②こんなにひどく。③「ぞ」の結びの連体形である。

以上、時々「AはBなり」、すなわちc型の「何々ガ　何々ダ」型の文にも触れましたが、a型・b型の文の述語の言い切り方について、あらまし述べ終わりました。

(2) c型の文の述語の言い切り方

この場合も、係り結びが行なわれることはa型・b型の場合と同じですが、述語の中の「なり」が省略されることが多いのが注意されます。

あきづ島大和《やまと》の国は、神からと言挙《ことあげ》せぬ国（万葉集、巻十三、三二五〇）

しき島の大和の国は、言霊《ことだま》のたすくる国ぞ（同上、三二五四）

次のみかど、当代。（大鏡、後一条院）

こゝは、常陸の宮ぞかしな。（源氏物語、蓬生）

水の上に浮かべる舟の君ならば、「こゝぞ、泊《とまり》」と、言はましものを（古今集、雑上、九二〇）

渡守《わたしもり》に問ひければ、「これなむ、都鳥」と言ふを聞きて、（伊勢物語、九段）

谷風にとくる氷のひまごとに打ち出《い》づる波や、春の初花（古今集、春上、一二）

この姉君や、真人《まうと》の後の親。（源氏物語、帚木）――この子の姉君が、お前さんの継母か、

　という気持ちの問い。

主《ぬし》や、誰《たれ》（古今集、雑上、八七三）

春霞立てるや、いづこ（同、春上、三）

かれは、何ぞ。（源氏物語、手習）

（ソナタハ）鬼か、神か、狐か、木魂《こだま》か。……名のり給へ、〳〵。（同上）

これこそ、かの人の定めあなづりし下《※しも》の品《しな》ならめ。（同、夕顔）――※下の階級の女。

「我こそ、山賊《やまだち》よ」と言ひて、（徒然草、八十七段）

たくさん例をあげましたが、これらで、主語も述語も、いろいろな形で出ることが見られるでしょう。「主や誰」「春霞立てるやいづこ」のような、あとに疑問の意の語の出るものは、その疑問の意の語で疑問文になるので、「や」は、疑問の意をもつものではなく、係りの助詞の「や」とは別のものとみるべきものと思われます。

もう一つ注意したいことは、述語の中の「なり」が、「にあり」から出たものなので、「ならず」の代わりに「にあらず」ということもあり、その「に」のあとにいろいろな係助詞を付けて、

にはあらず　にもあらず　にぞあらぬ　になむあらぬ　にやあらぬ　にこそあらね

などともいい、「ならむ」「なりける」などでも同様だということです。「にさへあらず」「にしあらねば」など、副助詞が付くこともあります。

これは人なり。さらに非常のけしからぬ①物にあらず。寄りて問へ。亡《な》くなりたる②人にはあらぬにこそあめれ。(源氏物語、手習)——①物ならず。②「人ならぬなめり」の強め。

ひぐらしの鳴きつるなへに日は暮れぬ、と思ふは、※山のかげにぞありける (古今集、秋上、二〇四)——※山のかげなりけり、の強め。

問はぬは、つらき物にやあらん。(源氏物語、若紫)——つらき物ならんか、の意。

かつ越えて別れも行くか、逢坂は人頼めなる※名にこそありけれ (古今集、離別、三九〇)——※名なりけり、の強め。

取《と》り止むる※ものにしあらねば、年月を、あはれ、あな憂《う》と過ぐしつるかな (同、雑上、八九七)——※ものならねば、の強め。

右の「あり」の代わりに、「侍り」「候ふ」「おはす」「おはします」などを置いて、丁寧の言い方、尊敬の言い方をすることも、多いものです。

その北の方なむ、※なにがしが妹《いもうと》に侍る。(源氏物語、若紫)——※「我が妹なり」の丁寧表現。

うちつけなる※御夢がたりにぞ侍るなる。(同上)——※「御夢がたりなンなり」の丁寧・

強調表現。

このおとどは、長良の中納言の三郎におはす。(大鏡、太政大臣基経)——※「三郎なり」の尊敬表現。

このおとどは、忠平のおとどの一男におはします。(同、太政大臣実頼)——※「一男なり」の尊敬表現。

母宮、内のひとつ后腹《きさいばら》になむおはしければ、(源氏物語、桐壺)——※「主上と同じ皇后を母とする宮なりければ」の意の、強調・尊敬表現。

一日《ひとひ》召し侍りしにやおはしますらむ。(同、若紫)——「先日私にお召しのございましたお方にやあるらむ(=なるらむか)」の意の尊敬表現。

仏《ほとけ》は、いかなるものにか候ふらん。(徒然草、二百四十三段)——※「いかなるものなるらんか」の意の丁寧表現。

その教へはじめ候ひける第一の仏は、いかなる仏にか候ひける。(同上)——※「いかなる仏なりけるか」の意の丁寧表現。

右の言い方の中で、「になむ」「にや」「にか」「にこそ」などの場合は、それで言い切って、あとの結びを省略することがしばしばあり、これも注意しなければなりません。

市は、……、つば市。……長谷《はせ》に詣《まう》づる人の必ずそこに泊るは、観音の縁のあるにや

と、心ことなり。（枕草子、市は）

（悲シミニマドウ心ノ）さむべき方なく堪《た》へがたきは、いかにすべきわざにかとも、問ひ合はすべき人だになきを、（源氏物語、桐壺）

月日に添へて、いと忍びがたきは、わりなきわざになむ。（同上）

（鯉ハ）膠《にかは》にも作るものなれば、ねばりたる物にこそ。（徒然草、百十八段）

付説㈠「何々は」と「何々ぞ」

主語として出る「何々ぞ」は、たいてい「何々が」と訳してよいようですが、ある場合には、これに大きな注意が必要なことがありますので、ここで、その場合について述べておきたいと思います。

見渡せば、柳・桜をこきまぜて、都ぞ、春の錦なりける（古今集、春上、五六）

この歌の下の句が、どうして、「都は、春の錦なりけり」とないのか、問題は、こんなところから出発します。これまで、多くの人が、「都ぞ」とあっても、「都は」とあっても、同じことだと解していたようですが、そうではなかったのでした。

馬・牛・羊・猫・犬などの動物の絵を見せて、この中で、鼠をとって食べる動物はどれ

かな、と問うと、

　それは　猫です。

とか、

　猫が　それです。

とか答えるのはよいけれど、

　猫は　鼠をとって食べる動物です。

と答えては、調子が合わないと感じられるでしょう。古文なら、

　鼠をとり食ふ動物は、猫なり。

　猫ぞ、鼠をとり食ふ動物なる。

はよいけれど、

　猫は、鼠をとり食ふ動物なり。

では、答えとして調子が合わないというわけです。また、「なりけり」というのは、単なる詠嘆ではなく、何々だったよと、はじめて気が付いた気持ちを表わすのが普通ですから、

　都ぞ　春の錦なりける。

は、都が春の錦であることに気が付いた気持ちの表現で、紅葉の美しさを秋の錦と見るのは一般のことだが、春の錦なんてあるのかないのか、と思っているとき、都の美しい眺めに接して、春の錦はこれだ、都が春の錦だったよ、という気持ちで、この歌は詠《よ》まれたの

だと解さなければならない、と私は思うのです。

次の歌を比べてみましょう。

秋ならで置く白露は、寝覚《ねざめ》するわが手枕のしづくなりけり（古今集、恋五、七五七）

つれもなくなり行く人の言の葉ぞ、秋より前《さき》の紅葉《もみぢ》なりける（同上、七八八）

どちらも、男の愛情が薄らいで、独り寂しく嘆いている女性の歌でしょう。前のは、露といえば秋置くものとばかり思っていたが、秋以外に置く露もあったのだった、それは寝覚めするわが手枕におく涙のしずくだった、という気持ちで詠まれ、あとのは、紅葉といえば秋のものとばかり思っていたが、秋より前の紅葉もあったのだった、あの人の言葉が、今までと違って、愛情のこもらないものになった、言の葉の色が変わった、これが、秋より前の紅葉だったよ、という気持ちで詠まれたものでしょう。この「は」と「ぞ」との使い分けに注意してください。前の歌をあとの歌のように、あとの歌を前の歌のように言えば、歌にはなりませんが、文としては次のようになるでしょう。

寝覚するわが手枕のしづくぞ、秋ならで置く白露なりける。

秋より前の紅葉葉《もみぢば》は、つれもなくなり行く人の言の葉なりけり。

次の歌は、山川に風の吹き散らした紅葉が石につかえて、そこに水のたまりが出来ているのを見かけた作者が、これは、風がかけた柵《しがらみ》だ、柵というものは人間が水をせきとめるために構築するものだが、風のかけた柵もあったのだった、と気が付いて、詠んだものでしょう。

山川に風のかけたる柵は、流れもあへぬ紅葉なりけり（古今集、秋下、三〇三）

「流れもあへぬ」とは、石につかえて流れきれずにいる意です。この歌も、

山川に流れもあへぬ紅葉葉《もみぢば》ぞ、風のかけたる柵なりける。

と変形しても、同じ気持ちが出せるでしょう。

いちいち例をあげませんが、『古今集』では「錦」といえば秋の紅葉にばかりいわれ、「春の錦」というのが問題にした一首だけだという点も、「都ぞ春の錦なりける」は、春の錦の発見の歌であり、都は錦のごとく美しい盛りであることを歌ったものでないことは確かだといわなければならないでしょう。

付説 (二) 主語・述語関係とみるのはどうかと思われる文

普通の文は、通常、前に示したa・b・cの三つの型で考えられておりますが、どうも、これらの中に入れてはどうかなと、考えさせられる例があるのです。

吹く風の色の千《ち》ぐさに見えつるは、秋の木の葉の散ればなりけり（古今集、秋下、二九〇）

風は無色のはずだが、先刻の風はいろいろな色に見えた。考えてみたら、それは、いろいろに紅葉した秋の木の葉が、風の中にまじって散っていたからだった、という気持ちの歌でしょうが、これなどは、cの「何々ガ　何々ダ」型と考えてもいけましょうか。それでも、

　春霞、色の千ぐさに見えつるは、たなびく山の花のかげかも（古今集、春下、一〇二）

の歌が、

　春霞、色の千ぐさに見えつる（ソノ色）は、たなびく山の花のかげかも

の意と考えられ、cの型の疑問文で「AはBなるか」の型と考えるのにためらいがないほどには、「吹く風の」のほうは、主語・述語の関係と、すっきりみられるとはいいにくいでしょう。いっそ、

　吹く風の色の千ぐさに見えつるは、散れる木の葉の色にぞありける

とでもあれば、主語・述語とみるのにはすっきりするでしょう。

　同じ枝《え》をわきて木の葉のうつろふは、西こそ秋のはじめなりけれ（古今集、秋上、二五五）

　この歌は、梅の木の西のほうに出ていた枝だけが、まっ先にもみじし始めたのに興味をもって、居合わせた人々の一人が詠んだものですが、中国古代の考え方で、木《もく》・火《か》・土《ど》・金《ごん》・水《すい》の五つを、宇宙万物の元素とし、これを方角にも季節にも当てはめますと、金は西

に当たり、秋に当たり、色では白に当たるというわけなので、西が秋だというわけで、「西こそ秋のはじめなりけれ」と言い、一同を納得させたのでした。この「西こそ秋のはじめなりけれ」は、「AはBなり」型として問題はないでしょうが、「同じ枝をわきて木の葉のうつろふは」と「西こそ秋のはじめなりけれ」との関係は、簡単に「AはBなり」の主語・述語という関係だと割り切るのには、何かすっきりしないものを感じるでしょう。

須磨にわび住まいの光源氏は、秋の一夜、目をさまして、浦波の寂しい音に、京にいる恋人たちの泣く声を感じて、

浦波の恋ひわびて泣く音《ね》にまがへるは、

と言えばいくらかわかり易いところを、

恋ひわびて泣く音にまがふ浦波は　思ふ方より風や吹くらむ（源氏物語、須磨）

と詠みました。「浦波は」を「浦波をば」の意とみれば、文法的には文句はない、と思いますが、気持ちの上では、「……浦波は」と取り立てて言い出して、わが思う京の方から人々の泣く音をのせた風が吹いていて、それで「恋ひわびて泣く音」かと思うように聞こえるのかしら、という気持ちを言っているものと受け取りたいでしょう。そうとすると、主語とするのにはどうかと思われ、話題として取り立てていう「題目語」というものでも考え、それについて述べている語句を、述語の一種として扱うほうが、気持ちがよくなる、ということも考えられましょう。

冬ながら空より花の散りくるは、雲のあなたは春にやあるらむ（古今集、冬、三三〇）

この上の句も、題目語とし、下の句をそれについて述べる述語、とするということで、主語・述語というよりも、すこしすなおに受け取られるかと思います。

第二章　重文・複文

前章では、主として、普通の文の中で、単文といわれるものについて考えてきました。従来、文の型の上から、単文・重文・複文の三種が考えられていますが、その区別は、たとえば、接続語が含まれていれば、複文とするというようなものでしたが、私は、

山守りは　言はば　言はなむ。

のようなものは、複文とせず、

春立てば、花とや見らむ。

草も木も色変はれども、わたつ海の波の花にぞ色なかりける（古今集、秋下、二五〇）

のようなのを、複文としたいのです。前者は接続語を「春立ちぬ」とし、後者は接続語を「草も木も色変はる」として独立させれば、どちらも二つの文になります。「花とや見らむ」は、「うぐひすは、枝にかゝれる白雪を花とや見らむ」という文の省略形なのです。

重文というのは、単文が並立関係でまとまって一文となったもので、次のような文です。

①山は崩れて河を埋《うづ》み、海は傾《かたぶ》きて陸地をひたせり。

②土裂《さ》けて水涌《わ》き出《い》で、巌《いはほ》割れて谷にまろび入る。
③渚《なぎさ》こぐ船は波にたゞよひ、道行く馬は脚《あし》の立ちどをまどはす。

右は三例とも『方丈記』の大地震の記述の中のものですが、並立語の末尾を「埋みたり」「涌き出づ」「たゞよふ」として、それぞれ一文として独立させられるでしょう。

世に従へば、心、外《ほか》の塵《ちり》に奪はれてまどひ易く、人に交はれば、言葉、よその聞きに従ひて、さながら心にあらず。（徒然草、七十五段）

これも、大きくみれば重文で、「まどひ易く」を「まどひ易し」と言い切れば、それぞれ一つの文として独立します。そうして、それぞれの文は、

人、世に従へば、その心、外の塵に奪はれてまどひ易し。

人、人に交はれば、その言葉、よその聞きに従ひて、さながら心にあらず。

という文の省略形ですから複文といってよく、原文は、二つの複文が並立関係で一文となった重文だ、といえましょう。

走る獣は、檻にこめ鎖をさゝれて、野山を思ふ愁へ、止む時なく、飛ぶ鳥は、翅を切り籠に入れられて、雲を恋ふる愁へ、止む時なし。

この文を重文とみることはやさしいけれども、この形を変えた、

走る獣は、檻にこめ鎖をさゝれ、飛ぶ鳥は、翅を切り籠に入れられて、雲を恋ひ、野山を思ふ愁へ、止む時なし。（徒然草、百二十一段）

という文になると、何と名を付けてよいかわからない、複雑な形になります。

花は盛りに、月は隈なきをのみ、見るものかは。（徒然草、百三十七段）

なども、同様です。これらについては、前（一二六ページ・一三一—一三二ページ）に述べました。

次に、複文について、もう少し考えてみましょう。

佐保山の柞《はゝそ》の色はうすけれど、秋は深くもなりにけるかな（古今集、秋下、二六七）

この歌は、

佐保山の柞の色は、うすし。（サレド）秋は深くもなりにけるかな。

という二つの文になる、その前のほうの文を接続語にして、一文としたものだといえるでしょう。こうして、接続語も受けるほうも、文として独立しうるものであるのが、複文の典型的なものだとします。

「秋来ぬ」と目にはさやかに見えねども、風の音にぞおどろかれぬる（古今集、秋上、一六九）

この歌はどうでしょう。

「秋来ぬ」と、その様《さま》、わが目にはさだかに見えず。

われ、風の音にぞ、「秋来ぬ」とおどろかれぬる。

この二つの文の語句を適当に省略して、前の文を接続語として一文としたのが、問題の歌だと考えられれば、やはり、接続語も受けるほうも文的なものであり、複文であるといえるでしょう。

年経《ふ》れば、齢《よはひ》は老いぬ。しかはあれど、花をし見れば、物思ひもなし（古今集、春上、五二）——「花」は、言葉としては桜の花だが、気持ちは、花のように栄えている娘の皇后のことだと考えられます。その父である太政大臣藤原良房の作。

この歌では、「しかはあれど」という繋《つな》ぎの語句は、接続詞と同様に独立語とみて、あとの複文を前の複文に関係させる役をしているものとします。

ここで和歌ということにこだわらずに考えることにして、「しかはあれど」の気持ちを前の複文に含めて、

年経れば、齢は老いぬれど、花をし見れば、物思ひもなし。

という文にしてみますと、語句の関係はどう考えたらよいか、という問題が出ます。ことに、この文のほんとうの主語を言葉として出しますと、

我は、年経れば、我が齢は老いぬれど、花をし見れば、物思ひもなし。

となるはずで、「我は、物思ひもなし」というのが中心の思想で、

我は↓　年経れば齢は老いぬれど↓　花をし見れば↓　物思ひもなし。

という関係と考えるのが穏やかでしょう。これは、最初に出した、

山守りは　言はば　言はなむ。

と同じ型であり、こういう文は、複文の中に入れないつもりなのですが、私の言いたいことは、それではどういう名を付けるかの問題ではなくて、複雑な文を、どうやって文脈をはっきり考えるか、ということなのです。

春立てど花も匂はぬ山里は、ものうかる音《ね》にうぐひすぞ鳴く（古今集、春上、一五）

この歌には、「春立てど、花も匂はず」という複文が、限定語となって「山里」にかかっていますが、文としては、単文型であると私は扱いたいのです。

ついでに、この歌の語句の関係は、上の句を題目語とし、下の句を題目語について述べている語句として、それぞれの語句の構成を、その次に考えることにしたら、不自然でなくいけるかと思います。もし「山里に」ならば、次のように考えます。

春立てど……山里に　ものうかる音に　うぐひすぞ　鳴く。

第三章　接続語のでき方

接続語とそれを受ける語句とは、ともに文的なものであるのが本来のものであることは、前章の複文について述べたところでおわかりと存じます。従って、

　人はいさ。我は、無き名の惜しければ、昔も今も知らずとを言はむ（古今集、恋三、六三〇）

という歌の、「我は」以下の語句の関係は、

　我は、無き名の惜しければ、昔も今も知らずとを言はむ

とみることになり、修飾語とは性質が違うというわけで、複文について考えたあとで、接続語のでき方を考える、ということにしました。

　接続語は、接続助詞が付いて出来るのが普通で、その代表的なものは、「ば」「とも」「ど」「ども」ですから、まず、これらから述べましょう。

ば付は　「ば」には、未然形に付くのと已然形に付くのとあり、形容詞およびその型の

活用の助動詞、および「ず」の場合は、「未然形＝ば」の代わりに「……く＝は」「……ず＝は」の形で「は」が用いられます。

「未然形＝ば」「……く＝は」「……ず＝は」――仮定の意を表わす。

①待てといふに、散らでしとまるものならば、何を桜に思ひまさまし（古今集、春下、七〇）

②梓弓《あづさゆみ》おして（＝序詞）春雨《はるさめ》、今日《けふ》ふりぬ。明日《あす》さへ降らば、若菜つみてむ（同、春上、二〇）

③五《さ》月《つき》来《こ》ば、鳴きも古《ふ》りなむ。ほとゝぎすまだしき程の声を聞かばや（同、夏、一三八）

④我が欲《ほ》りし雨は降り来ぬ。かくしあらば、言挙《ことあげ》せずとも、年は栄えむ（万葉集、巻十八、四一二四）

①では、絶対にありえないことを、あるならと仮定し、②では、どうなるかわからないことを、こうあるならと仮定し、③では、来るに決まっていることを、「来ば」と仮定し、④では、はっきりと事実を見て、こうあるならと仮定するというように、仮定の内容がいろいろであることに注意。

⑤形見こそ今はあたなれ。※これなくは、忘るゝ時もあらましものを（古今集、恋四、七四六）――形見があるので、あの人のことが忘れられなくて切ない意をいう。※形見がないなら。

⑥行く蛍、雲の上までいぬ[1]べくは、秋風ふくと雁《かり》につげ[2]こせ（伊勢物語、四十五段）——①行けるなら。②告げてくれ。

⑦（武ノ道ハ）人倫に遠く、禽獣に近きふるまひ、その家に※あらずは、好みて益《やく》なきことなり。（徒然草、八十段）——※その人が武士の家でないなら。

⑧鏡に色・形※あらましかば、（影ハ）うつらざらまし。（徒然草、二百三十五段）——※色や形がもしあったなら。実際は、ないからよいのだが、あったならと、反対を仮定している。

この「ましか」は、未然形と認めれば簡単ですが、係り結びでは、「こそ」に呼応する結びに用いられ、已然形だと認められます。けれども、「まし」という助動詞が、元来、現実に反対な事がらや、ありえない事がらについて推量する気持ちのものなので、「ましか」が已然形であっても、「ましかば」は仮定にならざるを得ないのだ、と考えることも出来るわけです。

⑨春雨《はるさめ》の降らば、思ひの消えもせで、いとどなげきのめをもやすらん（後撰集、春中、宍題詞）——「思ひ」を火とし、「嘆き」を木としている。「思ひ」に「火」をかけるのは普通に行なわれていること。

この歌は、春雨の降るのを見ての作。こうして春雨が降るなら、というのが初句ですが、これを受ける語句が省略されています。それは、「思ひの火も消えるはずだが」という気持ちの語句と考えられます。下の句は、春雨は木の芽を萌《も》やすが、私の嘆き（木）の芽をもやして、どうして私の嘆き（木）をいよいよ盛んにさせているのだろう、という意。「など」を補って解すべき「らむ」の例です。こうした例が『平家物語』で、「さらば」の形で出ます。

「義仲、をこの者で候。只今朝敵になり候ひなんず。いそぎ追討せさせ給へ」と申しければ、法皇、さらば、然るべき武士には仰せで、山の座主《ざす》・寺の長吏《ちやうり》に仰せられて、山・三井寺の悪僧どもを召されけり。（平家物語、巻八、鼓判官）——「さらば」のあとに、「然るべき武士に仰せらるべきを」の意の語句が、言われずにある。

こうした言い方が、案外古いところにもあるのに驚かされます。

花妙《はなぐは》し桜の愛《め》で、こと愛《め》でば　早くは愛でず、我が愛づる子ら（日本書紀、允恭天皇八年）——※こんなに愛するなら。あとに、「もっと早くから愛すべきだったのに」の意が、言われずにある。

「已然形＝ば」——「ましかば」以外は、すべて、事実を述べるが、いろいろな意味になる。

①烏のむれゐて池の蛙をとりければ、御覧じ悲しませ給ひて、（徒然草、十段）

——とったので。原因・理由を表わす。

②（コレマデハ）御坊をば寺法師とこそ申しつれど、（今ハ寺ガ焼ケテ）寺はなければ、今よりは法師とこそ申さめ。（同、八十六段）――寺はないから。理由を表わす。

③さて、宇治の里人を召して（水車ヲ）こしらへさせられければ、……思ふやうにめぐりて、（同、五十一段）――こしらえさせたら。こしらえさせたところが。あとに述べることの起こった契機を表わす。

④「かゝる道は、いかでかいまする」といふを、見れば、見し人なりけり。（伊勢物語、九段）――見たら。「見し人なりけり」と気付いた契機を表わす。

⑤筆をとれば、物書かれ、楽器をとれば、音を立てんと思ふ。（徒然草、百五十七段）――今、筆を手にもち、または楽器を手にしているわけではないが、筆を持つといつも、何か書くようになり、楽器をもつといつも、音をたてようと思う、という意。

⑥命長ければ、辱《はぢ》多し。（同、七段）――長く生きていると、辱多しということになる。前と同じ。

①②③④は、ある時一回の事実を表わしているが、⑤⑥は、ある時一回の事実ではない、今、目の前にその事実があるわけでないが、その事実がある場合には、いつもあとに述べることが起こる、という気持ちで、その事実のある場合を表わしています。この点の違いをはっきり考えること。⑤⑥は、「未然形＝ば」の仮定に通じる気持ちがあるような気がするかもしれませんが、「未然形＝ば」の仮定は、ある時一回の仮定だというこ

とで、その違いをはっきりさせておくこと。

五月《さつき》待つ花たちばなの香《か》をかげば、昔の人の袖の香ぞする（古今集、夏、一三九）

この歌が有名になって、花たちばなの香は、昔の人の袖の香がすることになり、『徒然草』には、

花たちばなは、名※にこそ負へれ、なほ、梅の匂ひにぞ、いにしへの事も、立ち返り恋しう思ひ出《い》でらるる。（十九段）――※昔のことが思い出されるものとして評判だが。

とありますが、『古今集』の歌としては、「香をかぐといつでも」という意ではなくて、「香をかいだら」「香をかいだところが」と、ある一回の事実を述べたもの、作者はそこで思いもかけなかった昔の人の袖の香を感じて、はっとしている気持ちを詠んだものと解さなければ、歌としてのおもしろさはなくなってしまうでしょう。

次のような場合の「已然形＝ば」は、常に前の例の①②と同じく、原因・理由をいっているものと考えてよいようです。

ア　倒置された場合

山里は冬ぞ寂しさまさりける、人目も草もかれ※ぬと思へば（古今集、冬、三一五）

――※「離《か》れ」、「枯れ」のかけことば。

イ　「ばなり」と、「なり」が付く場合

閼伽棚《あかだな》に菊・紅葉《もみぢ》など折りちらしたる、さすがに住む人のあればなるべし。（徒然草、十一段）

ウ 「ばや」「ばこそ」など、係りの助詞が付いている場合

久方の（＝枕詞）月の桂も、秋はなほ紅葉《もみぢ》すればや、照りまさるらむ（古今集、秋上、一九四）

散ればこそ、いとど桜はめでたけれ（伊勢物語、八十二段）

エ 「何々なれば」という場合

今は亡《な》き人なれば、かばかりの事も忘れがたし。（徒然草、三十一段）

オ 「し」が前にある場合は、例外もありますが、多くは、原因・理由を表わすようです。前にあげた「花をし見れば、物思ひもなし」（一八四ページ）も、私は、多くの例に従って、「物思ひもなし」の理由と考え、それから、「花」は、娘の皇后をさす気持ちが強いと考えたのです。

唐衣着つつなれにし妻しあれば、はるばる来ぬる旅をしぞ思ふ（古今集、羇旅、四一〇）

――多いほうの例です。

然りとて背かれなくに①、事し②あれば、まづ嘆かれぬ、あな憂《う》、世の中（同、雑下、九三六）――まれなほうの例です。①出家もできないのに。②何か事があるといつも。

○「ねば」の特例

(年月八) 取り止《と》むるものにしあらねば、年月を、あはれ、あな憂《う》と過ぐしつるかな

(古今集、雑上、八九七)

秋立ちて幾日《いくか》もあらねば、この寝ぬる朝けの風は手本《たもと》寒しも (万葉集、巻八、一五五五)

前の「ねば」は、前にあげた例の①②と同じで、普通の用法ですが、あとのは、「ぬに」の意になる「ねば」として、注意されている用法です。けれども、前にあげた例の③④と同じで、朝明け方の風を腕さきに寒いなと感じたのが、数えてみたら、立秋から幾日でもない時であったわけなのです。

我のみや夜船は漕ぐと思※へれば、沖への方にかぢの音すなり (万葉集、巻十五、三六二四) ――※思っていたら。思っていたところが。

この「ば」も同じですが、「幾日もあらねば」の場合、同じような訳語が付けにくく、幾日もないのに、と訳すとぴったりするというわけなのです。「あらねど」と同じというわけではなく、「あらねば」のほうが、「手本寒しも」とびっくりしている気持ちが強く感じられるようです。

○並べていう「ば」

現代語で、「安いのもあれば、高いのもある」というように用いる「ば」は、古文に

は少ないようですが、古歌に、

桜咲く桜の山の桜花、散る桜あれば、咲く桜あり

というのがあり、これを用いて、『源氏物語』でも、

はる〴〵と霞みわたれる空に、散る桜あれば、今開けそむるなど、いろ〳〵見渡さるるに、（椎本）

と書いております。こう注意してみますと、次の文などは、ことに「も」に注意してみますと、「かたはらいたければ」は、あとの「苦しうて」で終わる語句に、並立語であるかのようにかかっていくものと考えたくなります。

若き人々の、なだらかに物聞ゆべきもなく、消え返りかかやかしげなるもかたはらいたければ、女房の奥深きを起こしいづる程久しくなりてわざとめいたるも苦しうて、（大君ガ）「……」と、いとよしあり、あてなる声して、ひき入りながらほのかにのたまふ。（源氏物語、橋姫）

ちょっとわかりにくい文ですが、宇治の宮の長女である大君のそばには、若い女房ばかりで、もの馴れた年よりの女房は、奥で寝ている。そこへ京から薫の君がたずねて来た。大君はそんな時すぐに応対に出るべきではないが、若い侍女は、恥ずかしそうにしていて動かない。奥の女房を起こして応対させようとすると、その間の時間が、男をわざとじらせる駆け引きみたいにもみえて、大君としては心苦しいので、止むをえず自身で返

事をする、という場面を考えて読んでみてください。

Ａ（＝若き人々の……かかやかしげなる）もかたはらいたければ、Ｂも苦しうて、という形が見えればよいのです。この「かたはらいたし」も「苦し」も、大君の気持ちを述べたものと考えます。「かたはらいたし」は、見ていて、はらはらし、いたたまらない気持ちです。

とも　形容詞やその型の活用および「ず」には連用形に、その他では終止形に付いて、「未然形＝ば」に対応し、一種の条件のような、または、あとに述べることについて、断わっておくような意の接続語を作ります。

①長くとも、四十《よそぢ》に足らぬ程にて死なんこそ、めやすかるべけれ。（徒然草、七段）

②よろづにいみじくとも、色好まざらん男は、いとさう〴〵しく、玉のさかづきの底なき心地ぞすべき。（同、三段）

③花の色は雪にまじりて見えずとも、香《か》をだに匂へ、人の知るべく（古今集、冬、三三五）

④住みよしと海人《あま》は告ぐとも、（君ハ、ソコニ）長居すな（同、雑上、九一七）

⑤高円《たかまと》の峯《を》の上の宮は荒れぬとも、※立たしし君の御名《みな》忘れめや（万葉集、巻二十、四五〇七）——荒廃した宮址に立っての感慨。※ここにお立ちになった。

⑥萩が花ちるらむ小野の露霜にぬれてを行かん、さ夜はふくとも（古今集、秋上、三四）――これも、もう夜がふけている時の歌と考えられる。

⑦さゝなみの志賀の大わだ淀むとも、昔の人にまたも逢はめやも（万葉集、巻一、三一）――「大わだ」が人待ちがおに淀んでいるのを見ての作と考える。

ど・ども　已然形に付き、「已然形＝ば」と対応し、あとに述べることについて、一応断わっておく気持ちの接続語や、そういう事実があっても、いつも……する、という場合の、前件を示す接続語を作ります。

①家居のつきづきしくあらまほしきこそ、仮のやどりとは思へど、興あるものなれ。（徒然草、十段）

②明日《あす》知らぬわが身と思へど、暮れぬ間の今日《けふ》は、人こそ悲しかりけれ（古今集、哀傷、八三八）――友人の死を悲しむ歌。

③「春来《き》ぬ」と人は言へども、うぐひすの鳴かぬ限りは、「あらじ」とぞ思ふ（同、春上、一一）

④（雁ノ声ヲキイテ）かきつらね昔の事ぞ思ほゆる、雁《かり》はその世の友ならねども（源氏物語、須磨）

⑤よき人の物語りするは、人あまたあれど、（ソノ中ノ）ひとりに向きていふを、お

のづから人も聞くにこそあれ。（徒然草、五十六段）

⑥（悪口ヲ言ワレテモ笑ワレテモ、平気デソノ芸ニウチコム人ハ）天性その骨《こつ》なけれども、……遂《つひ》に上手の位にいたり、（同、百五十段）

右の⑤⑥が、「已然形＝ば」の例の⑤⑥に対応するもので、「人あまたあれど」といっても、今、大勢いるわけではなく、「その骨なけれども」といっても、その人が、素質をもっていないと言っているのではなくて、そういう場合でもいつも、という気持ちであり、従って、ある一回のことをいっているのでないことに、注意してください。けれども、そこに仮定のような気持ちを感じるためか、『徒然草』では、

ねぶたければ昼もかけこもりて、いかなる大事あれども、人の言ふ事聞き入れず、（六十段）

（自分ノアル点ヲ）人にまされりと思へる人は、たとひ言葉に出《い》でてこそ言はねども、内心そこばくの咎あり。（百六十七段）

というように、「ありとも」「言はずとも」というように言ってほしいところに、「ども」を用いた例もありますが、ねむたい場合はいつでもとか、「人にまされり」と思っている人はいつでもとかいう文脈の中にある、という点では、「ども」でもよいような気もするわけです。

を

連体形に付くのが普通ですが、体言に付く例もあります。

①[1]わくらばに人とはあるを、人なみに我《あれ》もなれるを、綿もなき布肩衣《ぬのかたぎぬ》の、海松《みる》のごとわゝけさがれる[2]かゝふのみ肩にうちかけ、……（万葉集、巻五、八九二）――①たまたまに。②ぼろ布。

②暫《しばし》は「夢か」とのみたどられしを、やう〳〵思ひしづまるにしも、さむべき方なく堪《た》へがたきは、いかにすべきわざにかとも問ひ合はすべき人だになきを、忍びては参り給ひなむや。（源氏物語、桐壺）――「たどられしかど」とか、「人だになければ」とか言ったのでは、はっきりしすぎて、詠嘆がない。

③白露の色は※一つを、いかにして秋の木の葉をちゞに染むらむ（古今集、秋下、二五七）――※一つなるを。露が木々の葉を染めるものと考えての歌。

接続助詞の「を」は、間投助詞の「を」から出たものです。

よく尋ね寄りてを、※打ちいでよ。（源氏物語、蓬生）――※言い出せ。

今より後、何事につけても必ず（君ヲ）忘れ聞えじ。（君モ）また、さやうにを、人知れず思ひおき給へ。（同、蜻蛉）

右の「を」を、「月見る」に詠嘆をこめて「月を見る」と用いたのが、その気持ちが忘れられて、「月見る」のほうは「を」を略した言い方だと感じられるようになって、格助詞の「を」が出来た、ということは、前に述べました。右の「を」を、詠嘆をこめた言い切りに用いたのが、前に述べた言い切りの助詞の「を」「ものを」ですが（一六四一六五ページ参照）、これから、接続助詞の「を」「ものを」は出た、というわけです。

ものを　連体形に付きます。成立については、前項参照。

①散りぬれば、恋ふれど、しるしなきものを、今日《けふ》こそ、桜、折らば折りてめ（古今集、春上、六四）——散りぬとなれば、いくら恋しがってもそのかいがないよしを、「今日こそ……」と意志を決める理由としている。

②（枕ガ秘密ヲ）知ると言へば、枕だにせで寝しものを、塵ならぬ名の空に立つらむ（同、恋三、六七六）——※寝たのだったのに。どうして秘密がもれて、うわさが立っているのだろう、という気持ちで下の句が出る。

③秋の夜も名のみなりけり、（思ウ人ト）会ふといへば、事ぞともなく明けぬるものを（同上、六三五）——長いという秋の夜も、単に評判だけだったと、嘆いている歌。五句は、子供の言い方をすれば、「明けてしまうんだもん」というところ。

に　連体形に付きます。修飾語を作る格助詞の「に」から出たものと考えられ、格助詞と区別しにくい場合もありますが、文脈を考え、場面を考えて処理しましょう。

①舟とくこげ、日の良きに。（土左日記、二月五日）——「楫取《かぢとり》」を促すことば。

②春雨《はるさめ》のしく〳〵降るに、高円《たかまと》の山の桜はいかにかあるらむ（万葉集、巻八、一四四〇）

——春雨は、花をうながすものとされている。

③春の雨はいやしき降るに、梅の花いまだ咲①かなく、い②と若みかも（同、巻四、七八六）——①咲かないことだ。②木がひどく若いからかなあ。

④にほひなどは仮の物なるに、しばらく衣裳に薫物《たきもの》すと知りながら、※えならぬにほひには、必ず心ときめきするものなり。（徒然草、八段）——※何とも言えないよいにおい。

⑤そのころ、東山より安居院《あぐゐ》の辺へ※まかり侍りしに、四条より上《かみ》ざまの人、みな北をさして走る。（同、五十段）——※行きましたら。

①②の「日の」「春雨の」と、③④の「春の雨は」「にほひなどは」とある、「の」と「は」との違いも、気持ちの違いにかかわるようです。

が

連体形に付きますが、『源氏物語』などでは用例をさがすのに骨が折れます。

一言聞えさすべきが、人聞くばかりの、しらんはあやしきを、（ココヲ）いさゝか開《あ》けさせ給へ。（源氏物語、総角）

これなど、その例としてよいでしょう。鎌倉時代から多くなりますが、それも『平家物語』などに見られるので、『徒然草』には少ないのです。

後鳥羽の院の御時、信濃の前司《ぜんじ》行長、稽古《けいこ》の誉《ほまれ》ありけるが、楽府《がふ》の御論議の番に召さ

れて、七徳の舞を二つ忘れたりければ、(徒然草、二百二十六段)

この「が」のもとは、というと、『源氏物語』の最初の、

いとやむごとなき際にはあらぬが、すぐれて時めき給ふ、ありけり。

が思い出されるでしょう。これについては、前に述べました。(八七ページ参照)

て・で・つつ・ながら

これらの助詞で修飾語が出来ることは、前に述べました。それとの区別が問題ですが、要するに、これらの助詞が付いている語句が、あとに述べることの原因・理由を示しているとか、あとに述べることに対して、一応断わりを述べているとかの場合は、接続語と考えることにします。それにしても、「ば」や「ど」「ども」のように、はっきりとしたものでないだけ、判断に迷う場合もあるわけです。

て 連用形に付きます。

①「うち払ふ袖も露けきとこなつに、あらし吹き添ふ秋も来にけり」と、はかなげに言ひなして、まめ〱しく恨みたる様も見えず。(源氏物語、帚木)――ある女についての話。実は恐ろしい強迫を受けていたのだけれど、そうとは言わず、「あらし吹き添ふ秋も来にけり」と、たいしたことでもないように言いなして、と断わって、「まめ〱しく……」と言った。

②涙をもらし落としても、いと恥づかしくつゝましげに紛《まぎ》らはし隠して、つらき（コト）をも、思ひ知りけりと見えんは、わりなく苦しきものと思ひたりしかば、（同上）――①に続く。「涙をもらし落としても、……」は、この一回のことでなく、平素いつものあり方をいう。「……紛らはし隠して」までは、「つらきをも……」という前に、具体例をあげて、こんなぐあいで、とはっきりさせたもの。「つらきをも」以下は、私がこの女に疎遠で、女はつらく思っているが、そのつらいことを、そぶりに出して、私の目に「つらしと思ひ知りけり」と映るようなことは、とんでもなく苦しい、いやなことと、女は思っていたので、の意。それで、女は私にはいつもしとやかで、強く恨む態度をとらなかった、という気持ちが言外に感じられる。

③心安くて、また、とだえ置き侍りし程に、跡なくこそ、かき消《け》ちて失《う》せにしか。（同上）――②にすぐ続く。「心安くて」は、「また、とだえ置き侍りし」の理由。

④「いつしか」と心もとながらせ給ひて、※いそぎ参らせて御覧ずるに、（同、桐壺）――※いそいで参内させて。これは修飾語。

⑤初心の人、二つの矢を持つことなかれ。後の矢を頼みて、初めの矢になほざりの心あり。（徒然草、九十二段）

⑥（武ノ道ハ）兵《つはもの》（＝武器）尽き、※矢きはまりて、つひに敵に降《くだ》らず、死を安くして後、はじめて名を表すべき道なり。（同、八十段）――※矢が尽きて、それでいて。

で　未然形に付きます。

①君まさで烟絶えにし塩釜の（古今集、哀傷、八五二）——※君がなくなられて。「烟絶えにし」の原因。

②いたづらに過ぐす月日はおもほえで、花見てくらす春ぞ少き（同、賀、三五一）——※おもわれないで、そのくせ。

つつ　連用形に付きます。

①天の川、浅瀬しら波たどりつつ、渡り果てねば、明けぞしにける（古今集、秋上、一七七）——天の川を徒歩で渡って織女星に会いに行く彦星になって詠《よ》んだ歌。①浅瀬を知らないで、白波の所をたどって行く意。それが原因で、まだ渡りきらない所で夜が明けてしまったというわけ。②は「ねば」の特例参照（一九三ページ）。

②頼めつつ会はで年経るいつはりに懲《こ》りぬ心を、人は知らなむ（同、恋二、六一四）——※会いましょうと言って、私を期待させ、そのくせ。

ながら　連用形に付きます。

①年を経て消えぬ思ひはありながら、夜の袂《たもと》はなほ凍りけり（古今集、恋二、五九六）——あるのに。あるくせに。「思ひ」は火であるとし、火があれば凍らないはずとしていう。

②なにがし、この寺にこもり侍りとは知ろしめしながら、忍びさせ給へるを、うれは

しく思ひ給へてなむ。（源氏物語、若紫）――※御存じであるのに、私にないしょでおいでになっているのを。

からに　連体形に付きます。「と同時に」「とたんに」という意に用いるのが普通です。

①（コノ風ガ）吹くからに、秋の草木のしをるれば、むべ、山風を「あらし」といふらん（古今集、秋下、二四九）

②などか、※帝《みかど》の御子ならんからに、見ん人さへ、かたほならず物ほめがちなる。（源氏物語、夕顔）――『源氏物語』で、光源氏の美点しか述べないのを不満とする言葉。

※帝の御子だからといって、の意とされる。

②は、「Aならんからに」の形で出て、①とまるで縁がない意味になりそうですが、もともとは、「Aなるからに」の婉曲な言い方で、話がAだとなるとたんに、態度が変わる、という気持ちの言い方だろう、と考えれば、納得がいくでしょう。

この「から」は、格助詞から出たもので、

惜しむから恋しきものを（古今集、離別、三七二）――別れを惜しんでいる時から、の意。

あふからも、物はなほこそ悲しけれ（同、物名、四三九）――会っている時からも、の意。

などの「から」は格助詞ですが、「からに」となると、「そうする（又ハ、ある）とたんに、それが原因となって、あとに述べる事がおこる」という気持ちで、接続助詞となるわけです。

ものの　連体形に付きます。「けれども」の意です。

①行幸は、めでたきものの、君達《きんだち》、車などの好ましう乗りこぼれて、上下《かみしも》走らせなどするが無きぞ、くちをしき。（枕草子、行幸にならぶものは）

②（明石ノ入道ガ）この娘の有様、問はず語りに、（源氏ノ君ニ）聞ゆ。をかしきものの、さすがに、あはれと聞き給ふ節《ふし》もあり。（源氏物語、明石）

これは、内容が希薄になって助詞的になった「もの」に、次のように用いられる「の」が付いたもので、この「の」は、「いわゆる同格」のまとまりに出る「の」と相通じるものと考えられます。

㋐末《すゑ》の珠名《たまな》は、胸分けの広き吾妹《わぎも》、腰細のすがる※娘子《をとめ》の、そのかほのきら〱しきに、花のごと笑《ゑ》みて立てれば、（万葉集、巻九、一七三八）――※ぢが蜂娘子で。

㋑内侍《ないし》は、[1]ねびたれど、いたくよしばみ、なよびたる[2]人の、前々《さきざき》もかやうにて心動かす折々ありければ、（源氏物語、紅葉賀）――①年をとっているが。②人で。

㋒（コノ人ハ）国の親となりて、帝王の上なき位に登るべき相《さう》おはします人の、そなたにて見れば、乱れ憂ふる事やあらん。（同、桐壺）――光源氏の人相鑑定をした高麗人のことば。「人の」は、「人で」でも「人だが」でも当たる。しかも、「人の」を

「ものの」と置きかえても、いける点に注意。

㋓白き扇の、いたうこがしたる△を、（同、夕顔）

これらの例で考えてください。㋓は「いわゆる同格」の例で、△の所に「扇」と入れて考えるものですが、「白き扇の」は「白い扇で」とも「白い扇だが」とも考えられる点にも注意してください。

ものから　連体形に付き、意味は、「ものの」と同じです。

待つ※人にあらぬものから、初雁のけさ鳴く声の、めづらしきかな（古今集、秋上、二〇

㈥　——※雁は、私がその来るのを待っている人でないけれども。

ものゆゑ（に）　連体形に付きます。「……なのに」という気持ちだ、とされています。

①待つ人も来《こ》※ぬものゆゑに、鶯の鳴きつる花を折りてけるかな（古今集、春下、一〇

㈠　——もてなしのために花を折って待っていたが、結局待つ人が来なかった、という状況での作。※来ないのに。

②誰《た》があきにあらぬものゆゑ、女郎花《をみなへし》、なぞ色に出《い》でてまだき移ろふ（同、秋上、二三

㈡　——女郎花が、折角咲いて、色が衰えるのを、秋のため、人に飽きられたと思っているため、と解しての作。「あき」に「秋」と「飽き」とをかけている。「あき」は誰の

あきでもない、特にお前のために来た秋ではないし、誰がお前を飽きたのでもないのに、
というのが一、二句の意です。

「ゆゑ（故）」という語は、たとえば、「君ゆゑに恋ふ」といえば、「恋ふ」ということが「君」をもとにしている、「君」を発生源としていることを示すのが本来の用法ですが、どうして「ものゆゑ」が、右の例歌で述べたような意味になるのかといいますと、次のようなわけなのです。

はしきやし、吹かぬ風ゆゑ、玉匣《たまくしげ》（＝枕詞）開きてさ寝し吾ぞ悔しき（万葉集、巻十一、二六七八）

この歌は、言いかわした男性を風にたとえて詠《よ》んだ女性の作で、風が来るのを待って戸を開けて寝たのですが、風は来ずじまいで、結果的に言えば、来ない風のために戸を開けて寝たことになった自分のみじめさを嘆き、かわいそうに、といったのが「はしきやし」なのです。

偉くなろうと一生懸命勉強した人が、病気になって死んだら、「あの人は死ぬために勉強した」と言うでしょう。「吹かぬ風ゆゑ、戸を開けて寝た」というのは、それと同じ言い方なのです。決して、風が吹かないから、戸を開けて寝たのではないのです。これを今の言い方でわかり易くいうと、吹かない風なのに、とか、風も吹かないのに、とか言うことになるでしょう。この「風」を「もの」にかえたのが、「ものゆゑ（に）」な

のです。

待つ風も吹かぬものゆゑ、玉匣開きてさ寝し吾ぞ悔しき

とすれば、①の例歌と同じになるでしょう。①の例歌も、

はしきやし、来ぬ人ゆゑに、鶯の鳴きつる花を折りてけるかな

とすれば、「吹かぬ風ゆゑ」の歌と同じになるでしょう。待つ人が来なかったから、腹を立てて、鶯が折るなと言って鳴いている花を折ったのではないことも、これで納得がいくでしょう。

むらさきの匂へる妹《いも》を憎くあらば、人妻ゆゑに我が恋ひめやも（万葉集、巻一、二一）

この「人妻ゆゑに」も、「人妻なのに」という気持ちに解されてきましたが、「君ゆゑに」と変わるものではなく、人妻を自分の恋の発生源として恋い悩もうか、そんなことはしない、と言っているのです。ただし、これは、「憎くあらば」という条件のもとでのことで、実際は、憎くないから、それで、人妻であるあなたを、わが恋の発生源として、恋い悩んでいるということになります。

ゆゑ（に）・ため（に）　これらは、接続助詞とはいえないでしょうが、次のように用いると、接続語が出来ると考えてよいでしょう。

ゆゑ（に）

(都ノ人ハ) なべて心柔かに情《なさけ》あるゆゑに、人の言ふほどの事けやけく否《いな》びがたくて、万《よろづ》え言ひ放たず、心弱くことうけしつ。(徒然草、百四十一段)

ため(に)

説経師にならんために、まづ、馬に乗りならひけり。(徒然草、百八十八段)

大きなる利を得んがために、少しきの利を受けず、偽りかざりて名を立てんとす。(同、八十五段)

なくに 未然形に付きます。「……ないのに」の意です。

①み山には松の雪だに消えなくに、都は野べの若菜つみけり(古今集、春上、一八)

――「松の雪」は松の木にある雪で、最も消え易いものとしてあげた。

②やどりせし花たちばなも枯れなくに、などほとゝぎす声絶えぬらむ(同、夏、一五五)

「なく」の「く」は、「言はく」「思はく」などの「く」であり、「に」は詠嘆の助詞で、次のような言い切り方から、変わったものです。

もゝしきの(＝枕詞)大宮人の熟田津《にきたづ》に船乗りしけむ年の知らなく(万葉集、巻三、三二三)

滝の上のみ船の山にゐる雲の(＝以上、序詞)常にあらむとわが思はなくに(同上、二四二)

これらは、「わからないことよ」「思わないことよ」という詠嘆の気持ちで、文としては、体言文の中に入れるべきかと思われます。「な」は打消しの助動詞の未然形と考えられます。

なへ（に）　連体形に付きます。「……とともに」「……につれて」という意に使われる上代のものです。

①秋風の寒く吹くなへ、わが宿の浅茅《あさぢ》がもとにこほろぎ鳴くも（万葉集、巻十、二一五八）

②見※まく欲《ほ》り思ひしなへに、縵《かづら》かけかぐはし君をあひ見つるかも（同、巻十八、四一二〇）――※会いたいなと思ったところに。

③ひぐらしの鳴きつるなへに、日は暮れぬ、と思ふは、山のかげにぞありける（古今集、秋上、二〇四）

第四章　はさみこみ

言い切りになる形の語句があれば、そこで文が言い切りになる、ときめるわけにもいきません。次の歌を見てください。これは、近江《おうみ》の国（今の滋賀県）の介《すけ》（次官）となって赴任する人の送別会の席で詠《よ》まれたものです。

今日《けふ》別れあすはあふみと思へども、夜や更けぬらむ、袖の露けき（古今集、離別、三六九）――「あふみ」は、「近江《あふみ》」と「会ふ身《あみ》」とのかけことば。

「夜や更けぬらむ」は、係りの助詞「や」を受けた「らむ」で、ヤ・カ終止法の「らむ」だから、ここで言い切り、この歌は、第四句までで一まとまりの複文だと考えたら変だということになるでしょう。この歌は、

今日別れあすはあふみと思へども、袖の露けき。

とまとまる文なのであって、その、袖の露っぽい理由を、実際は、別れを惜しむ涙で、と言いたいのですが、それではみもふたもないから、「夜や更けぬらむ」という疑問推量の語句としてはさみこんだものだと考えることで解決する

わけです。この「夜や更けぬらむ」のようなのを「はさみこみ」の一種とします。この章では、はさみこみについて考えます。

一　言い切った語句のはさみこみ

※板葺《いたふき》の黒木の屋根は、山近し、明日《あすのひ》取りて持ちて参来《まゐこ》む（万葉集、巻四、七七九）

――※板葺の屋根に使う黒木（皮のついたままの材）は、という気持ち。

これは、大伴家持がある女性に贈った歌ですが、上の二句は、三句を飛ばして、四、五句に関係していくべきものです。第三句は「山近ければ」とすれば、理由をいう接続語になりますが、それでは字余りにもなり、歌になりませんので、はさみこみを用いたのでしょう。前書きにあげた例も、「夜更けぬればや」とすれば、字余りにもならずにすむわけですが、それでは理屈が勝ってきてぐあいが悪いので、柔らかに「夜や更けぬらむ」としたのでしょう。

八重葎《やへむぐら》茂れる宿の寂《※さび》しきに、人こそ見えね、秋は来にけり（拾遺集、秋、一四〇）

――※寂しき宿に、の意。

この歌は第四句までで一まとまりとしてもいけそうですが、それよりも、上の句は第五句にかかるとしたほうが、ずっとよくなるでしょう。つまり「人こそ見えね」というコソ終止法の文を、はさみこみに用いたとみるのです。コソ終止法をはさみこみに用いると、「人こそ見えねど」というように、「ど（も）」の付いた接続語のような感じになることが多いのです。

わが袖《そで》は、潮干《しほひ》に見えぬ沖の※石の、人こそ知らね、乾《かわ》くまもなし（百人一首）――※沖の石で。

この歌の「人こそ知らね」もはさみこみで、「人こそ知らねども」の意になります。「人は、乾くまもないことは知らないけれども」という気持ちです。

わが袖は　潮干に見えぬ沖の石の　人こそ知らね　乾くまもなし

というように、語句の関係は考えられます。

ゾ終止法の場合も、「ど（も）」の付いた接続語のような感じになることがあります。

※見せばやな、雄島《をじま》のあまの袖だにも、ぬれにぞぬれし、色は変はらず（千載集、恋四、八八四）――※私のこの涙で変色した袖を、あなたに見せたいなあ、という気持ちですが、変色した袖のことは言葉に出してない。

この歌では、第二、三句は五句にかかります。四句がはさみこみで、「ぬれにぬれしかども」という気持ちを、ゾ終止法で表現しています。

鶏《とり》の声などは聞こえで、たゞ、翁びたる声に①ぬかづくぞ聞こゆる。……「朝《あした》の露に異ならぬ世を、何をむさぼる身の祈りにか」と②聞き給ふに、御嶽精進《みたけさうじ》にやあらん、「南《な》無《も》当来導師《たうらいだうし》」とぞ拝むなる。（源氏物語、夕顔）——①仏の名などを唱えて、額を地に付けて礼拝する。②聞き耳を立てていられたところが。

京の五条あたりの、ごたごたした庶民の住居の暁の風景。御嶽精進は、大和《やまと》（今の奈良県）の金峰山《きんぷせん》に入る前に一千日の精進を勤める山伏の行者です。「御嶽精進の」とすれば、「拝むなる」の主語となるわけですが、今はそうと決めかねるので、「御嶽精進にやあらん」と、ヤ終止法で、疑問推量のはさみこみにしたのです。

この暁より、①しはぶき病《やみ》にや侍らん、頭いと痛くて苦しく侍れば、いと②無礼《むらい》にてきこゆること。（源氏物語、夕顔）——①咳《せき》の出る病気。②たいへん失礼な状態で、申しあげることです。

訪ねて来た友人に言いわけをしている言葉です。「この暁より、しはぶき病にや侍らん」とまとまるのではありません。「この暁より」は、「頭いと痛くて……」と続くものです。「しはぶき病にて」とすれば続く言葉になりますが、そうはっきり決められないので、「しはぶき病にや侍らん」とヤ終止法を用いた疑問推量のはさみこみにしたので、前の「御嶽精進にやあらん」と同じになりました。

これらの「にやあらん」「にや侍らん」の「あらん」「侍らん」を省略することがあるこ

とは、前に申しましたが、次には、その例を示しましょう。この場合は、結びの「あらん」「侍らん」が言われずにあるだけで、「……にや」で、言い切った気持ちは変わりません。疑問の気持ちは、はさみこみのその語句だけであり、「や」が、その文の結びに影響し、ヤ終止法となって全文を疑問で包む疑問文にすることはありません。

世に語り伝ふる事、まことはあいなきにや、多くは、皆虚言《そらごと》なり。(徒然草、七十三段)

この「まことはあいなきにや」がその例です。「まことはあいなきにやあらむ」の略です。

①さぶらひには、親しう仕うまつる限りは、御供に参るべき心まうけして、おの〳〵私②の別れ惜しむほどにや、人目もなし。(源氏物語、須磨)――①侍臣のひかえている侍所《さぶらいどころ》。②親類・縁者などとの私的な別れ。

これは、須磨へ退去の日の迫った源氏の君の屋敷の、ある日の侍所の様子を述べた文で、

さぶらひには、人目もなし。

というのが、文の本筋だとわかれば、迷うところはないでしょう。間の語句は、「人目もなし」という状態にある理由を推測したはさみこみで、接続語として「……別れ惜しむほどなれば」と決めていうのを避けてこの形を取ったものです。「……ほどにやあらむ」の省略ですから、「人目もなき」とはなっていない点も注意してください。

二 文の最初にあるはさみこみ

はさみこみというと、文中にないといけないようですが、次の例などは、一で見てきた諸例と同性質のものと考えてよいでしょう。これは、『源氏物語』の書き出しの所にある例です。

いづれの御時《おほんとき》にか、女御・更衣あまたさぶらひ給ひける中に、いとやむごとなき際《きは》にはあらぬが、すぐれて時めき給ふ、ありけり。

この「いづれの御時にか」は、「昔、男ありけり。」の「昔」と同じ役をしているようですが、文法的には、「昔」は修飾語ですが、「いづれの御時にか」は、修飾語と簡単にはいえません。修飾語の位置にある「はさみこみ」というわけです。「いづれの御時にかありけん」の省略であることは、いうまでもないでしょう。

前《さき》の世にも御契りや深かりけむ、世になく清らなる、玉の男御子《をのこみこ》さへ生まれ給ひぬ。

(源氏物語、桐壺)

これも、「前の世にも御契りや深かりけむ」と、はっきり言い切った一文として読むのは変でしょう。「玉の男御子」の生まれた因縁を考えている語句で、「前の世にも御契りの深かりければ」と決定的には言い難くて、ヤ終止法の推量の言い方にしたのですから、やはりはさみこみとして、「生まれ給ひぬ」までが一文なのだ、と考えるのが正当でしょう。

あだなりと名にこそ立てれ、桜花、※年にまれなる人も待ちけり（古今集、春上、六二）――※一年にめったに来ない人（＝相手ヲサシテイウ）をも、散らずに待っていたことだ。

※よそにのみあはれとぞ見し、梅の花、飽かぬ色香は折りてなりけり（同上、三七）――※これまでは、遠くからばかり、いいなあと見ていたけれども。

これらは、散文なら、「桜花」「梅の花」を文の初めにおいて、

桜花は、あだなりと名にこそ立てれ、……

我は、梅の花を、よそにのみあはれと見しかども、……

というように、表現するはずのものでしょう。

春立てば花とや見らむ、白雪のかゝれる枝にうぐひすの鳴く（古今集、春上、六）

この一、二句は、三句以下のことのある理由を推量しているもので、「春立てば花と見ればや」としてもいけるところです。しかし、そうすると、「うぐひすの鳴く」が詠嘆表現ではなくなります。というのは、それでは、「鳴く」がヤ終止法の結びとなって、「……花と見るから……鳴くのか」という疑問文となるからです。

三　いろいろに解される歌

狩り暮らし織女《たなばたつめ》に宿借らむ天《あま》の川原《かはら》に我は来にけり（古今集、羇旅、四一八）

わざと句読点を付けずにあげましたが、この歌はいろいろな読み方が出来るでしょう。

①まず、上三句を一文として読んでみましょう。そうすると、下の句も一文で、上三句に対する理由を述べたものと考えられましょう。初句は、これから狩りで日を暮らして、という気持ちになります。

②次には、上三句を「天の川原」の限定語として、読んでみましょう。狩りをして日を暮らして織女に宿を借りようと思うところの天の川原に、私は来てしまったよ、という気持ちになるでしょう。

③次には、二句と三句だけを「天の川原」の限定語として読んでみましょう。

狩り暮らし　織女に宿借らむ天の川原に　我は　来にけり

④最後に、二句と三句をはさみこみとし、「狩り暮らし、天の川原に我は来にけり」を歌の本筋とみるわけです。

ところで、この歌には、詞書きがあるのです。長いので、後半だけあげますと、次のごとくです。

親王《みこ》の言ひけらく、「『狩して天の川原にいたる』といふ意《こゝろ》を詠《よ》みて、盃《さかづき》はさせ」と言ひければ、詠める。

これにあわせて考えますと、惟喬《これたか》親王の要求にあうのは、③か④かでしょう。私は、これまで③の読み方に気が付かずに④でなければと考えていましたが、③のほうがわかり易いか、と思うようになりました。織女は天上の天の川にいるはずですが、地上の天の川を天上と同じ物と人々は考えて、ここにも織女がいるはずだとして興じているわけです。

あかねさす（＝枕詞）紫草野《むらさきの》行き標野《しめの》行き野守は見ずや君が袖ふる（万葉集、巻一、二〇）

これは、『万葉集』で有名な歌です。天智天皇の狩りの催しのお供にいる皇弟の大海人《おおあまの》皇子《みこ》が、天皇の愛人の額田王《ぬかたのおおきみ》に、しきりに袖を振って愛情を示しているのに対して、額田王が詠まれた歌ですが、そういうことを考えずに読むと、野守は見ないのか、君が袖を振るのを、といって、野守に注意を与えているのかとも思われますが、場面を考えれば、そういう読み方はありえないわけです。それで「野守は見ずや」は、野守は見ないか、見ているではないかと、大海人皇子に注意することばだと解す点では諸注一致していますが、第二、三句を野守の動作とみるか、皇子の動作とみるかの点で、説が分かれるわけです。野守の動作とみる人は、最初から第四句まで、このまま続けて読んで、簡単明瞭なのですが、それでは皇子のほうが、「君が袖ふる」だけで、何かあっけないというわけでしょうか、多くの注者は、第二、三句を皇子の動作とし、その解を合理化するために、

あかねさす紫草野行き標野行き君が袖ふる、野守は見ずや

というべきところを、倒置したのだと説明するのです。けれども、倒置しない右の文では、最初から「袖ふる」までが体言的な一まとまりで、「……袖ふるを、野守は見ずや」となるような感じで、そこに詠嘆が感じられないようなのが、私には不満なのです。それで、

あかねさす紫草野行き標野行き、君が袖ふる

という、連体形止めの詠嘆をこめた文の中に、「野守は見ずや」という、皇子に注意を与える語句をはさみこんだものと私は説明しようと思うのですが、さて、いかがでしょうか。

四　もう一つのはさみこみ

これは、前の語句についての説明を注のように添えたものです。

忍び給へど、御けはひしるく聞きつけて、宿直人《とのゐびと》めく男《をのこ》、なまかたくなしき、出《い》で来たり。（源氏物語、橋姫）

この例の「なまかたくなしき」がそれです。

宿直人めく男の、なまかたくなしき

とあれば、「いわゆる同格」のまとまりとして、一まとまりになるところですが、その「の」がないので、「なまかたくなしき（＝イイ加減、頑固者ラシイノ）」を、「宿直人めく男」の注のように、はさみこんだ語句とみるわけです。文を構成する語句としては、「宿直人めく男、なまかたくなしき」を一まとまりとして、「出で来たり」の主語とみるのです。

風少しうち吹きたるに、人は少くて、さぶらふ限り皆寝たり。この院の預《あづか》りの子、むつましく使ひ給ふ若き男《をのこ》、又、上童《うへわらは》一人、例の随身《ずいじん》ばかりぞありける。（源氏物語、夕顔）

ここに幾人いたか、というと、「むつましく使ひ給ふ若き男」は、前の「この院の預りの子」の説明のためのはさみこみで、人数は三人ということになります。

正月《むつき》の朔日《ついたち》ごろ、かむの君の御はらからの大納言、高砂《たかさご》うたひしよ、藤中納言、故大殿の太郎、真木柱《まきばしら》の一つ腹など、参り給へり。（源氏物語、竹河）

これなどは、「高砂うたひし（人）よ」と、「故大殿の太郎、真木柱の一つ腹」とが、それぞれ前の語句の説明のためのはさみこみで、「大納言」「藤中納言」の下に小さく割注のように置けば、わかり易くなるでしょう。

式部卿の宮、桟敷《さじき》にてぞ見給ひける。「いとまばゆきまでねび行く人の御容貌《かたち》かな。神などは、目もこそとめ給へ」と、ゆゝしくおぼしたり。姫君は、年ごろ聞えわたり給ふ（源氏ノ君ノ）御心ばへの世の人に似ぬを、「なのめならむにてだにあり、まして、かうしもいかで」と、御心とまりけり。「いとど近くて見えむ」まではおぼし寄らず。若き人々は、聞きにくきまで、めで聞えあへり。（源氏物語、葵）

これは、葵祭りに、斎院の御禊《ごけい》の日の行列の中の光源氏を見ようと、人々が大騒ぎの場面ですが、引用の最初の部分は、ここに引いたように読むのが普通ですが、私は、「桟敷にてぞ見給ひける」を、はさみこみとして、本筋だけいえば、

式部卿の宮、「……」と、ゆゝしくおぼしたり。

というようになるものと考えたいのです。そうすれば、

姫君は、……「……」と、御心とまりけり。

若き人々は、聞きにくきまで、めで聞えあへり。

というぐあいに並んで、すっきりするわけです。これが、一つ桟敷にいた宮と姫君と若き侍女たちの反応だということをはっきりさせるために、「桟敷にてぞ見給ひける」という断わりが必要だったので、はさみこみに置いた、と考えるのです。

いづくにもあれ、しばし旅立ちたるこそ、目さむる心地《こゝち》すれ。

そのわたり、こゝかしこ見ありき、田舎《ゐなか》びたる所、山里などは、いと目なれぬ事のみぞ、多かる。都へたより求めて、文やる。「その事かの事、便宜《びんぎ》に、忘るな」など言ひやるこそ、をかしけれ。（徒然草、十五段）

この例では、最初の「いづくにもあれ」が、命令形で言い切った語句の、はさみこみとなっています。「いづくなりとも」という接続語の代わりと考えてよいでしょう。次の文では、

そのわたり、こゝかしこ見ありき、

という語句が、どこへかかるのかが問題です。普通は、すぐあとへ続けて読んでいるのですが、どうも落ちつかないでしょう。私は、この文の本筋は、

そのわたり、こゝかしこ見ありき、都へたより求めて、文やるこそ、をかしけれ。

であって、右に省いたところは、それぞれはさみこみで、初めのほうは、見ありくことのおもしろい理由、終わりのほうは、文に書くことの一例を示したものと考えるのですが、どうでしょうか。あとのほうだけでいうと、たよりを求めて文をやる、それがおもしろいのであって、「その事かの事、便宜に、忘るな」というようなことを言ってやるのがおもしろいというのではないのですが、従来の読み方ですと、「その事かの事……」というようなことを言ってやるのこそ、と強められて、それがひどくおもしろいことになってしまうという、変なことになるわけです。

第五章　会話や手紙の文とその引用

一　会話の文や手紙の文

会話や手紙の文では、語句の省略されることが非常に多くあります。当事者同士の間では、言わなくてもわかることは、言わずにすませるのは、現在の私たちでも同じことですから、そういうことを頭において読むことが必要です。

次の例は、『源氏物語』の夕顔の巻で、某院で源氏の君の愛人が急死し、灯火も消えて真暗《まつくら》な中で、渡殿《わたどの》に寝ている供人を起こしに行って、紙燭《しそく》をつけてもって来いと命じて、源氏の君がもとの場所へ戻って待っているところです。紙燭というのは、今のろうそくの出来る以前の移動照明具です。

紙燭もて参れり。①右近《うこん》も動くべきさまにもあらねば、近き御几帳をひき寄せて、
「なほ、もて参れ」

とのたまふ。②例ならぬ事にて、御前近くもえ参らぬつゝましさに、③長押《なげし》にも、えのぼらず。

「なほ、もて来《こ》や。所に従ひてこそ」とて、召し寄せて見給へば、――①急死した女性の侍女。紙燭を受け取るべき人は、この人しかいなかった。②紙燭をもって来た人は、源氏の君に直接物を渡したことなどないのである。③ここでは、簀子縁《すのこえん》と廂《ひさし》の間との境のもの。紙燭をもって来た人は、地上にいる。

「なほ、もて参れ」という、もって参るべきものは、手にしている紙燭であることは、言うまでもない、さらに催促される、「所に従ひてこそ」とだけで、「つゝみもせめ」が言われずにあり、ここでつつみはばかることは無用だぞ、と言われているのだと受け取らなければ、どうかしていることになるわけです。

次の例は、同じく『源氏物語』で、常陸《ひたち》の宮の遺児で、貧窮のどん底にある姫君の所へ、亡母の妹で、夫が太宰《だざい》の大弐《だいに》となったので、夫とともに九州に下ろうとする人が、姫君の侍女の侍従を迎え取ろうと、やって来たところです。

「(九州へ)いでたちなむことを思ひながら、心苦しき御有様の見捨て奉りがたきを。侍従の迎へになむ、参り来たる。心憂くおぼし隔て①御みづからこそあからさまにも渡らせ給はね、②この人をだに③ゆるさせ給へとてなむ。など、かうあはれげなる様《さま》には」とて、うちも泣くべきぞかし。されど、行く道に心をやりて、いと心地《ここち》よげなり。

（蓬生）――①御自身は、ほんのちょっとも私のところへおいでくださらないけれど。②侍従をさす。③手放して随行させてください。

右の、「心苦しき御有様の見捨て奉りがたきを」のあとには、どんな省略を考えたらよいでしょうか。ごいっしょに下っていただけたら嬉しいのですが、といったような意味が出るものとしての、言葉の休止があるはずだと思われます。「この人をだにゆるさせ給へ」で切らないで、「とてなむ」として、あとを言わないのも、柔らかな言いまわしといえるでしょう。「など、かうあはれげなる様には」で、あとに言葉を残したのも、すっかり言ってしまうよりも、感慨を深くさせるという効果もあるでしょう。この人は、出来ればこの姫君を自分の娘たちの侍女みたいにしようという下心をもっているのです。

問う場合などは、

「惟光《これみつ》の朝臣《あそん》の来たりつらむは」と問はせ給へば、（源氏物語、夕顔）――「いかにかせし」が言われずにある。

「さて、その娘は」と問ひ給ふ。（同、若紫）――「いかにかある」が言われずにある。

というぐあいで、あとを略してしまうことは、現代語と同様です。

次のは、朝寝をした源氏の所へ、親友の頭《とう》の中将がたずねて来たところです。

「内裏《うち》よりか」とのたまへば、

「しか。まかで侍るまゝなり。……やがて帰り参りぬべう侍り」と、いそがしげなれば、

「さらば、もろともに」とて、御粥《かゆ》・強飯《こはいひ》めして、客人《まらうど》にも参り給ひて、（源氏物語、末摘花）――①このますぐ、内裏へ。②頭の中将にもさしあげられて。

「内裏よりか」は、あなたは、自宅から来たのではなく、宮中から退出してここへ来られたのか、という問い。「さらば、もろともに」は、それなら、いっしょに参内しよう、という意で、最も重要なところだけが、言葉として出ているわけです。この場合は、源氏のほうが身分が上ですから、こういう言い方になっていますが、もし逆であったら、「内裏よりやまかで給ひぬる」「さらば、御供つかうまつらん」というような言い方になるところでしょう。

二　引用のしかた――直接話法のようにみえても

会話のことばや手紙の文句などを引用するのには、助詞「と」「など」を付けるのが普通ですが、その場合は、引用の部分に、かっこ（「　」や『　』など）を付けるとはっきりします。心に思うことばなどは、かっこを付けないのが普通ですが、やはり、文脈をは

っきりさせるためには、少なくとも心の中でかっこを付けて読むことが必要です。
　ところで、そうしてかっこを付けますと、いかにも、英文法などでいう直接話法（direct narration）と同じようにみえますが、日本語では、時々そうでない場合がありますので、注意が必要です。
　次の歌は、僧正遍昭の有名な歌ですが、女郎花《おみなえし》が、作者の願いを受け入れないで、人に語る場合には、何と言うべきでしょうか。
　　名にめでて折れるばかりぞ、女郎花《をみなへし》、「我落ちにき」と、人に語るな（古今集、秋上、二二六）
女郎花が人に語るとしたら、「遍昭落ちにき」と言わなければ、駄目でしょう。
『万葉集』に、柿本人麻呂が妻の死を悲しんで詠んだ長歌があり、その終わりのほうに、次のような二つの言い方があります。
　「大鳥の羽易《はがひ》の山に、吾《あ》が恋ふる妹《いも》はいます」と、人の言へば、（巻二、二一〇）
　「大鳥の羽易の山に、汝《な》が恋ふる妹はいます」と、人の言へば、（同上、二一三）
あとのほうは、「或本歌曰」として載せてあるのですが、人が人麻呂に告げて言う言い方としては、あとのほうが自然であり、前のほうのは、人の告げたことばを、人麻呂自身の立場で言い直したもの、ということになるでしょう。
　鬼界が島にひとり残された俊寛は、はるばる尋ねて来た有王が持ってきた、わが娘の手紙を読んで、有王に次のようにかきくどきます。

これ見よ、有王、この子が文《ふみ》の書きやうのはかなさよ。「おのれを供にて、急ぎのぼれ」と書きたる事こそ、恨めしけれ。心に任せたる俊寛が身ならば、何とてか三年《みとせ》の春秋をば送るべき。（平家物語、巻三、僧都死去）

ところで、実際にはどう書いてあったのか、というと、長々と書いた最後のほうに、

この有王御供にて、急ぎのぼらせ給へ。

と書いてあったのでした。俊寛は、これを自分の立場で言い直して、「おのれを供にて急ぎのぼれ」と書いてある、と言ったのでした。「おのれ」は、目の前にいて俊寛の話すのを聞いている有王をさして言ったものです。

三　読者のための省略

また、次のような例もあります。須磨に退去しようと決めた源氏が、亡妻の父であり長男の祖父で、長男がそこで育てられている左大臣のもとへ別れの挨拶に行って、一泊して帰ってきて、妻の紫の上に語ることばです。

昨夜《よべ》は、しかぐ〵して夜ふけにしかばなん。例※の思はずなる様《さま》にや、おぼしなしつる。

（源氏物語、須磨）――※例のように、私の思いもつかないふうに――浮気をして、女性のところで泊まってきたように――お考えでしたか。

「夜ふけにしかばなん」のあとに、そこで泊まってきました、という気持ちが言われずにあることは、紫の上にもすぐわかるでしょうが、「しかしかして」では、どうしたのか見当がつかないでしょう。しかし、『源氏物語』の読者には、そこはもう読んできたところですから、わかるわけです。ここで、実際の経過を源氏が語り続けたら、読者にとってはあくびの種《たね》ですから、作者は、わざと「しか〳〵して」ですませたというわけです。

鹿谷《ししのたに》での陰謀は成功しそうもない、と思った多田行綱《ただのゆきつな》が、清盛の邸に密告に行きました。

「さて、それをば、法皇も知《し》ろしめされたるか」

「※子細にや及び候。成親の卿の軍兵めされ候も、院宣《ゐんぜん》とてこそ召され候へ。俊寛が、と振舞《ふるま》うて、康頼《やすより》が、かう申して、西光《さいくわう》が、と申して」なんどいふ事ども、始めより、ありのまゝにはさし過ぎて言ひ散らし、「いとま申して」とて、出《い》でにけり。（平家物語、巻二、西光被斬）――※もちろんです。

右の中の、「と振舞うて」「かう申して」「と申して」も、読者のために、冗漫を避けたものです。

四　間接話法の形

英文法などでいう間接話法（indirect narration）に当たるものは、といいますと、まず「よし」で括る言い方があります。これは、要領をつまんで言う場合にも用いられますが、「と」で引用する形でないので、間接話法に当たると考えてよいでしょう。

たゞ今惟光の朝臣の宿る所にまかりて、急ぎ参るべきよし言へと仰せよ。（源氏物語、夕顔）

これは、光源氏が、お供の一人に命じている言葉ですが、「仰せよ」というのは、随身《ずいじん》に言い付けよ、ということです。こう言われたお供の人は、随身のそばへ行って、源氏のことばとして、

たゞ今惟光の朝臣の宿る所にまかりて、（惟光ノ朝臣ニ）「急ぎ参るべし」と、言へ。

と、命じれば、よいわけです。「『急ぎ参るべし』と」は直接話法で、「急ぎ参るべきよし」は間接話法だというわけです。

ところで、言うことが一文ですむ場合は簡単ですが、二文以上である場合は、全部を間接話法にしにくいのです。

次の例は、源氏に「惟光の朝臣の来たりつらむは」と問われたのに対する答えです。

※さぶらひつれど、仰せ言もなし、暁《あかつき》、御迎へに参るべきよし申してなん、まかで侍りぬる。（源氏物語、夕顔）——※「惟光の朝臣は」という主語が省略されている。

この答えの文は、「さぶらひつれど、まかで侍りぬる」が本筋で、退出の際、惟光が言い残していったのが、

仰せ言もなし。暁、御迎へに参るべし。

という言葉だったのですが、これを間接話法にするのに、「仰せ言もなし」のほうはしにくいので、「暁、御迎へに参るべし」のほうだけを、「……べきよし」としたので、読みにくくなったのです。「仰せ言もなければ」とすればよさそうですが、それでは、「仰せ言もなければ」が惟光のことばであるとは限らないのです。答えている人物が、惟光の退出した理由をこう考えて言ったことにもなるのです。

また、右のような「よし」を、用いない言い方もあります。

とく参り給ふべき御使①しきれど、②おぼしもたゝず。（源氏物語、若紫）——①しきりにくるが。②参らむと思い立ちなさらない。

この「とく参り給ふべき」は、「とく参り給ふべきよしの」、または、「とく参り給ふべしとの」の意と解すべきものです。

次の例は、愛人の嫉妬深さに、それを直さなければと意地を張っている間に、愛人に死

なれた男の思い出話の一節です。

いといたく思ひ嘆きて、①はかなくなり侍りにしかば、たはぶれにくくなん、おぼえ侍りし。②ひとへにうち頼みたらん方《かた》は、さばかりにてありぬべくなん、思ひ給へいでらるる。（源氏物語、帚木）――①死んでしまいましたので。②本妻として頼みにする面は。

この中の「たはぶれにくくなん」は、「たはぶれにくしとなん」としてもよく、「さばかりにてありぬべくなん」も、「さばかりにてありぬべしとなん」としてもよいところでしょう。「と」を用いる言い方に対して、「と」を用いないこの例のような言い方を、間接話法といってよいでしょう。形容詞や形容動詞、およびその型の活用をする助動詞で言い切る語句の場合は、この言い方がよく用いられます。

女の御装束、「今日《けふ》は世づきたり」と見ゆるは、※ありし箱の心ばへをさながらなりけり。（源氏物語、末摘花）――※先日贈った箱のものをそっくり着ているのだった。

（コノ女性ハ源氏ヨリ）四年《よとせ》ばかり※このかみにおはすれば、うち過ぐし恥づかしげに、盛りにとゝのほりて見え給ふ。（同、紅葉賀）――※年長でいらっしゃるから。

右の二例を見合わせますと、前の例の「世づきたりと見ゆる」は、「世づきて見ゆる」と言ってもよいし、あとの例の「とゝのほりて見え給ふ」は、「とゝのほりたりと見え給ふ」と言ってもよいことが知られるでしょう。

五　直接話法式で言い出して、間接話法式になる

心に思うことを引用する場合に、最初は直接話法のように書き出して、最後が間接話法式になることが、よくあります。こうなると、かっこで包めなくなりますので、注意が必要です。

源氏の君は、①上《うへ》の常に召しまつはせば、心安く里住《さとず》みもえし給はず。心のうちには、たゞ藤壺の御有様を、たぐひなしと思ひ聞こえて、②さやうならむ人をこそ見め、似る人なくもおはしけるかな、③大殿《おほいどの》の君、いとをかしげに、かしづかれたる人とは見ゆれど、心にもつかずおぼえ給ひて、幼きほどの御ひとへ心にかゝりて、いと苦しきまでぞおはしける。（源氏物語、桐壺）――①父帝が。②藤壺のような女性をこそ妻としたい。③元服の際、結婚した左大臣の姫君。

この例では、②のところから、源氏の君の心中語となりますが、この終わりが、「心にもつかずおぼえ給ひて」と、地の文にとけこみ、一種の間接話法式になっていますので、かっこが付けられず、「さやうならむ人をこそ見め」も、「似る人なくもおはしけるかな」も、句点「。」を付けるわけにもいかず、というわけです。それなら、最後を、「心にもつかずやと」とでもすればよいかというと、「おぼえ給ひて」ではどうも落ちつきません。

「嘆かしくて」とでもすれば、いくらか落ちつきがよくなるか、というところです。

右のように、最初は直接話法式で出て、終わりが間接話法式になるのは、次に述べる筆のそれの一種で、文脈のすっきりしない文ということになります。

第六章　筆のそれ

近松門左衛門の『冥途の飛脚』で、実子の忠兵衛を、親子の縁を切って大坂へ養子に出した孫右衛門が、忠兵衛が傾城《けいせい》（遊女）との関係で金銭上の大罪を犯し、お尋ね者となって、ひそかに孫右衛門の住む村に逃げて来ているのを知って嘆くことばが、次のようにあります。

なう、血の筋は悲しい。仲のよい他人より、①久離《きうり》切った親子の親しみは世の習ひ、盗み騙《かた》りをせうよりも、なぜ前方《まへかた》に内証《ないしよう》で、かう〱した傾城《けいせい》に、かうした訳の銀《かね》がいると、ひそかに②便宜《びんぎ》もするならば、親《しん》は泣寄《なきよ》り、親子なり、ことに母もない倅《せがれ》、隠居の田地を売っても、首綱《くびづな》はつけさせまい。③今では世間《せけん》広うなり、④養子の母に難儀をかけ、人に損かけ苦労をかけ、孫右衛門が子で候とて、⑤引込《ひきこ》んでおかれうか。一夜の宿も貸されうか。（下の巻、新口村の段）――①親子の縁を切った。②たより。③今では、罪状が広く世間に知れ渡って。④養母に難儀をかけ。⑤わが手もとに、かくまってはおけない、という意。

右の中で、「なぜ前方に内証で」という語句は、どの語句が受けてまとめるのか、というと、それがどこにも見当たりません。「かう〳〵した傾城に、かうした訳の銀がいると」のあとに、「ひそかに便宜してくれなんだか」とでもあれば、それでおさまるはずですが、それがなくて、「ひそかに便宜もするならば」と、それていったので、「なぜ」のおさまりがつかなくなったのです。これは、悲しみで胸がいっぱいになっているために、ことばを整える余裕がなかった、ということでもありましょうが、口から出ることばの場合は、このようにそれていくことも、よくあることです。筆で書く場合には、読み返して訂正することも出来るので、筆がそれていくことは少ないのですが、やはりありうることとして考えてみる必要があります。

『方丈記』の最後のところで

栖《すみか》はすなはち浄名居士《じやうみやうこじ》の跡をけがせりといへども、保つところはわづかに周梨槃特《しゆりはんどく》が行なひにだに及ばず。

という文に接して、「わづかに」がどこへかかるかと考えた末に、

わづかに周梨槃特が行なひなり。

と言うべきところを、もう少し強く言いたくなって、「行なひにだに及ばず」と筆がそれたのだと考えついた時は、たいへん嬉しかったことを忘れません。この考えを、ある講演で述べましたら、「わづかに」は、「わづかにて」の意と考えてはいけないか、という質問

が出て、私はつまったのでしたが、やっぱり筆がそれたとする考え方が捨て切れません。

次の例は、『源氏物語』で、故常陸の宮の姫君のうわさを、源氏の君に話した大輔《たいう》の命《みよう》婦《ぶ》が、源氏に熱心に責められて、源氏を姫君に近付ける手引きをしようと決心するところです。

「姫君の御有様も、(源氏ノ君ノ相手トシテ)似つかはしく由《よし》めきなどもあらぬを、①なか〳〵なるみちびきに、いとほしき事や見えむ」など思ひけれど、②君の、かうまめやかにのたまふに、聞き入れざらむもひが〳〵しかるべし、父親王《ちみこ》おはしける折にだに、古《ふ》りにたるあたりとて、おとなひ聞ゆる人もなかりけるを、まして今は、浅茅《あさぢ》分くる人も跡たえたるに、③かく世にめづらしき御けはひの漏《も》り匂ひ来るをば、④なま女ばらなども笑《ゑ》みまけて、「⑤なほ聞《きこ》え給へ」とそゝのかし奉れど、あさましう物づつみし給ふ心にて、ひたぶるに見も入れ給はぬなりけり。命婦は、「さらば、⑥さりぬべからむ折に、物越しに聞え給はむほどに、⑦御心につかずは、さても止みねかし。又、⑧さるべきにて、かりにもおはし通はむを、咎め給ふべき人なし」など、あだめきたるはやり心は、うち思ひて、(末摘花)――①しないがましの手引きをして、気の毒なことがあるかもしれない。②源氏の君が。③源氏の君から、時々御文が来るのをいう。④若い女房たちもにこにこで。⑤やっぱり御返事をお上げなさいませ。⑥適当な機会に。⑦源氏の君のお気にめさないなら。⑧御縁があって。

右の文中の②の所から、命婦の心中が、直接話法式に出るのですが、⑤の語句を受けるあたりで筆がそれて、「そゝのかし奉れど、あさましう物づつみし給ふ心にて……」と地の文になってしまうので、新しく「命婦は」と出て、再びその心中語になるという、ややこしいことになってしまいました。

もし⑤の語句のあとを、地の文にせずに、

そゝのかし奉るを。さらば、さりぬべからむ折に、物越しに聞え給はむほどに、……

というようにでもすれば、②の所からずっと命婦の心中語が続いて、文脈もすっきりするでしょう。じっくりと、読み比べてみてください。

『土左日記』に、次の例があります。

二十日《はつか》の夜《よ》の月いでにけり。山の端《は》もなくて、海の中よりぞ出《い》でくる。①かうやうなるを見てや、昔、安倍仲麿といひける人は、もろこしに渡りて帰り来ける時に、舟に乗るべき所にて、かの国人《くにびと》、②馬のはなむけし、別れ惜しみて、かしこの漢詩《からうた》作りなどしける。飽かずやありけん、二十日の夜の月いづるまでぞ、ありける。その月は、海よりぞ出《い》でける。これを見てぞ、仲麿の主《ぬし》、「わが国に、かゝる歌をなむ、神代より、神も③詠《よ》んたび、今は、上《かみ》・中《なか》・下《しも》の人も、かうやうに別れ惜しみ、喜びもあり、悲しびもある時には詠《よ》む」とて、詠めりける歌、

青海原ふりさけ見れば、春日《かすが》なる三笠の山にいでし月かも

とぞ詠めりける。(土左日記、正月二十日)――①このような、海の中から出る月を。②送別の宴をし。③詠み給ひ。

ゆっくり読んでみてください。「かうやうなるを見てや」とある、係りの助詞「や」の結びは、と考えていきますと、その結びはなくて、「かしこの漢詩作りなどしける」と出ます。この連体形が、「や」に呼応する結びだとみるのも、落ちつきません。それればかりか、「安倍仲麿といひける人は」という主語と考えられる語句のおさまりもつきません。「漢詩作りなどしける」と切らないで、

かしこの漢詩作りなどしけるに、

青海原ふりさけ見れば、春日なる三笠の山にいでし月かも

と詠めりけむ。

とでもすれば、「かうやうなるを見てや」も「安倍仲麿といひける人は」も、おさまりがつくわけですが、『土左日記』の作者は、仲麿の作歌の状況を詳細に書きたくなって、つい、前からの文脈を忘れて、筆がそれてしまったものと考えられます。

御子たちは、春宮をおき奉りて、女宮たちなん、四所《よところ》おはしましける。その中に、藤壺ときこえしは、先帝の源氏にぞおはしましける。まだ坊と聞えさせし時参り給ひて、高き位にも定まり給ふべき人の……世の中を恨みたるやうにて失《う》せ給ひにし、その御

腹の女三の宮を、あまたの御中に、すぐれて愛《かな》しきものに思ひかしづき聞え給ふ。
（源氏物語、若菜上）

長いので途中を省略しましたが、文脈は、……を無視して続けて読んでさしつかえありません。後に源氏の君に降嫁する女三の宮について語り出す最初の所ですが、「女宮たちなん、四所おはしましける」とあって、「その中に、藤壺ときこえしは」と出れば、どうしても、藤壺が、女宮四所の一人だということになるはずですが、読んでいくとそうではないことになって迷わされるわけです。ここは、

その中に、藤壺ときこえし御腹の、女三の宮を

とやってしまえば簡単明瞭なところを、「藤壺ときこえし」と出て、その経歴を詳細に書くほうへ筆がそれたために、妙なことになってしまったのです。

[1]祭過ぎぬれば、後の葵ふようなりとて、或人の、御簾《みす》なるをみな取らせられ侍りしが、色もなくおぼえ侍りしを、よき人のし給ふ事なれば、さるべきにやと思ひしかど、周防内侍《すはうのないし》が、「かくれどもかひなきものは、もろともにみすの葵の枯葉なりけり」とよめるも、母屋《もや》の御簾に葵のかゝりたる枯葉をよめるよし、[2]家の集に書けり。ふるき歌の詞書きに、「枯れたる葵にさしてつかはしける」とも侍り。枕草子にも、「来し方恋しき物、枯れたる葵」と書けるこそ、いみじくなつかしう

思ひよりたれ。
鴨長明が四季の物語にも、「玉だれに後の葵はとまりけり」とぞ書ける。
③おのれと枯るゝだにこそあるを、名残なく、いかゞ取り捨つべき。（徒然草、百三十八段）――①加茂の祭、葵祭という。②『周防内侍集』をさす。③葵が、自然と自分から枯れていくのさえ取り捨てずにあるのに、まだ枯れもしない葵を、どうしてすっかり取り捨てるべきか。

右の文は、私の考え方が見え易いような形にしてあげましたが、私は、右の全体が一つの文であって、本筋は、最初の二行と、最後の③以下を合わせたところにあり、中間の、四つの文とみえるものは、③以下のことを言う証拠としてのはさみこみ、とみたいのです。そうして、③以下が、最初の二行を受けるものとして、ややしっくりしない気持ちがあるのは、証拠を並べあげていくうちに、だんだん気が強くなって、筆の調子が変わってきたためだと考えます。これも、筆のそれの一種だとみられましょうか。

一般に筆がそれて出来た文は、文脈が通らないのが当然ですが、それをはっきり認めて読むということが、大切なことなのです。

第七章　体言文

これまで考えてきたような文、普通の文を用言文とすれば、これに対して、体言文というものが、考えられるはずでしょう。しかし、これであらゆる文が包括されるわけではありません。

山田《やまだ》孝雄《よしお》博士は、あらゆる文を二つに分けて、喚体の文と、述体の文とにされました。述体の文というのは、これまで考えてきたような、主語・述語の関係で出来た文で、喚体の文というのは、最初から、主語・述語式の言い方をしようとしていない文のことです。

これによって、

あらッ。
痛いッ。
こらッ。
はい。
いいえ。

というような、咄嗟《とっさ》に、反射的に出たことばも、咎《とが》めて呼びかけたことばも、応答のことばも、それぞれ一つの文として認められる道が開けました。それで、

あな、恐ろしや。(源氏物語、桐壺)

いで、あな悲し。(同、帚木)

あな心憂《う》。(同、若紫)

なども、喚体の文だということになります。けれども、読解を主とする文法としては、こういう短いものは、問題の外に置いてもよいだろうと思って、ここでは、喚体の文の中の一つである体言文について考えていこうとするのです。

体言文というのは、次のようなものです。

①はし立ての(=枕詞)倉椅山《くらはしやま》に立てる白雲。見まくほりわがするなへに、立てる白雲(万葉集、巻七、一二八二)

②あられふり(=枕詞)遠江《とほつあふみ》の吾跡川楊《あとかはやなぎ》。刈れども亦《また》も生《お》ふといふ吾跡川楊(同上、一二九三)

③ま玉つく(=枕詞)越《をち》の菅原《すがはら》。わが刈らず人の※刈らまく惜しき菅原(同上、一三四一)——※刈るのが惜しい。

④み吉野の滝もとどろに落つる白波。※留《とま》りにし妹《いも》に見せまくほしき白波（同、巻十三、三二三三）——※家に残った妻に見せたい白波よ。

⑤香具《かぐ》山と耳梨《みゝなし》山とあひし時、※立ちて見に来し印南国原《いなみくにはら》（同、巻一、一四）——※出雲《いづも》の国を出発して阿菩大神《あぼのおおかみ》が仲裁に来たところの印南の国原よ。ここまで来たら香具山と耳梨山の闘争が終わったので、大神はこの地にとどまったという。

⑥もののふの八十《やそ》少女《をとめ》らが汲《①く》みまがふ寺井の上《うへ》の堅香子《②かたかご》の花（同、巻十九、四一四三）——①入り乱れて水を汲む。②今のカタクリ。

①②③④は、旋頭歌《せどうか》といわれる型のもので、いずれも、二つの体言文から出来ています。①の「立てる白雲」を「白雲立てり」とすれば、用言文になりますが、それでは、白雲に寄せている作者の親愛の情が、あまり感じられなくなるでしょう。③には、「わが刈らず」「人の刈らまく」という、主語・述語関係がありますが、それは「菅原」にかかる限定語の中にあるものですから、問題になりません。文としては「菅原」でまとめられ、それがどうするとかどうだとか言うわけでなく、投げ出されているという形なので、体言文というのです。⑥の「もののふの八十少女らが」と「汲みまがふ」とは、主語・述語関係ですが、「寺井」の限定語となっており、さらにあとに続いて、「堅香子の花」の限定語となるというわけで、③でした説明が、ここにも使われるわけです。どの歌も体言で投げ出して、そこに深い感情が寄せてあることが感じられるでしょう。

住吉《すみのえ》の岸の松原。遠《とほ》つ神わが大君の幸行処《いでましどころ》（万葉集、巻三、二九五）

この歌を

住吉の岸の松原は、遠つ神わが大君の幸行処なり。

という文の、「は」「なり」を省いたものであるかのように、口語訳をする人がありますが、それでは、歌としての感激がないように思われます。これは、奈良の京《みやこ》に住む人が、初めて難波（今の大阪市）の地に来て、昔のわが天皇の行幸のあとだと感激している歌なのです。ここはこういう地だと説明しているのではないのです。そう読み解さなければ、作者に対して気の毒ではありませんか。

都いでて今日《けふ》みかの原、泉川、川風寒し衣《ころも》かせ山（古今集、羇旅、四〇八）

この歌も、私は、体言文として読みたいのです。「今日みかの原」は、「今日見る瓶《みか》の原」の意を、かけことばを利用して縮約した言い方です。よみ人知らずの歌ですから、作者は奈良の京の人か平安京の人かわかりませんが、聖武天皇が一時いとなまれた「三香原久迩《みかのはらくに》乃《の》京師《みやこ》」（万葉集、巻六、一〇五九）の地を、一度は行ってみたいと思い続けて、やっとその目的を達した、感激の歌だと思います。泉川は今の木津川で、百人一首の歌にも、「瓶の原わきて流るゝ泉川」とある川です。その南側に鹿背《かせ》山はあります。この歌の作者は、

都いでて今日（ミル）瓶の原よ、

泉川よ、

（川風寒し、衣）鹿背山よ。

という気持ちで、体言文として詠嘆したつもりだろうと、私は考えるのですが、折から、川風が寒かったのかもしれませんが、鹿背山に、「川風寒し衣貸せ」と、おもしろく言いかけたのを、後世の人はそう取らないで、「川風寒し」を歌の本筋の中に入れて解したために、体言文でなく、用言文になってしまって、作者の真意が解されずにしまった、と私は思うのです。

『古今集』には、旋頭歌が四首しかありませんが、その中に体言文の歌が一首あります。

泊瀬《はつせ》川《がは》、古川《ふるかは》のへに二本《ふたもと》ある杉。年を経《へ》てまたも相見む二本ある杉（一〇〇九）

この歌ですが、「相見む」を連体形として読めば体言文ですが、終止形として読むと、用言文になります。どう読んだほうが感慨が深くなりますか、読み比べてみてください。

『古今集』の体言文の歌は、簡単に主語・述語の用言文に変えられるのが多いようです。

次に例を並べてみましょう。

①夏の夜の、臥《ふ》すかとすれば、ほとゝぎす鳴く一声に明くるしののめ（夏、一五六）
②わが背子《せこ》が衣《ころも》の裾を吹き返し、うらめづらしき秋の初風（秋上、一七一）
③白雲にはね打ちかはし飛ぶ雁の数さへ見ゆる秋の夜の月（同、一九一）
④朝ぼらけ、有明《ありあけ》の月と見るまでに、吉野の里に降れる白雪（冬、三三二）
⑤住吉《すみのえ》の松を秋風吹くからに、声うち添ふる沖つ白波（賀、三六〇）

⑥かづけども波の中には探《さぐ》られで、風吹くごとに浮き沈む玉（物名、四二七）――※水にくぐってみても。

⑦命とて露を頼むに難《かた》ければ、ものわびしらに鳴く野べの虫（同、四五二）

⑧ま菰《こも》刈る淀の沢水、雨ふれば、常よりことにまさるわが恋（恋二、五八七）

⑨君といへば、見まれ見ずまれ、富士の嶺《ね》の珍しげなくもゆるわが恋（恋四、六八〇）

⑩二つなき物と思ひしを、水底に、山の端《は》ならで出《い》づる月かげ（雑上、八八一）――池にうつった月を詠んだ作。

②は「うらめづらしも」、③は「数さへも見ゆ」、④は「白雪降れり」、⑤は「声をうち添ふ」、⑥は「玉浮き沈む」、⑦は「野べの虫鳴く」、⑧は「わが恋まさる」、⑨は「わが恋はもゆ」、⑩は「月のかげ出づ」とすれば、用言文になります。けれども、右のように体言文として表現するのを、当時の人は好んだものと思われます。それで、

神無月しぐれもいまだ降※らなくに、かねてうつろふ神奈備《かむなび》のもり（秋下、二五三）――※降らないのに。

佐保《さほ》山の柞《はゝそ》の紅葉《もみぢ》ちりぬべみ、夜さへ見よと照らす月かげ（同、二八一）

などの「うつろふ」「照らす」も、終止形とせず、連体形として読むべきだと思います。

短歌の下の句に体言文をおくのも、当時の好みかと思われます。

桜花咲きにけらしな、あしひきの山の峡《かひ》より見ゆる白雲（春上、五九）

いつもはない所に白雲があって、それが動かないので、雲ではなくて桜の花が咲いたらしいと考えているわけでしょうから、「白き雲見ゆ」とするほうが合理的か、とも思われますが、体言文を用いています。

花のちることやわびしき、春霞たつたの山のうぐひすの声（春下、一〇八）

この一、二句は、尋ねている気持ちですから、「たつたの山に鳴くうぐひすは」とするのが当然ではないか、と言いたいところですが、そうはしていないのに注意してください。

夏山に恋しき人や入りにけん、声ふり立てて鳴くほとゝぎす（夏、一五八）

「夏山」というのは、仏教のほうで、夏の一定期間山ごもりをして修行するのをいうのですが、ここでは、ほととぎすを人間扱いして、ほととぎすが盛んに鳴いているのを、その恋の相手のほととぎすが夏山にこもってしまったからだろうか、と考えたわけです。上の句の疑問推量に対しては、「声ふり立ててほとゝぎす鳴く」と用言文をおくほうが自然ではないか、とも思われますが、体言文が用いられているのが注意されます。

秋の野に置く白露は玉なれや、貫きかくる蜘蛛《くも》の糸すぢ（秋上、二二五）

この歌は、注釈書によっていろいろに解されておりますが、私は、「なれや」は言い切りだと考えますので、下の句は体言文とみることになり、こう解するのが、『古今集』の歌として最も適切なものと思っております。「玉なれや」は「玉なればや」の意で、その係りの助詞「や」の結びが「貫きかくる」であるなどと考えては、『古今集』の歌ではなくなる、と考えた結果が、すべて「已然形＝や」は言い切りで、「已然形＝ば＝や」の意である場合はなかった、ということになったのです。（「『已然形＝や』はすべて言い切りである」参照）

体言文とみるのに、考えさせられるのは、次のような例です。

松浦《まつら》川玉島の浦に若鮎《わかゆ》釣る妹らを※見らむ人の羨《とも》しさ（万葉集、巻五、八六三）――※「見るらむ」の古い言い方。

秋萩をしがらみふせて鳴く鹿の、目には見えずて音のさやけさ（古今集、秋上、二一七）

今造る久迩《くに》の京《みやこ》に、秋の夜の長きに独り寝《ぬ》るが苦しさ（万葉集、巻八、一六三一）

ぬば玉の（＝枕詞）夜霧の立ちて、※おほほしく照れる月夜《つくよ》の、見者《ミレバ》悲沙《カナシサ》（同、巻六、九八二）――※ぼんやり照っている月の。

これらの「羨しさ」「さやけさ」「苦しさ」「悲しさ」などは、体言の感じですが、まだ十分に体言になりきっていないと考えられるのは、最後の例が「見れば」という接続語を受けていることからも考えられるでしょう。

……やすみしわご大君、秋の花其《し》が色々に見《め》し給ひ明《あき》らめ給ひ、酒宴《さかみづき》栄ゆる今日の、※安夜尓《アヤニ》貴左《タフトサ》（万葉集、巻十九、四二五四）――※何とも表現できなく貴いことよ。

というように、「あやに」という修飾語をうけた例もあります。
この「さ」が体言性のものであることは、前の歌の終わりを、

……人し　羨しも
音　さやけしも
寝るし　苦しも
見れば　悲しも
……今日し　あやに貴し

と置きかえて比べてみればはっきり考えられるでしょうが、「羨しさ」「さやけさ」「苦しさ」「悲しさ」「貴さ」の「さ」の前の部分には、多分の用言性が残っていて、現代語の「苦しさ」「悲しさ」「貴さ」とは違っていることもはっきりするでしょう。
そうしますと、

「……人の」と「羨しさ」
「音の」と「さやけさ」
「……寝るが」と「苦しさ」
「……月夜の」と「悲しさ」
「……今日の」と「貴さ」

との関係は、主語・述語関係なのか、限定語と限定される語との関係なのか、こんなこと

を考えなくてもこれまで意味は解されていたわけですが、考えてみようとすると、ややこしいことだな、ということになってしまいます。

体言文としては、体言のあとに助詞などの付いていないのを、純粋なものとして、次のように、助詞の付いているのも、便宜、体言文として扱うのが普通です。

浅緑、糸縒《よ》りかけて、白露を玉にも貫《ぬ》ける春の柳か（古今集、春上、二七）

老いぬればさらぬ別れもありといへば、いよ〳〵見まくほしき君かな（同、雑上、九〇

（一）

さても、いと愛《うつく》しかりつるちごかな。（源氏物語、若紫）

梳《けづ》ることをもうるさがり給へど、をかしの御髪《みぐし》や。（同上）

はしたなの、女房の溝《みぞ》の越えやうや。（平家物語、巻四、信連）——女装した高倉の宮が、相当な溝をかるがると越えたのを見た人のことば。

あはれの事や。（源氏物語、若紫）

春日野《かすがの》の雪間《ゆきま》を分けて生《お》ひいでくる草のはつかに見えし君は※も（古今集、恋一、四七

（二）——※「君は」と主語として言い出した述語を言わずに、「も」で詠嘆した形、と考えられるが、「はも」という詠嘆の助詞とされている。

み吉野の山のあなたに宿※もがな、世の憂《う》き時のかくれがにせむ（同、雑下、九五〇）

よう。

——※「もが」「もがな」参照（一五九ページ）。これなどは、用言文の感じが強いといえよう。

名にしおはば、逢坂山のさねかづら、人に知られでくるよしもがな（後撰集、恋三、七〇〇）——前の歌と同様。

こういう中には、主語を略して、述語に当たるものだけ出ている、というものもあるので注意が必要です。

これや、この、行くも帰るも別れては、知るも知らぬも逢坂の関※（百人一首）——※「知るも知らぬも逢ふ、逢坂の関」というのを、かけことばで縮約した言い方。

この歌などは、「これや」が主語、「この……逢坂の関」が述語で、「AやBなる」式の疑問文の、「なる」が省略された形であって、用言文なのだということになります。

「こと」で終わる会話文。

会話の文では、文末を「こと」と言い切って詠嘆をこめた言い方が、よく用いられます。

これも、体言文といえましょう。

「われに、今一度《ひとたび》、声をだに聞かせ給へ。いかなる昔の契《ちぎり》にかありけん、しばしの程に心を尽くしてあはれに思ほえしを、うち捨てて惑はし給ふがいみじきこと」と、声も惜しまず泣き給ふこと限りなし。（源氏物語、夕顔）——急死した女性の死骸に向かってかきくどく光源氏のことば。歌ならば「うち捨てて惑はし給ふがいみじさ」というように言い切るところでしょう。女が源氏を残して死んでいき、源氏を途方にくれさせたのを、源氏は、「(我ヲ) うち捨てて惑はし給ふ」と言ったのです。

かうやうの御供は仕うまつり侍らんと思ひ給ふるを、あさましく後《おく》らかさせ給へること。(同、若紫) ——源氏の君がこっそり出かけたため、後に残された友人が、恨んで源氏の君にいう言葉。「後らかす」は、おいてきぼりにする意。これも、歌なら、「後らかさせ給へるがあさましさ」というような言い方を取るところでしょう。

こういう用法の「こと」は、すでに体言としての内容が希薄になって、助詞化しているとも考えられます。そうしますと、後の例は、

　あさましく後らかさせ給へるよ。

というのと同じで、文は用言文だということになりますが、私としては、まだそうまで割り切ってしまいたくない気持ちです。

展開編

第一章　かけことば・縁語など

一　かけことば

かけことばとは、同じ音節、または、音節群で、二つ（ときには三つ）の語を思わせる用法をいいます。例えば、

あらたまの（＝枕詞）年の終りになるごとに、雪もわが身もふりまさりつゝ（古今集、冬、三三九）

という歌の第五句の「ふり」は、「降り」「古り」の二語を思わせた用法で、雪については「降りまさり」、わが身については「古りまさり」であるのに、一つの「ふりまさり」で事が済まされているところにおもしろさがあるわけです。

昨日《きのふ》といひ今日《けふ》と暮らして、あすか川　流れて速き月日なりけり（古今集、冬、三四一）

月日の過ぎていくのを、水の流れに比して詠嘆するなら、京都に住む作者なら——この

歌は延喜時代の人で、春道列樹《はるみちのつらき》という人の作です――「賀茂の川流れて速き」と言っても、「大堰《おほゐ》川流れて速き」と言っても良いはずですが、わざわざ奈良県の、当時として京都の人が行って見るべき所とも思われない「あすか川」を、どうして出したかと言えば、川の名の「あすか」の「あす」に、昨日・今日・明日の「明日」を思わせて、その明日はもう正月だ、はやいものだという感慨もこめて――題詞に「年の果てによめる」とあるのです――ことばの文《あや》を作ろうというわけなのです。

雲もなくなぎたる朝の我なれや、いとはれてのみ世をば経《へ》ぬらん（古今集、恋五、七五三）

この歌は、作者は紀友則ですが、男に捨てられ気味になっている女性の立場で詠《よ》んだものでしょうか。とにかく相手にいやがられて暮らしているという状況にある人の歌です。上の句は、雲もなく風もなく、穏やかな朝であるところの我であるかしら、と疑っている気持ちです。どうしてそんなことを考えたかというと、「雲もなくなぎたる朝」は、「いと晴れて」おり、「我」は、あの人に「厭はれて」おりで、これをかなで書けば「いとはれて」で同じだというわけなのです。当時はまだ現代語のようにイトワレテではなかったのです。アクセントは違うだろうと思いますが、かけことばではそれを問題にはしません。そうして、下の句には「らん」が付いていますので、「まるでそうであるように、どうして『いとはれて』ばかり夫婦仲を過ごしているのだろう」というように解します。

音にのみきくの白露、夜はおきて昼は思ひにあへず消ぬべし（古今集、恋一、四七〇）

こういう歌は、次のように、歌の左右に線を引いて考えると、考え易いでしょう。

聞く　　　　起き
音にのみきくの白露、夜はおきて昼は思ひにあへず消ぬべし
菊　　　　置き　日

この歌では、私はあなたに会えないであなたのことを噂で聞くばかりだという意を、私はあなたのことを音にのみきくの白露だ、と言い出して、自分と菊の露とかわらないことを、菊の露は、夜は菊の上に置いて昼は日に抗しきれずに消えてしまうが、自分も同様に夜は起きていて昼は思いにたえきれないで消えて（＝死ンデ）しまいそうだ、というのを、かけことばを用いて、露の状況と自分の状況とを同時に表現したものです。この歌で「菊の白露」を除いて、第二句を「聞きつゝをれば」などとしたら、作者自身のことだけになって、風情がなくなるでしょう。さて、こういう歌を相手に贈るとすれば、露を帯びた菊の花の枝に結び付けて持たせてやるべきでしょう。

会ふことは雲ゐはるかになる神の音に聞きつゝ恋ひわたるかな（古今集、恋一、四八二）

この歌も、左右の線で考えてみましょう。

会ふことは雲ゐはるかに　なる神の音に聞きつゝ恋ひわたるかな

この場合は、右の線の部分を合わせたものが歌の意味になり、左の線の部分は飾りの部分

であり、同時に、右の線の二つの部分を繋《つな》ぎ合わせて一首の歌にまとめる役をしております。「会ふことは雲ゐはるかに」とは、会うということは空のごとく遠く、手の届かぬところで、という気持ち。「音に聞きつゝ」は、うわさに聞きつつの意。雷の音と同じ文字を書きますが、意味が違うのでかけことばとみます。「雲ゐはるかになる神の音」は、遠いはるかな空で鳴る遠雷の音です。「雲ゐはるかになる神の」は、うわさの意の「音」をいうためのことばで、飾りにすぎないと考える人もありますが、これは夏の景物であって、遠雷のない時節に使ってはおもしろくない、つまり季節感を添え、歌に趣を添えるものだということを考えなくてはなりません。それは、「なる神の」を除いて、「のみありて」などとかえて比べてみれば、よくわかるでしょう。

うきめのみ生ひて流るゝ浦なれば、刈りにのみこそ海人《あま》は寄るらめ（古今集、恋五、七五五）

この歌は、表面だけ読むと、この浦は、浮き海藻《め》ばかり生いそだって流れている浦だから、海人はそれを刈りにばかり立ち寄っているのだろう、という意味になりますが、それでは恋歌の中にどうしてはいっているのか、という疑問が出るでしょう。実は「うきめ」に「憂き目」がかけてあり、「ながるゝ」に「泣かるゝ」、「かりに」には「仮に」がかけてあるのです。このごろあの人が、来てもゆっくり泊まっていこうとしないで、帰ってしまうという状況にある女性の歌として、相手の男を海人にたとえ、その関係のことを表に出して言ったので、「浮き海藻《め》のみ生ひて流る〻浦」となりましたが、ほんとうは、私のところは、憂き目ばかり重なって泣くまいとしても泣けてしまう状態なものだから、あの人がかりそめにばかり立ち寄っているのだろう、という気持ちを言っているのです。「おひて」に「負ひて」が考えられれば、と思いますが、「憂き目を見る」とは言いますが、「憂き目を負ふ」という言い方が、まだ例を得られませんので、これは今は問題にしないでおきます。「泣かる〻」と「流る〻」とかけるのは、現在の我々には無理で、読みあげるときはどっちをとるのだろうかと思われますが、当時は、かけことばに清濁の違いは問題にならないのでした。「流る〻」と読みあげても、同時に「泣かる〻」を思うことができたのでしょう。

二　かけことばで圧縮する言い方

をちこちのたづきも知らぬ山中に、おぼつかなくもよぶこ鳥かな（古今集、春上、二九）

初めての山でしょうか。あっちへ行けばどう、こっちへ行けばどう、という地理不案内な山中で、何か心もとない気持ちのところに、よぶこ鳥（実態がはっきりしていません。

カッコウかともいわれています）の声が、自分をこっちへおいでと呼んでいるようにも聞こえている気持ちをよんだものでしょう。「おぼつかなくもよぶ、よぶこ鳥かな」というのを、「よぶ」を一つですませた言い方で、「よぶ」というところがかけことばになっているのです。「よぶ」は、ここでは、鳥が鳴く意に用いていますが、声を立てることです。「おぼつかなくよぶ」とは、聞く人に、何か不安な心もとない感じを与えるように鳴くのを言ったのでしょう。

　秋の野に人まつ虫の声すなり、我かと行きていざとぶらはん（古今集、秋上、二〇二）

「人まつ虫の声」は、人を待つ虫の声ではなくて、「人を待つ松虫の声」なのです。「まつ」のところをかけことばにして圧縮しました。

　君をのみ思ひ寝に寝し夢なれば、我が心から見つるなりけり（古今集、恋二、六〇八）

「思ひ寝」が体言では、「君をのみ」という語句がどこへかかるのか、ということになりますから、「君をのみ思ひ、思ひ寝に寝し夢なれば」と考えなければならないでしょう。つまり「思ひ」を、動詞の連用形と「思ひ寝」という体言の一部分の「思ひ」とに用いて、つまりかけことばとして、圧縮したわけです。夢が寝たわけではありませんので、「……寝し時の夢」というように解します。「見つる」も「見つる夢」と解します。夢というものは、君が私を思ってくれれば、君が私の夢に見えるということだけれど、さっき見た夢は、私が君ばかり思って思い寝に寝て見た夢だから、私の心から見たのであったよ、という気持ちの歌です。

ひとりのみながめふる屋《や》のつまなれば、人をしのぶの草ぞ生《お》ひける（古今集、恋五、七六九）

この歌も作者は男ですが、男が顔を見せなくなった女性の気持ちで詠《よ》んだものでしょう。「ながめふる」は、「眺《なが》め経る（＝物思イニシズンデ過ゴシテイル）」と、「長雨《ながめ》降る」とをかけた表現。「長雨ふる屋」は、「長雨降る古屋《ふるや》」をかけことばで圧縮した言い方。「つま」は「軒端」の意の「つま」と「妻」とをかけた表現。「人をしのぶの草」は、草の名の「しのぶ」に、人を恋しく思い出す意の動詞「しのぶ」を言いかけたもので、あの人を恋しくなつかしく思う気持ちが大きくなっているという意を、「人をしのぶの草ぞ生ひける」で表わしたものです。

三　物名《もののな》

かけことばの一種に「物名」という行き方があります。これは、『古今和歌集』の部立《ぶだて》の一つで、巻十がこの類の歌を集めた巻となっております。これは、原則として、歌のどこに入れたかわからないように、主として物の名を入れる行き方をしたもので、心から花の雫《しづく》にそほちつゝ（＝ヌレナガラ）、憂《う》くひず（＝ツライコトニ乾カナイ）とのみ鳥の鳴くらむ（古今集、物名、四二二、題「うぐひす」）

などは、第四句の「憂くひず」のところに「うぐひす」という鳥の名が入れてあるのですが、これなどはわかり易いほうです。

来べきほど時過ぎぬれや（＝相手ノ鳥ノ来ルハズノ時刻ガスギテシマッタノカシラ）、待ちわびて鳴くなる声の、人をとよむる（＝鳴イタ鳴イタト、人ヲワイワイ言ワセルコトヨ）（古今集、物名、四二三、題「ほとゝぎす」）

これなどは、本格的で、どこに題の「ほとゝぎす」が入れてあるか、わかりにくいでしょう。第一句の終わりと第二句のはじめに入れてあるのです。そうして、この二首とも、歌の内容が、題の鳥の名と同じことになっていますが、こういうのは、むしろ例外で、物名の歌というのは、題の物の名が入れてあればよいので、歌の内容は題に無関係のものであるのが普通になっております。

今幾日《いくか》、春し無ければ、うぐひすも物はながめて思ふべらなり（古今集、物名、四二八、題「すもゝの花」）

春の終わりごろで、もういく日と数えるほどしか春が無いことを、第一、二句で言っているのでしょう。そうして、鶯の声もあまり聞かれなくなったのについて、鶯も人間のように春の行くのを惜しんで、じっと物思いに沈んでいるもののようだと推測しているわけです。さて、題の「すも、の花」はどこに入れてあるかというと、第三句の「うぐひすも」の「すも」から第四句のはじめのところを辿《たど》ってみてください。こういうのが、ごく普通の物名の歌なのです。それで、物名の歌は、題が示してなければ、どういう物の名が入れてあるのか当てることは困難です。この歌でも「花瓶《はながめ》」が入れてあると考えても、それは誤りだとは言えないでしょう。ところで、巻十、物名の部以外にも、だまって、何を入れたと言わないで詠《よ》んでいる歌があります。

常陸《ひたち》へまかりける時に、藤原のきみとしによみてつかはしける

朝なけに見べき君とし頼まねば、思ひ立ちぬる草枕なり（古今集、離別、三七六）

「草枕」は、元来「旅」の枕詞ですが、ここでは「旅」という言葉の代わりに用いました。私のこんどの旅は、私があなたを、朝に昼に見ることのできるお方として頼みにしないので、思い立ってしまった旅です、という意。「頼まねば」というのは、勝手に頼みにしないのでなくて、相手のこれまでのやり方からみて、頼みにすることができない故に頼みにしないというので、私はこういうのを結果だけを表に出した言い方として、結果的表現とよぶことにしております。この歌は、文としては、「AはBなり」型の文の、「Aは」に当たる語句を略して、「Bなり」のほうだけが言葉になっているものですから、今は、「わが草枕は」と「Aは」に当たる語句を補って解しました。歌には、こういう例も多いから、注意が必要です。

ところで、この歌を受け取った藤原のきみとしは、自分の名の「きみとし」と、行く先の「常陸《ひたち》（今の茨城県）」が入れてあるということに気が付かなくてはなりません。『古今集』には、どういう歌を返したか出ていませんが、少なくとも、それに気が付いているとわかるような返歌をしないと、相手に駄目だなあと思われることになるでしょう。

さてまた、物の名の入れ方に、これまでの例のようにまとまったままで入れないで、短歌の五つの句の頭に、または、頭と尾とに、一音節ずつ分けて入れるという行き方があります。いちばん有名なものでは、在原業平が、東国へ旅に出て、三河の国（今の愛知県を東西に分けて東部）八橋《やつはし》（今の知立《ちりゆう》市の内）で、カキツバタの咲いている川のほとりに休んで、「かきつばたといふ五文字を句の頭《かしら》にすゑて旅の心を」詠《よ》んだ、

唐衣《からころも》　着《き》つゝなれにし　妻《つま》しあれば　遥々来《はるぐ》ぬる　旅《たび》をしぞ思ふ（古今集、羇旅、四一〇）

という歌があります。この歌では、右の条件をそなえただけでなく、衣服が着てやわらかになる意で「なれにし」と言いかけて、なれ親しむ意にして「なれにし妻」と言い、「つま」に衣の「褄《つま》」をかけ、「はるぐ〵」の「はる」に「張る」をかけて、初句の「衣」に縁をもたせるという、ことばの文《あや》を作っております。この「褄」「張る」の「衣」に対する関係にあるような用法を縁語といい、歌の意味には関係はないものの、趣を添えるもの

として、用語の選択上、歌人が心を用いたものですから、こういう点も注意しなければなりません。

さて、またもとに戻りますが、右の「唐衣」の歌のようになりますと、題にそれを示してもらわないと、その歌を作った苦心も知られずにしまうことになるでしょう。『古今集』の物名の最後に、

花の中目《なか》にあくやとて分け行けば、心ぞともに散りぬべらなる（四六八）

というのがあります。こんなにたくさんの美しい花の中を分けて行ったら、もうたくさんだ、とならないかと思って、花の中を分けて行ったところが、もうたくさんとなるどころか、心があっちこっちの花に引かれて、花といっしょに散ってしまいそうだ、という気持ちだということはわかりますが、「『は』を初め、『る』を終りにて、『ながめ』をかけて、時の歌（＝ココデハ春ノ歌）よめ、と人の言ひければよめる」という題がなければ、こんな面倒な条件をみたして詠《よ》んだのかということはわからないでしょう。

は……ながめ…………る

という形で歌ができ、内容は春の歌になっているということがわかりましたか。第一句の終わりの「なか」と第二句の最初の「め」で、「ながめ」となります。

村上天皇が多くの女御・更衣たちの反応を見ようと、次の歌をそれぞれ同じように書いて贈られたところ、正解者はただ一人だったという話が『栄花物語』第一「月の宴」の中

にあります。

逢坂《あふさか》もはては往来《ゆきき》の関もゐず　尋ねてとひ来《こ》　来《き》なば帰さじ

正解した人は、薫物《たきもの》をさしあげたのでしたが、どう解釈したのかわかりますか。この歌を、かなで五音七音の句に分けて書き、初めは各句の頭のかなを、前の「唐衣着つゝなれにし」の歌のように順々によみ、次に、各句の尾のかなを同様にして続けていくと、

あはせたきものすこし

となるでしょう。薫物を少しくれ、という意になるのです。なんだか変な歌が来たな、と思ったら、こういう読み方もしてみないといけない、ということは、どうも油断のできない話ですね。

四　縁語

縁語については、前の「唐衣着つゝなれにし」の歌で、ちょっと触れましたが、ついでにもう少し例をあげておきましょう。

袖ひちて掬《むす》びし水の凍れるを、春立つけふの風やとくらむ（古今集、春上、二）

「春立ちける日よめる」とある紀貫之の歌です。「袖ひちて掬びし水」は、「夏のころ袖が

ぬれるという状態で手ですくった水」で、山の井などの思い出でしょう。「春立つけふの風やとくらむ」は、立春のきょう吹く風が、とかしているだろうか、と思いやっているのです。現代語では、「えのぐをとく」とは言いますが、氷にはとくと言いませんけれど、古くは、「氷をとく」とも言ったのです。ところで、帯や紐にも、「結ぶ」「とく」という語が用いられますので、この歌の「むすびし」「とく」には、その「結び」「とく」もかけて縁語関係をもたせていると考えるのがよいでしょう。

青柳《あをやぎ》の糸よりかくる春しもぞ、乱れて花のほころびにける（古今集、春上、二六）

風に吹かれてゆれている柳の枝を糸に見たてるのが普通です。春になって芽が萌《も》えたのを、青柳が糸をよって、その身にかけ垂らしているとみたわけです。「春しもぞ」は、時もあろうに、選《よ》りによってそういう春に、という気持ちです。「花のほころびにける」は、花が咲いたことをいうのですが、「咲き匂ひける」とも「紐ときにける」とも言わないで、「ほころびにける」と言ったのは、青柳が、「さあ来い、ほころびはいつでも縫いつくろってやるぞ」と構えているように言ったのに対するもので、その意味の「ほころびにける」で「糸よりかくる」に縁をもたせたものです。縁語は、歌の意味には関係しないと前には言いましたが、この場合は特別だと言ってもよいでしょう。右のように考えて、「春しもぞ」という語句も生きてくるというべきであり、右のように考えなければ、「春しもぞ」の意味がわからなくなるとも言えるでしょう。

難波江《なにはえ》の芦《あし》のかりねのひとよゆゑ、身を尽くしてや恋ひ渡るべき（千載集、恋三、八〇六）

この歌は百人一首にもはいっている有名な歌ですが、「旅ノ宿ニ逢フ恋」という題で、歌合のためによんだものです。上の句を左右の線で考えますと、

仮寝の一夜
難波江の芦のかりねのひとよゆゑ
刈り根の一よ

難波は芦の名所で、「芦が散る難波」ともいわれます。芦の根でも竹でも、節《ふし》と節との間の部分を「よ」といいます。『竹取物語』の初めのほうに、竹取の翁がかぐや姫を見つけて後に、「節を隔ててよごとに黄金《こがね》ある竹を見つくる事重なりぬ」とあります。節と節との間ですから短いものです。このかけことばは単なるかけことばでなく、「仮寝の一夜」がほんの短いものであることを思わせると考える人もあります。旅の宿での仮寝の一夜の契りがもとで、そのために、身を尽くして恋いつづけなければならないのだろうか、どうもそうなりそうで、苦しい、という気持ちの歌です。こういう形の歌では、かけことばの上の「難波江の芦の」を序詞《じょことば》とみるのが普通ですが、この場合は、歌の意味には全然関係がないというべきものではなく、題の「旅の宿り」の地が暗示されていると考えるべきものです。ところで、難波江では、船道を指示する「澪標《みをつくし》」というものが有名です。第四句

の「みをつくしてや」のところに、その「澪標」がかけてあって、第一句の「難波江」の縁語となっているのです。このほうは、歌の内容には無関係といえるでしょうが、作者の心遣いを思うのには、ここまで考えなければなりません。

五　枕詞・序詞

ここで、枕詞《まくらことば》とか序詞《じょことば》とかいわれるものについて考えておこうと思います。それは、これらが、かけことばと関係することが多いからです。

まず、どういうものを枕詞といい、序詞というか、これについてもいろいろ説がありますが、私は長さで決めたいと思います。枕詞は五音一句のものが普通で、序詞は七音以上のものとするのです。六音一句の場合は枕詞とし、四音以下のものも枕詞とするのです。

さねさし　相模《さがむ》（＝国ノ名、今ノ神奈川県）の小野に（古事記、歌謡）

春日《はるひ》を　春日《かすが》の山の　高座《たかくら》の　御笠《みかさ》の山に（万葉集、巻三、三七二）

鯨魚《いさな》とり　海辺《うみへ》をさして（同、巻二、一三一）

鯨魚とり　近江《あふみ》の海を（同上、一五三）

あしひきの　山の雫《しづく》に（同上、一〇七）

ひさかたの　天《あめ》見るごとく（同上、一六八）

これらの傍線を付けた語が枕詞ですが、古いものは、「さねさし」「あしひきの」「ひさかたの」のように、どういう意味なのかわからなくなっているのも多くあります。「春日を」は、「春の日よ」というような意味で、「かすむ」という気持ちで、地名のカスガに言いかけたものですが、これが一般に行なわれて、とうとう、カスガという地名を春日と書くようになったといわれます。「鯨魚とり」は、鯨をとる所として「海」に言いかけたものですが、琵琶湖のような、鯨のいるはずもない所でも、「鯨魚とり近江の海」と言うようになっては、完全に飾り物になったと思われるでしょう。「あしひきの」や「ひさかたの」は、確かな意味はわからないにしても、山の様子、天の様子から言い始めたものだろうとは推察されるでしょう。それが、「あしひきの山田作る児」（万葉集、巻十、二二一九）、「あしひきの山桜花」（同、巻八、一四二五）、「あしひきの山鳥の尾の」（同、巻十一、二八〇二）、「ひさかたの雨も降らぬか」（同、巻十一、二六八五）、「ひさかたの月夜を清み」（同、巻八、一六六一）などと用いられては、枕詞といわないわけにいかないでしょう。普通の限定語には、「山田」「山桜花」「山鳥」「月夜」というような、複合語の一部分にかかる用法は、ありえないのが原則です。「もゝしきの」「たらちねの」なども、「大宮」「母」にかかる限定語だったと考えられますが、「もゝしきの大宮人」（万葉集、巻二、一五五）、「もゝしきの大宮所」（同、巻一、二九）と用い、「たらちねの」などは、母自身が用いるべきではないのに、

「たらちねの親の守りと相添ふる心ばかりは関なとゞめそ」（古今集、離別、三六八）と、母自身が、しかも「親」という語にかけて用いるようになりました。さらに母をさしていう「たらちめ」という名詞ができ、それに対して、父をさしていう「たらちを」という名詞もできるというように、言葉の移り変わりには、驚くべきものがあります。古い時代は旅では草をたばねて枕として野宿をしたというところから、「草枕　旅にしあれば」（万葉集、巻二、一四二）というように使い、実際には草の枕をしなくても、言葉では「草枕旅」というように言ったものですが、しまいには、「旅」という語の代わりにも「草枕」とも言いました。古い枕詞には、そういう例がいくつかあります。

あしひきの木《こ》の間《ま》立ちくくほとゝぎす（＝山ノ木々ノ間ヲクグッテトブホトトギス）
（万葉集、巻八、一四九五）

ひさかたの中に生ひたる（＝月ノ中ニ生育シテイル）（古今集、雑下、九六八）

山川の音にのみ聞くももしきを（＝ウワサデバカリキク大宮ヲ）（同上、一〇〇〇）

これらは、みなその例です。

さて、話が横道にそれましたが、もとへ戻しましょう。古い枕詞といわれるものは、元来は限定語であったと考えられるものが多いことは、右の例でも考えられるでしょう。現代語で「桜のサ」とか「ラジオのラ」とか言って、サの音《おん》、ラの音をはっきり伝えるのと似たような言い方による枕詞もありました。

ちゝのみの　父の命《みこと》　はゝそはの　母の命（万葉集、巻十九、四一六四）――「父」「母」という音をはっきり意識させようという言い方です。

橿原《かしはら》の聖《ひじり》の御代ゆ（＝神武天皇ノ御代以来）生《あ》れましゝ神の尽《ことごと》　樛《つが》の木の　いや次々に（大和ニテ）天の下知らしめししを（同、巻一、二九）

みもろの神名備《かむなび》山に五百枝《いほえ》さし繁《しじ》に生ひたる樛の木の　いや次々に（同、巻三、三二四）

後の二例は、ツガ・ツギと類音関係で、あとのツギツギの音をはっきり意識させようというわけですが、前のほうは「ツガノキノ」と五音一句なので枕詞といいますが、あとのほうは「樛の木」に長い限定語が付いておりますので、傍線部を序詞とするわけです。

音羽《おとは》山　音に聞きつゝ　逢坂の関のこなたに年を経《ふ》るかな（古今集、恋一、四七三）

山科《やましな》の音羽の山の　音にだに人の知るべく　わが恋ひめかも（同、恋三、六六四）

これも、前のは、音羽山をうわさに聞きつつというのではありません。オトという音《おん》をくり返すことで、うわさという意の語の音をはっきり意識させようというわけなのです。意味は第二句からで、私はあなたのことをうわさに聞きつつ、という気持ちです。「逢坂の関のこなたに」というのは、京都の人が逢坂の関を越えれば、「あふみ（近江・逢ふ身のかけことば）」となるわけですが、その「逢ふ身」とならないで、という気持ちです。あとの例も、「音羽の山の」の役目は変わりませんが、「山科の音羽の山の」と長いので、序詞とします。

ほと、ぎす鳴くや五月《さつき》のあやめぐさ　あやめも知らぬ恋もするかな（古今集、恋一、四六九）

これも、「あやめぐさあやめ」と同音関係で、あとのアヤメという音《おん》をはっきり意識させようというわけですが、その「あやめ草」に長い限定語が付いていますので、傍線部を序詞とするわけです。歌の意味には関係ないわけですが、季節を表わす語句ですから、こういう歌を季節を無視して相手に贈るというわけにはいきません。この歌などは、五月五日の菖蒲の節句に、菖蒲に付けて贈るのでなければ、相手を感動させないでしょう。

みちのくにありといふなる名取川　無き名とりては苦しかりけり（古今集、恋三、六二八）

最上《もがみ》川のぼればくだる稲舟《いなふね》の　否《いな》にはあらず　この月ばかり（同、東歌、一〇九二）

あとの歌は「東歌《あづまうた》」の中にあるので、山形県地方で歌われていたものでしょうか。前の歌の名取川は宮城県ですが、「ありといふなる」と言っているので、作者は話に聞いているだけだと思われます。それがどうして用いられたのか事情はわかりませんが、初めてこの歌に接するとしますと、そんな遠い国の川の名などもち出して何を言おうとするのだろうと思っていると、「無き名とりては」と出て、ああこれをいうためだったのかと納得がいく、その急な移り変わりにおもしろさがあるように思われます。後の「稲舟」の歌のほうでも、結婚したいと申し込んで返事を待っている男の身にとっては、何か返事とは関係ないようなことを言い出して、と不安に思いながら読み進むと、「否にはあらず」と出て、ああ、これをいうためのものだったかと胸をなでおろす、ということになるのではないでしょうか。

　さて、枕詞とか序詞とかは、文法上の用語ではありませんので、文法ではどう説明するかと申しますと、以上の例で、「……の」と続く形を取っているものは、例えば、「ちゝのみの」は、下のチチという音《おん》を体言扱いにしてかかる限定語で、その音に、「父」という語を与えて「父の命」と続いていく、つまり一種のかけことばの行き方と考えることができるでしょう。その「の」がなくて、続く形を取っていない枕詞や序詞は、文の成分としては独立語と考えたらどうでしょう。

　普通のかけことばでいく枕詞・序詞としては、まず、かけことばとしてある二つの語が、まるで性質・意味が違う場合があります。

　　　春
梓弓　はるの山辺を（古今集、春下、一一五）
　　　張る

春雨

梓弓おしてはるさめ（同、春上、二〇）

張る

竜田

春霞たつたの山（同、春下、一〇八）

立つ

「春霞立つ、竜田の山」の、かけことばによる圧縮形とすれば、枕詞ではなくなる。

立ち

春霞たち別れなば（同、離別、三七〇）

立ち

霞の立つ「立つ」と、旅に立って別れる「立ち」とは、意味がまるで違う。ただし、春霞は別れが春であることを示す。秋の別れなら「秋霧のたち別れなば」というでしょう。

発つ　置き

唐衣たつ日は聞かじ、朝露のおきてし行けば消《け》ぬべきものを（同上、三七五）

裁つ　置き

露の置く「置く」と、旅だつ人が我を伴わないで残して置く「置く」とは、意味がまるで違う。「消」は朝露の縁語。

仮に

山城の淀の若菰《わかごも》かりにだに来ぬ人頼む我ぞはかなき（同、恋五、七五九）

刈りに

昼間　　夜

満潮《みつしほ》の流れひるまを会ひ難みみるめの浦によるをこそ待て（同、恋三、六六五）

干る　　寄る

これらの例で、左右の線が重なるところ、すなわち、かけことばになっている部分の前の語句を、その長さによって、枕詞、序詞とするわけです。枕詞や序詞を一応ないものとして、歌の言いたいところをつかんだうえで、枕詞や序詞がどういうふうに趣を添えているかを考えてみるのが、よい方法ではないかと思います。

次に、かけことばの部分が、二つとも用言であって、意味的にも相通じるものがある場合について考えてみましょう。こういう場合は、前からの語句が主語としてかかるのが普通であることに注意しましょう。

（私ガアナタヲ）思ひ出《い》でて恋しき時は、初雁《はつかり》のなきてわたると人知るらめや（古今集、恋四、七三五）

「初雁」は、秋になって北の国からわが国に初めて渡ってくるがんのことですが、この歌をうっかり読むと、作者が恋の相手を思い出して恋しいときは、初雁が鳴いて空を渡るなどということが、どうしてあるのだろうと思われるでしょう。そこで、これはかけことばがある歌ではないかと考えてみますと、

泣き
思ひ出でて恋しき時は初雁のなきてわたる
鳴き

と考えられて、納得がいくでしょう。この歌は、『古今集』では、

人を忍びに相知りて、会ひ難くありければ、その家のあたりをまかり歩《あり》きける折に、
雁の鳴くを聞きてよみてつかはしける

とあって、折から雁の鳴いたのをうまく取り入れたのだとわかります。ところで、雁の「鳴きて渡る」と人間の「泣きて渡る」とは、相通じるところもあるけれども、やはり違うと考えて、ここのところをかけことばと考えて、その上の語句「初雁の」を、枕詞とし、「初雁のように泣いて、おうちのあたりをとおっている」と訳を付けるのが普通のようですが、原文は、雁の動作と人間の動作と同時に表現しているのであり、「初雁の」は主語で「鳴きて渡る」は述語なのですから、口語訳には、「ように」を用いても、「初雁のように」ではなく、「初雁が鳴いて空を渡るように、私も泣いておうちのあたりをとおっている」とするのが当たり前ではないか、と私は考えます。なお言えば、この類の言い方には、

枕詞とか序詞とかいう語を用いないで、比喩表現として説明したほうが良くはないか、とも思います。枕詞とか序詞とかいうと、ややもすると歌の内容とは無関係なもののように考えられがちだからです。

出《い》でて去《い》なば、天飛《あまと》ぶ雁のなきぬべみ、今日《けふ》々々《〳〵》といふに年ぞ経にける（万葉集、巻十、三六六）

この歌は「秋相聞」の中で「雁に寄する」という意味の題があるだけですが、作者は旅に出かける用事を抱えながら、妻の嘆きを考えて一日延ばしにしているうちに年が経たことを嘆いているのでしょう。「相聞」というのは後世の恋歌に当たるものと考えてよいものです。第二、三句は、

泣き
天飛ぶ雁のなきぬべみ
鳴き

という関係で、空を飛ぶ雁が鳴くように、そなたがきっと泣くにちがいないから、というように意味を取ります。

忍ぶれど恋しき時は、あしひきの（＝枕詞）山より月の出《い》でてこそ来《く》れ（古今集、恋三、六三三）

「題しらず」の歌ですが、わが恋を人に知られないようにと努めているけれども、恋しい

時はそうも言っていられないで、家を出てあなたの家のほうへやってくる、というのが中心思想でしょう。これも第三句以下は、

あしひきの山より月の出でてこそ来れ

という関係で、「山から月が出るように、我は家を出て来る」ということです。もし「山から月のように出て来る」と訳したら、作者が山から出てくる、つまり作者は山中の住人ということになってしまうので、「月の」を「月のように」とは出来ないということに注意してください。

わが園《その》の梅の上枝《ほつえ》に鶯の音《ね》になきぬべき恋もするかな（古今集、恋一、四九八）

この歌も、「わが園の梅の上枝に鶯の音に鳴き」までが鶯のことで「音に泣きぬべき恋もするかな」が作者自身のことだ、と読めれば良いのです。「……梅の上枝で鶯が声を立てて鳴いているように、私も、声を立てて泣いてしまいそうな苦しい恋をすることかな」という気持ちですが、「……梅の上枝で、鶯のように、……」と訳すと、変なことになるでしょう。「鶯の」を「鶯のように」と訳せないことに注意してください。こういう例は、まだあります。文法的にも「鶯の」は「音に鳴き」の主語なのですから、「鶯のように」とするのは不都合なわけだということを考えて、「……の」が「……のように」と訳して

もいけそうなところも、そうしないのが良いのだということを、よく考えてください。

沖辺にも（＝沖ニモ岸近クニモ）寄らぬ玉藻の波の上に乱れてのみや恋ひわたりなん（古今集、恋一、五三三）

この歌も、初めから「乱れ」までが海藻のこと、「乱れて」から終わりまでが作者のこと。心の乱れは目に見えないので、目に見える玉藻の乱れを引き合いに出して、心の乱れをはっきりさせようという行き方です。

刈り菰《ごも》の思ひ乱れてわれ恋ふと、妹《いも》知るらめや、人し告げずは（＝ダレモ告ゲナイナラ）（古今集、恋一、四八五）

この第一、二、三句は、次のような関係です。

刈り菰の思ひ乱れてわれ恋ふ

刈ったマコモは乱れ易いので引き合いに出したのですが、「思ひ乱れて」の「乱れ」と関係するのは、これまでの例とちょっと違いますが、こういう例もあるのです。「刈った菰が乱れるように、思い乱れて」で、目に見えない心の乱れを刈り菰の乱れを引き合いに出してはっきりさせようとする点は、前の歌と同じことです。

普通には、枕詞・序詞と説明されているものも、そういう考え方を捨てて、別の見方をしたらどうかと考えている中に、次のようなものもあります。

大幣《おほぬさ》の引く手あまたになりぬれば、思へどえこそ頼まざりけれ（古今集、恋四、七〇六）

この歌の「大幣の」は枕詞とされているものですが、

君は　大幣の（＝デ）、引く手あまたになりぬれば、

という気持ちにみて、歌の意味に深くかかわらせて解するほうが、返歌に、「（私ハ）大幣と名にこそ立てれ、……」と言っているのにもよく合うと考えます。大幣というのは、大祓の折に立てる、榊にたくさん幣をつけたもので、式のあとで参列者がそれを引き寄せて身体をなでて、汚《けが》れをそれに移すことになっているので、「引く手あまた」だといったのです。

山高み下ゆく水の、下にのみなかれ（＝流レ・泣カレ）て恋ひむ、恋ひは死ぬとも（＝タトエ恋イ死ニヲシヨウトモ）（古今集、恋一、四九四）

これも第一、二句は序詞といわれるのですが、私は、「山高み下ゆく水で」と解してゆきたいと思います。「下にのみ泣かれて」は、胸の内で泣かればかりするという状態で、の意。

風吹けば波打つ岸の松なれや、ねにあらはれて泣きぬべらなり（一六一ページ「や」の条参照）

という歌の上の句を変形して、「風吹けば波打ち洗ふ岸の松の」として、比較して考えてみてください。歌の調子が取れませんが、「山高み」のほうを、「山高み下ゆく水の我なればば、下にのみなかれて恋ひむ、恋ひは死ぬとも」として、この章の初めに挙げた「雲もなくなぎたる朝の我なれや」の歌と見合わせてもよいでしょう。

あしひきの山下水の木《こ》隠《がく》れてたぎつ心をせきぞかねつる（古今集、恋一、四九一）

この歌も、序詞ということを考えると、どこまでが序詞であるかが問題になります。「わが心は、あしひきの山下水で、木隠れてたぎっている（＝人ニ知レズニハゲシクイラダッテイルトイウ意）が、そのたぎつ心をせきとめかねたことだ」、というように考えれば、問題はなくなりましょう。

第二章　敬譲語

一　待遇に関する表現

自分以外に読む人を予想しない日記や、読者に特定の個人を考えない論文などの場合は、あまり問題になりませんが、相手が特定の個人である手紙とか、電話での応対や顔を合わせての話し合いとなりますと、同じ意味のことを言うのにも、いろいろと言い方を考えなければならないでしょう。これが、待遇に関する表現というわけですが、そういいますと、怒っていたけだかに相手をののしりおさえつける言い方も、憎しみを抱いていやしめて言う言い方も含まれますので、ここではそれらを除いて、もっぱら敬譲の言い方について考えてみようと思います。

二　敬譲の言い方

敬譲の言い方は、大別して二種とし、その一つをさらに二つに分けて、合わせて三種とするのが普通です。

敬譲の言い方
- (1)話し相手（聞き手）によって変わる言い方……動作の主《ぬし》とは無関係……**丁　寧**
- (2)話題の人物によって変わる言い方……………動作の主に関係する
  - (2)
    - ①動作・状態の主を尊敬していう言い方………………**尊　敬**
    - ②動作の関係していく方面を尊敬していう言い方………**謙　譲**

三　現代語での敬譲の言い方

参考のために、まず現代語でのあり方を考えてみましょう。

a　**丁寧**

たとえば、毎日雨が降り続いてみんなうんざりしている時のあいさつです。

(1)よく降るね。
(2)よく降りますね。

(1)は、相手が非常にうちとけた間がらであるか、または、自分より低くみられる場合の言い方、(2)は、相手がまだそんなにうちとけた間がらでないか、または、自分より目上である場合の言い方です。要するに(2)は、相手に対してあらたまった気持ちでいう言い方で、これを「丁寧」といいます。現代語では、動詞の場合は、助動詞「ます」を添えてこの気持ちを表わします。ただし、「ある」の場合は、「あります」より一層丁寧な言い方として「ございます」も用いられます。

動詞以外の場合は、次のようになります。

(1)　涼しいね。……………………静かだね。…………………春だね。
(2)ア涼しいですね。………………静かですね。………………春ですね。
　イ涼しゅうございますね。………静かでございますね。……春でございますね。

(1)　涼しくないね。………………静かでないね。……………春でないね。
(2)ア涼しくないですね。…………静かでないですね。………春でないですね。
　イ涼しくありませんね。…………静かでありませんね。……春でありませんね。
　ウ涼しゅうございませんね。……静かでございませんね。…春でございませんね。

(1) 涼しいだろうね。…………………静かだろうね。…………………春だろうね。

(2) ア涼しいでしょうね。…………静かでしょうね。…………春でしょうね。

イ涼しゅうございましょうね。…静かでございましょうね。…春でございましょうね。

b　**尊敬**

これは、話題の人物が、動作・状態の主である場合に、話し手がそれを尊敬し高めた気持ちでいう言い方です。

㈠(1)　山本も買った。……………………山本も買ったそうだ。

(2) ア山本君も買われた。……………山本君も買われたそうだ。

イ山本さんもお買いになった。……山本さんもお買いになったそうだ。

㈡(1)　山本は寝ている。…………………山本は寝ているそうだ。

(2) ア山本君は寝ていられる。…………山本君は寝ていられるそうだ。

イ山本さんは寝ていらっしゃる。…山本さんは寝ていらっしゃるそうだ。

ウ山本さんは寝ておいでになる。…山本さんは寝ておいでになるそうだ。

㈠では「買う」という動作の、㈡では「寝ている」という状態の、主であるところの

「山本」という人物を、話し手が尊敬し高めた気持ちで言っているのが、それぞれ(2)の言い方です。そうして(2)の中でも、アよりイ、ウのほうが、尊敬の度が高い言い方です。この例文は、すべて、話し相手、すなわち聞き手に対する顧慮は加わっていない、うちとけた親しい間がらか、話し手より目下と考えられる相手への言い方になっています。もしこれに、話し相手に対して丁寧にいう言い方を加えるなら、(一)(2)アで言えば、

山本君も買われました。

山本君も買われたそうです（又ハ、そうでございます）。

となり、(二)(2)イで言うなら、

山本さんは寝ていらっしゃいます。

山本さんは寝ていらっしゃるそうです（又ハ、そうでございます）。

となるわけです。従って、話し相手が動作・状態の主である場合には、たとえば、

(一)(1)　きみも買ったそうだね。

(2)アあなたも買われたそうですね。

イあなた（さま）もお買いになったそうでございますね。

というように、(2)の言い方には、丁寧の言い方も加えなければなりません。

c　謙譲

これは、だれかの動作が、話し手の尊敬の待遇をすべき人に何らかの意味で関係していくときに、話し手がその尊敬の気持ちを表わす言い方です。現代語では、その動作が話し手自身の動作である場合が多いので、謙譲——へりくだり——といってもよいのですが、話し手自身の動作でない場合は、謙譲という語はしっくりしないのですが、しばらくこうよんでおこうというわけですから、誤解しないよう注意してください。例えば、母親が息子の太郎に言うものとして、次の言い方を考えてみてください。

(1)次郎にきいてごらん。

(2)お父さまにうかがってごらん。

「きく」のは、こう言われている太郎のすべき動作です。「ごらん」というのは、母親が太郎を話し相手（聞き手）として愛情をこめて言っている言葉です。父にきいてみよ、という意味を、「うかがう」という語で表わしたのは、太郎のする「きく」という動作が父親に関係していく動作だからで、話し手である母親が、太郎の父を「お父さま」と呼んだのに釣り合う尊敬の気持ちを表わしたものであって、へりくだったわけではないのですが、こういうのをも謙譲という中に入れるのです。

見る——拝見する
言う——申しあげる
たべる——いただく

など、特別な謙譲語もありますが、一般には、

お（ご）～する……お待ちする・お渡しする・お願いする・ご案内する

お（ご）～致す……お勧め致す・ご連絡致す

お（ご）～申しあげる……お待ち申しあげる・お知らせ申しあげる・ご通知申しあげる

というような形を取って、多くは、話し手自身の動作として、話し相手との関係に用いられますので、「ます」を添えて用いることになります。

四　古典語での敬譲の言い方

a　丁寧

(1) 侍《はべ》り・候《さうら》ふ

平安時代には「侍り」が普通で、「候ふ」はあまり用いられていませんが、鎌倉以後は「候ふ」が普通になり、書簡用語としては明治・大正時代までも「候文」といわれて用いられました。動詞としては、「あります」「おります」「ございます」の意ですが、また、他の動詞の連用形に付いて、現代語の「ます」と同様に、丁寧の意を添える助動詞として

も用いられます。

はやう（＝以前）、（私ガ）まだいと下﨟《げらふ》に侍りし時、あはれと思ふ人、侍りき。（源氏物語、帚木）

かの白く咲けるをなん、夕顔と申し侍る。花の名は人めきて（＝リッパナ一人前デ）、かうあやしき（＝ミスボラシイ）垣根になん、咲き侍りける。（同、夕顔）

（竹取ノ）翁、皇子《みこ》に申すやう、「いかなる所にか、この木はさぶらひけん。あやしくうるはしくめでたき物にも」と申す。（竹取物語）

男《をのこ》のある、板敷《いたじき》のもと近う寄り来て、「からい目を（＝ヒドクツライメヲ）見さぶらひて。誰《たれ》にかはうれへ申し侍らん」とて、泣きぬばかりのけしきにて、（枕草子、僧都の御乳母のままなど）――家が類焼してしまった男の訴え。

遊び者の推参は常のならひでこそさぶらへ。その上、年もいまだ幼うさぶらふなるが、たまたま思ひ立って参りてさぶらふを、すげなう仰せられてかへさせ給はん事こそ不便《ふびん》なれ。……たとひ舞を御覧じ歌をきこしめさずとも、御対面ばかりさぶらうてかへさせ給ひたらば、ありがたき御情《おんなさけ》でこそさぶらはんずれ。（平家物語、巻一、祇王）――『平家物語』では、女性は「さぶらふ」を用い、男性は、「さうらふ」を用いたとみられます。

事あたらしく候へども、重盛《しげもり》、かの大納言が妹《いもうと》に相具《あひぐ》して候（＝ツレソッテオリマス）。維盛《これもり》また聟《むこ》なり。かやうに（カノ大納言ト）親しくなって候へば申すとや、おぼしめされ候らん。その儀では候はず。世のため、君のため、家のための事をもって申し候。（同、巻二、小教訓）――男性の使う「さうらふ」は漢字書き。終止形の語尾は表記しない例。これは後世の「候文」でも同じ。

「侍り」も「候ふ」も、最初から丁寧語だったのでなく、謙譲語から変わったものですから、謙譲の気持ちが感じられる例も出るのは不思議ではありません。「候ふ」は「さ守《も》らふ」がもとで、舟が風の様子を見て控えていることや、家来が主君のお召しを待って控えていることに用いられていた語でした。発音も、サモラフからサブラフ・サムラフ・サウラフとなって、ソーローと発音されるようにまでなります。

上にさぶらふ御猫は、（枕草子、上にさぶらふ御猫は）

女御・更衣、あまたさぶらひ給ひける中に（源氏物語、桐壺）

など、会話のことばでもなく手紙の文でもないところに出る「さぶらふ」は、謙譲語です。

また、「侍り」を現代語の「ます」に当たるように用いる場合でも、「ます」とは違うところがあるのに注意しましょう。現代語では、話し相手を動作の主として尊敬の言い方をした場合でも、「ます」を添えなければ話し相手としての丁寧な待遇がないことになりますが、古典語では、そういうこともないようです。

次のは、『源氏物語』の夕顔の巻、なにがしの院で、とろとろとしたとき不気味な夢に目がさめた源氏は、灯火も消えたまっ暗な中で夕顔の侍女の右近を起こして、「渡殿《わたどの》なる宿直人《とのゐびと》起して、『紙燭《しそく》（＝当時ノ移動照明具）さして参れ』と言へ」と命じるが、右近は、

　いかでかまからむ。暗うて。

と言って動きません。ここで「いかでかまかり侍らむ」と言ってもよいようですが、「まかる」が謙譲語なので、「侍り」を添えなくても良いのでしょう。「まかりいづ」から変わった「まかづ」の場合は、あとで、「惟光の朝臣の来たりつらむは」と問われた、院の預りの子が、「まかで侍りぬる」と答えているし、末摘花の巻では、源氏に「内裏《うち》よりか」と問われた頭《とう》の中将が、「しか。まかで侍るまゝなり」と「侍り」を添えて答えていますが、これらの「まかづ」は、貴所を出て他へ行く意の動詞で、謙譲語という気持ちがあまりなかったのでしょう。

　さて、右近が行かないので、源氏自身が渡殿へ出向いて供人を起こして、紙燭を命じて、もとの所へ帰って、探《さぐ》ってみると、右近はうつぶし臥しているので、「こはなぞ。あな、もの狂ほしの物おぢや」と言って、引き起こしました。そこで、右近は、

　いとうたて乱り心地《ここち》の悪しう侍れば、うつぶし臥して侍るなり。御前《おまへ》にこそ、わりなくおぼさるらめ。

と答えています。「御前」は右近の主人である夕顔をさします。「おぼさる」は「思はる」の尊敬語です。「おぼされ侍るらめ」と言っていないのに注意しましょう。現代語に訳す

とすれば「侍り」が付いていなくても、付いているように訳さないと落ちつかないところです。

また、同じ場面で、召された惟光《これみつ》がやっと顔を出しました。源氏は、女君の急死を告げて、惟光の兄である阿闍梨《あざり》も来るように、と言った理由を述べました。次は惟光の答えです。

昨日、(阿闍梨ハ)山(=比叡山ノ延暦寺)へまかりのぼりにけり。まづ、いとめづらかなる(=思イガケナイ不思議ナ)事にも侍るかな。かねて、例ならず、御心地ものせさせ給ふ事や侍りつらん。

ここで「侍り」が用いられているのに、初めのところだけ「まかりのぼり侍りにけり」とないのに注意しましょう。右近が「いかでかまからむ」と答えたのと同じわけでしょうか。夕顔の巻の終わりのほうで、源氏が右近に、

幼き人まどはしたり(=行方不明ニシタ)と中将のうれへし(=嘆キ訴エタノ)は、さる人や。

と尋ねているのを見合わせると、ここも相手が主人の源氏でなければ、「例ならず、御心地ものせさせ給ふ事や」だけで、問う気持ちは十分通じると思うのですが、やはり省略しないで「侍りつらん」まで言うのが、この場合の礼儀であると考えられ、そこまで気を使ってものを言っている惟光が、「まかりのぼりにけり」と言っているのですから、この語

の場合は「侍り」はいらないのだと考えられるでしょう。それでも、現代語に訳すのには、「侍り」のあるつもりで訳さなければ、落ちつかないわけです。

「侍り」は話し相手の動作には用いないのが普通かと思います。『落窪物語』で、雨の夜にお供を一人つれて落窪の君のもとに行こうと出かけた少将の君を、巡警の夜行の人々が、

このまかる者ども、しばしまかりとまれ。（「まかる」については三二五ページ参照）

というので、立ちどまっていたところが、

かく立てるはなぞ。居侍れ。

といって、さしていた傘をぽんぽんたたくので、二人は「屎《くそ》のいと多かる上に」かがまっていたとある、この巡警の人々のことばは、役人としての権威で、いばって言っていることばで、「まかりとまる」という謙譲語も、話し手が使えば謙譲になるが、相手に命令していう場合には、話し手が高くとまって相手を見下《みくだ》して言うことになります。「居侍れ」という命令形も同様なのは、「侍り」が元来は謙譲語であった名残と考えられます。そういうわけで、『源氏物語』の橋姫の巻で、薫の君の知りたがっている我が身の出生の秘密を、宇治の宮の姫君のもとに仕えている老女が片端ほのめかして、

残りをとおぼしめす御心侍らば、のどかになむ、聞《きこ》しめし果て侍るべき。

と言っているのは、私にはどうも説明が付けられないでいる例です。話し相手のほうのことに「侍り」が使われているからです。「のどかに」と言ったのは、今のように他の人が

聞いていない状況で、という気持ちです。

要するに、丁寧語の「侍り」は現代語の「ます」にあてて考えられるにしても、現代語の「ます」のように広くは用いられないことと、従って、「侍り」が付いていなくても、現代語に訳すのには、それがあるように訳さなくては落ちつかない場合があることに注意することとを、ここでは言いたいのです。

(2)給ふ

これは、下二段活用の「給ふ」で、元来は、いただくという気持ちの謙譲語でしたが、ごくまれに例外がなくはないのですが、普通は、「見る」「聞く」「思ふ」の三語に付けて、丁寧の意を添える助動詞のように用いられ、しかも、話し手自身（まれに、話し手の側の人物）の動作に用いられ、会話や手紙の文にだけ出てくる、というわけで、丁寧の中に入れておきます。

かゝる御事を見給ふるにつけても、命長きは心憂《う》く思ひ給へらるゝ世の末にも侍るかな。天《あめ》の下をさかさまになしても、思ひ給へ寄らざりし御有様を見給ふれば、よろづ、いとあぢきなくなん。（源氏物語、須磨）――須磨に退去するので暇乞いに来た源氏に会って言う、左大臣の嘆きのことば。

「思ひ寄る」などの場合は、右に見るように、「思ひ給へ寄る」と、「給ふ」が間にはいることに注意しましょう。「見給ふるにつけても」は「見ますのにつけても」といけますが、「思ひ給へらる丶」は「思われます」と順序が変わります。「思ひ給へ寄らざりし」では、若松賤子《しずこ》の『小公子』の訳文のように、思い寄りませんかった、と言いたくなりますが、そうもいきませんから、思い寄りませんでした、としましょうか。

ある博士《はかせ》のもとに、学問などし侍るとてまかり通ひし程に、主人《あるじ》の娘ども多かりと聞き給へて、はかなきついでに（＝チョットシタ機会ニ）言ひ寄りて侍りしを、（源氏物語、帚木）――雨夜の品定めの席での藤式部の丞の思い出話の一節。「聞き給へて」は、聞きまして。

b 尊敬

(1) す

『万葉集』などにあるものですが、「召す」「おぼしめす」「きこしめす」「しろしめす」などの出るもとですから、あげました。普通は、四段活用の動詞の未然形に付けて、

摘《つ》む――摘ます（菜摘ます児――万葉集、巻一、一）

踏《ふ》む――踏ます（朝ふますらむ、その草深野――同上、四）

作る――作らす（仮廬《かりほ》作らす――同上、一〇）

聞く――聞かす・聞こす（賢《さか》し女《め》をありと聞かして、麗《くは》し女《め》をありと聞こして――古

事記、歌謡）

思ふ――思はす・思ほす（歌思ひ辞《こと》思はしし――万葉集、巻三、三三二）（旅の翁と思ほして針ぞたまへる――同、巻十八、四一二八）

知る――知らす（神し知らさむ――同、巻四、五六二）（葦原の瑞穂《みづほ》の国を……知らし来る君の御代御代――同、巻十八、四〇九四）

というように用いられます。「思ほす」は平安時代には「おぼす」となり、「知らす」は「知ろしめす」の「知ろす」となります。「聞こす」は、おっしゃるという意にもなります（な寝そと母きこせども――万葉集、巻十三、三二八九）。「きこしめす」となると、さらにいろいろな意味に用いられます。この「す」が、四段活用以外の動詞に付くと、

着る――けす（「御衣《みけし》」という名詞ができる）

見る――めす（「召す」となり、意味が広くなる）

寝《ぬ》――なす

為《す》――せす（神さびせすと――万葉集、巻一、三八）

という敬語動詞ができます。一方に、「散る―散らす」「流る―流す」「落つ―おとす」という四段活用の、使役的な意味を添える「す」という造語成分があって、「なす」などには、まぎらわしい例があります。

沖つ波来よる荒磯《ありそ》をしきたへの（＝枕詞）枕とまきて寝《な》せる君かも（万葉集、巻二、

三三）

（子供ガ）まなかひにもとなかゝりて（＝目サキニヤタラニチラツイテ）安眠《やすい》し寝《な》さぬ（同、巻五、八〇二）

前の歌は、死者をいたむ歌で「寝せる」は寝ておいでの、の意。あとのは、子等を思う歌で、最後の句は、子供が、作者に、安らかな眠りを寝させない、という意です。また、右の「めす」は、「聞こす」「思ほす」「知らす」に付いて、「聞こしめす」「思ほしめす―おぼしめす」「知らしめす―知ろしめす」という語を作ります。

(2)る・らる

平安時代から、受身を示す助動詞が、軽い尊敬を表わすのにも用いられるようになりました。

人ひとり参られよかし。（源氏物語、若紫）――幼い紫の君をむりに自邸に連れ去ろうとして、源氏が紫の君の乳母《めのと》に言うことば。

わがため（＝自分自身ノタメ）にもよかるまじき事なれば、「よも、さる思ひやりなき（＝思慮ノナイ）わざ、し出《い》でられじ」となん、……大将の御心を疑ひ侍らざりつる。（同、賢木）――源氏の君（文中の大将）に対して好意を持たない右大臣の、源氏の行動に対する批判のことば。

使役の助動詞も、尊敬に用いられることがありますが、それは連用形だけが「せ給ふ」「させ給ふ」「しめ給ふ」「せ（又ハさせ）おはします」というように用いられるだけですから、後で述べます。

(3) 給ふ

最もよく用いられます。元来は、下賜する・くださる、という意の動詞でしたが、他の動詞の連用形に付いて、単に尊敬の意を添えるだけになったのが、助動詞としての「給ふ」です。

我《あ》が主《ぬし》の御霊《みたま》たまひて、春さらば奈良の都に（私ヲ）召上《めさ》げたまはね（万葉集、巻五、八八二）

この見ゆる天《あま》の白雲、海《わたつみ》の沖つ宮へに立ちわたりとのぐもりあひて、雨もたまはね（＝クダサリマセ）（同、巻十八、四一二三）

紀伊守《きのかみ》に仰言《おほせごと》たまへば、（源氏物語、帚木）

これら傍線の部分の「たまふ」は動詞の例です。

日月《ひつき》はあかしと言へど、我《あ》がためは照りやたまはぬ（＝照ッテクダサラナイノカ）（万葉集、巻五、八九二）

これは珍しい例で、助動詞化の途中にあるものです。話し手が自分にしてもらうような動

作では、

待ち給へや（＝オ待チクダサイヨ）。そこは持《ぢ》にこそあらめ。（源氏物語、空蟬）

（私ヲ、アノ幼キ人ノ）御後見《うしろみ》に思ほすべく、聞え給ひてむや（＝オ話シ申シアゲクダサイマセンカ）。（同、若紫）――源氏の君が、紫の君の祖母なる人の兄の僧都に言うことば。

というように、……クダサルの意を感じてもよいでしょう。話し手が自分のためにしてもらうという関係でない動作に、

親たちは、はや、失《う》せ給ひにき。……頭の中将、まだ少将にものし給ひし時、見そめ奉らせ給ひて、三年《みとせ》ばかりは、心ざしあるさまに通ひ給ひしを、（源氏物語、夕顔）――夕顔の侍女の右近が、亡き夕顔の身の上を源氏に語る言葉。

と用いるものはもちろん、物語の地の文で、

世になく清らなる、玉の男御子《をのこみこ》さへ生まれ給ひぬ。（源氏物語、桐壺）

というように用いるに至って、完全に助動詞化した、といってよいでしょう。こう書いてくると、完全に助動詞化したのは平安時代からのようにみえますが、上代にすでにあるのです。

足日女《たらしひめ》神の命《みこと》（＝神功皇后）韓国《からくに》を向《む》け平らげて、御心《みこころ》を鎮《しづ》め給ふと、い取らして斎《いは》ひ給ひし真玉《またま》なす二つの石を、世の人に示し給ひて、（万葉集、巻五、八一三）

この「給ふ」が広く用いられて、次第に尊敬の気持ちが薄くなります。『落窪物語』では、中納言の北の方が、憎くてたまらない継子《ままこ》の落窪の君のことに、「御殿ごもる」という尊敬語を用いた侍女を、

なぞの御殿ごもりぞ。物言ひ知らずなありそ。

と叱り付けながら、その侍女に、落窪の君に頼んだ縫物の状況をたずねるのには、

いかに。縫ひ給ひつや。(同上)

と、落窪の君の動作に「給ふ」を添えて言っています。これは、憎い継子でも中納言の娘ですから、北の方としては、せめてこれくらいの尊敬語を用いなければ、自分の品位が保てない、というわけなのです。尊敬語を使っているから、その動作の主を尊敬しているというわけでなく、自分の品位を保つための使用もあるということは、現代語の場合もあるわけで、われわれはこういうことにも注意を向ける必要があります。

さて、「給ふ」より高い敬意をもつものとして、「せ給ふ」「させ給ふ」が用いられます。

ア (帝ハ) 心にくき限りの女房四、五人さぶらはせ給ひて、御物語せさせ給ふなりけり。……いとこまやかに有様を問はせ給ふ。あはれなりつる事、忍びやかに奏す。(源氏物語、桐壺)

イ 常に思ひ給へ立ちながら、かひなき様《さま》にのみもてなさせ給ふにつゝ、まれ侍りてなむ。悩ませ給ふこと重くとも承らざりけるおぼつかなさ。(同、若紫)

ウ　宮、内裏《うち》よりまかで給ふ。（ソコニ宮家ヲタズネタ常陸ノ介ノ北ノ方ノ車ガ帰リ去ロウトシテイルノヲ見テ、宮ハ）

「なぞの車ぞ、暗き程に急ぎ出《い》づるは」と目とゞめさせ給ふ。（中略）

「常陸殿のまかでさせ給ふ」

と（北ノ方ノ供人ガ）申す。若やかなる御前《ごぜん》ども（＝宮ノ前駆ノ人々）、

「『殿』こそあざやかなれ」

と笑ひあへるを聞くにも、（北ノ方ハ）「げに、こよなの（＝段チガイニ劣ッタ）身の程や」と、悲しく思ふ。（同、東屋）――「宮」は匂宮。常陸の介の北の方は、宮の妻である宇治の八の宮の二女（中の君）の腹ちがいの妹（浮舟）の生母。

アのように、地の文では「せ給ふ」「させ給ふ」は、帝・院・皇后・中宮など、身分のきわめて高い人に用い、最高敬語といわれ、ウの匂宮に用いたのは例外。けれども、会話などでは、広く用いられます。イは、光源氏が紫の君の祖母なる尼君に言う言葉。ウでは常陸の介の北の方の供人が主人の動作に用いていますが、匂宮への答えとしては、匂宮の前駆の人が問いに来て、その人に答えるにしても、「常陸殿」というのも「させ給ふ」というのも、適当ではないわけで、その点を、殿とは、はっきり言ったなあと、笑われたわけでしょう。

われに今一度声をだに聞かせ給へ。（源氏物語、夕顔）――亡き愛人の骸《むくろ》に呼びかけた

ことば。

（源氏ノ君ハ）かの右近（＝女ノ名）を召し寄せて、局《つぼね》など近くたまひて、さぶらはせ給ふ。（同上）

大殿《おほとの》（＝源氏ノ君ノ妻ノ父ナル左大臣）も、……日々に（源氏ノ邸ニ）わたり給ひつゝ、さまざまのことをせさせ給ふしるしにや、（源氏ハ）……おこたるさまに（＝快復ノ様子ニ）見え給ふ。（同上）

右は、「せ給ふ」「させ給ふ」とあっても、「せ」「させ」が使役の場合の例です。最後の例は、大殿がさまざまのことをなされるとも読めそうですが、「大殿」の動作に「させ給ふ」を添えるのは前述のように地の文としては問題であるし、さまざまのことは、源氏の病気快復のための加持祈禱なのですから、その道の人におさせになる、すなわち、「させ」は使役とみるのが当然なのです。

この「たまふ」を、「たぶ」「たうぶ」ということがあります。アは動詞、イは助動詞の例です。

ア　家に少し残りたりける物どもは、竜《たつ》の玉を取らぬ者どもにたびつ。（竹取物語）

イ　わが聞きし耳によく似て、あしかびの（＝枕詞）足ひくわがせ、勤《つと》めたぶべし（＝療養ニオツトメアソバセ）（万葉集、巻二、一二八）

ア（父ノ）大納言が斬《き》られ候はんにおいては、成経《なりつね》とても甲斐なき命を生きて何にかはし候ふべき。たゞ（父ト）一所《いつしよ》でいかにもなるやうに、（アナタカラ、清盛公ニ）申してたばせ給ふべうや候らん。（平家物語、巻二、少将乞請）――少将成経が妻の父なる平教盛に言う言葉。教盛は清盛の弟。

ア　三月ばかりに越《こし》へまかりける人に酒たうびけるついでに、（後撰集、離別、一三九題詞）

イ　これかれたがひに……御館《みたち》より出《い》でたうびし日より、こゝかしこに追ひ来る。（土左日記、正月九日）

また、『平家物語』には、木曾義仲のことばとして、次のような例もあります。

そも〳〵わ殿《どの》を鼓判官《つゞみはんぐわん》といふは、よろづの人に打たれたうか、はられたうか。（巻八、鼓判官）

この「たうか」は「給ふか」の変わったものだといわれます。

この「給ふ」が口頭語から消える時代に、「のたまふ」も消えていき、「読ませらるる」「投げさせらるる」「仰せらるる」というような言い方を中心として、いろいろな尊敬の言い方が発達していきます。それはまた、活用一般にも変化が生じて、古代語から近代語への移り変わりの時代ともなります。

ついでに申しますと、「れ給ふ」「られ給ふ」という場合の「れ」「られ」は、尊敬である場合はまずなくて、受身か可能か自発かであるのが普通のようです。

（コノ人ハ）人がらもやむごとなく世に思はれ給へる人なれば、（源氏物語、若紫）

（源氏ノ君ハ）おぼしめぐらす事多くて、まどろまれ給はず。（同上）

若君（＝幼イ紫ノ君）は、いとむくつけう、「いかにする事ならん」とふるはれ給へど、（同上）――「ふるはれ」は、ふるえまいと思っても自然にぶるぶるとふるえてしまうので、自発。

（源氏ノ君ハ）とかく助けられ給ひてなむ、二条の院へ帰り給ひける。（同、夕顔）

しばしうち休み給へど、寝られ給はず。（同、空蟬）

空のみながめられ給ひて、（同、葵）――見るつもりもなしに、自然と目が空のほうにいくので、自発。

(4) 特別な動詞

たまふ・たまはす…………クダサル

のたまふ・のたまはす……オッシャル

どちらも「す」の付いたほうが、敬意が高いと考えられます。この「す」はもと使役の助動詞で、人をして「賜《たま》ふ」こと、「宣《のたま》ふ」ことをさせる意から、全体として高い尊敬語になったと思われます。「たまふ」については前に述べました。

後涼殿《こうらうでん》にもとよりさぶらひ給ふ更衣の曹司《ざうし》（＝ヘヤ）を他《ほか》に移させ給ひて、（ソノアトヲ桐壺ノ更衣ニ）上局《うへつぼね》にたまはす。（源氏物語、桐壺）――桐壺の更衣が帝のお側にあがった時の控えのへやとして与えられたのである。

暇さらに許させ給はず、……「なほ、（宮中デ）しばし試みよ」とのみのたまはするに、（同上）

元来は、高位の人から下位の人に、与える・言う意を表わす動詞で、

御禄《ろく》の物、上《うへ》の命婦《みやうぶ》、取りてたまふ。（源氏物語、桐壺）

とあるのは、帝から左大臣へ下される御禄の物を、上の命婦（＝帝付きの命婦と呼ばれる女官）が取り次いで渡すのを言ったので、動作をしている命婦が尊敬されたわけではありません。

女に、内侍のたまふ。「仰せ言に、かぐや姫の容貌《かたち》、優《いう》におはすなり、よく見て参るべき由《よし》のたまはせつるになむ、参りつる」と言へば、（竹取物語）

とある「内侍のたまふ」も、帝の言葉を言いくだす意で、内侍が尊敬された言い方ではないのです。源氏の君から、

かの、ありし中納言の子は（ワレニ）得させてんや。らうたげに見えしを、身近く使ふ人にせん。

と相談をもちかけられた紀伊守《きのかみ》が、

いとかしこき仰せ言に侍るなり。姉なる人にのたまひみん。（帚木）――大系本では

「のたまひてん」とあるが、「のたまひみん」とある本に従う。

と答えたのも、「仰せ言として伝えてみましょう」というような気持ちで、以上の三例のようなのは、尊敬語とは別扱いにすべきものです。

めす（二九八ページ参照）

大君のめしし野辺には標《しめ》ゆふべしも（万葉集、巻二十、四五〇九）

さもらへど昨日も今日も召すこともなし（同、巻二、一八四）

石麻呂《いしまろ》にわれ物申す、夏瘦《なつやせ》によしといふ物ぞ、むなぎ取りめせ（同、巻十六、三八五三）

思ほす・思ほしめす・おぼす・おぼしめす……オ思イニナル

聞こす・聞こしめす

知ろす・知ろしめす

ます・います・まします

天《あめ》にます月読をとこ（万葉集、巻六、九八五）

わがせこが国へましなば（同、巻十七、三九九六）

筑紫の国に、泣く子なす慕ひ来まして（同、巻五、七九四）

君が行く海辺の宿に霧立たば、我《あ》が立ち嘆く息と知りませ（同、巻十五、三五八〇）

平らけく親はいまさね、つゝみなく妻は待たせと……祈り申して（同、巻二十、四四〇八）

かくばかり降りしく雪に、君いまさめやも（同、巻十九、四二三三）
神・仏、明らかにましまさば、この憂《うれ》へやすめ給へ。（源氏物語、明石）

おはす・おはします

藤大納言ぞかの院の別当におはせしかば、そのし給へる事なめり。（枕草子、円融院の御はての年）
上《うへ》（＝ココデハ中宮ノ母、関白道隆ノ北ノ方）日々に（中宮ノモトニ）渡り給ひ、夜もおはします。君たちなどおはすれば、御前《おまへ》人少なならでよし。（同、関白殿二月廿一日に）
「葛城の神、今ぞずちなき」とて、（頭ノ中将ノ）逃げおはしにしを、（同、故殿の御服のころ）
ものけ給はる。いづくにおはしますぞ。（源氏物語、帚木）——幼い弟が、伊予の介の後妻である姉に呼びかけたことば。

ご覧ず……ゴランニナル
大殿ごもる・御殿ごもる……オ寝《ヤス》ミニナル
まゐる……メシアガル・オ使イニナル、など

「御湯まゐれ」などさへあつかひ聞え給ふを、（源氏物語、葵）
あやしさに、御ゆする参り（＝髪ヲオ洗イニナリ）、御衣《そ》着かへなどし給ひて、（同

上）

（源氏ノ君ハ）中将の君といふ（女房）に御足など参りすさびて、大殿ごもりぬ。（同上）――「参りすさぶ」は、さかんにおもませになる意。

今宵《こよひ》はなほ静かに加持などまゐりて出《い》でさせ給へ。（同、若紫）――大徳が源氏に勧めることば。私が奉仕する加持などお受けになって、の意。この例より前に、「さるべき物作りてすかせ（＝飲マセ）奉り、加持などまゐるほど、日高くさしあがりぬ」とある「まゐる」は大徳の動作で、謙譲語。

たてまつる……オ乗リニナル・オ着ニナル・メシ《メシ》アガル

（源氏ヲ）わが御車に乗《の》せ奉り給うて、自《みづか》らは（＝左大臣自身ハ）ひき入りてたてまつれり（＝奥ノホウニオ乗リニナッタ）（源氏物語、若紫）

（葵ノ上ノ死ノタメ源氏ハ）にばめる御衣《ぞ》たてまつれるも夢の心地して、（同、葵）

壺なる御薬たてまつれ（＝メシアガレ）。きたなき所の物きこしめしたれば（＝メシアガッタカラ）御心地あしからむものぞ。（竹取物語）――天人の一人がかぐや姫に言うことば。

右の例で、「まゐる」「たてまつる」が尊敬語として用いられている場合に「給ふ」が付いていないのに注意しましょう。

『平家物語』などでは、

御元服あり・御参籠あり・御参内あり
叡覧あり・行幸あり
御たづねあり・御嘆きあり・御参りあり
行幸なる・叡覧なる・御寝《ぎよしん》なる

という式の言い方が目につきます。その中で、「おはします」の漢字書き「御座」を音読して、

法皇は……錦帳《きんちやう》近く御座あって、千手経《せんじゆきやう》をうちあげ〳〵あそばされけるに（平家物語、巻三、御産）――中宮安産の祈りの場。「錦帳」は、中宮御寝所のまわりの錦の帳。

というように用いた「御座あり」が、後世「ござる」という丁寧語になり、現代語の「ございます」のもととなることが注意されます。

c　謙譲

(1)まつる

楯並《たたな》めて（＝枕詞）泉《いづみ》の川の水脈《みを》絶えずつかへまつらむ大宮所（万葉集、巻十七、三九〇八）

わが大君皇子《みこ》の御門《みかど》を神宮《かむみや》に装束《よそ》ひ奉《まつ》りて（同、巻二、一九九）

見《み》奉《まつ》りて未《いま》だ時だにかはらねば、年月のごと思ほゆる君（同、巻四、五七九）

右のような用法の中で、「つかへまつる」が最も例が多く、平安時代には「つかうまつる」となり、さらに「つかまつる」となり、意味も、次の例のように、動詞「す」の謙譲語のようにも用いられていきます。

(桐壺院ハ)大将(=源氏ノ君)にも公《おほやけ》(=朝廷)に仕《つか》うまつり給ふべき御心づかひ、……返すがへすのたまはす。(源氏物語、賢木)

やがて(=コノママスグ)御送り仕うまつらん。(同、若紫)――左大臣が婿の光源氏にいう。

さて、それをば、いかゞつかまつらむずる。(平家物語、巻一、鹿谷)

与一、……「はづれんは知り候はず、御諚で候へば、つかまってこそみ候はめ」とて、御前《おんまへ》をまかりたち、……みぎはへ向いて(馬ヲ)歩ませければ、みかたの兵《つはもの》ども、……「この若者、一定《いちぢやう》つかまつり候ひぬとおぼえ候」と申しければ、判官《はうぐわん》(=源義経)もたのもしげにぞ見給ひける。(同、巻十一、那須与一)――「つかまつりて」を「つかまって」と言った。その時代には、「奉りて」も「たてまって」とも言った。

兼平も勢田《せた》で打死《うちじに》つかまつるべう候ひつれども、(同、巻九、木曾最期)

この「まつる」は、もとは次のように用いられる動詞でした。

礪《と》波《なみ》山手《た》向《むけ》の神に、幣《ぬさ》まつり我《あ》がこひのまく(万葉集、巻十七、四〇〇八)

……高杯《たかつき》に盛り机に立てて、母に奉《まつ》りつや……父に献《まつ》りつや……(同、巻十六、三

八八〇）

(2) たてまつる

いみじう忍びて、この御子《みこ》を……右大弁の子のやうに思はせて、率《ゐ》てたてまつる（＝オツレ申シアゲル）。（源氏物語、桐壺）

（帝ハコノ御子ヲ）源氏になしたてまつるべく、おぼし掟《おき》てたり。（同上）

「光る君」といふ名は、高麗《こま》人《うど》の愛《め》で聞えて付けたてまつりけるとぞ、（同上）

（源氏ノ君ノオ帰リニナルノヲ）見たてまつり送るとて、このもかのもに、あやしきしはぶるひ人ども（＝卑賤ナ老人ドモガ）集りゐて、涙をおとしつゝ見たてまつる。（同、賢木）——「見送り奉る」でなく、「見奉り送る」というのに注意。「しはぶるひ人」は、たしかな意味はわからない。

これも、元来は、次のように用いられる動詞でした。

四方《よも》の国には山河《やまかは》を広み厚みと、たてまつる御調宝《みつきたから》は、数へ得ず尽くしもかねつ（万葉集、巻十八、四〇九四）

韓国《からくに》に行きたらはして帰り来むますらたけをに御酒《みき》たてまつる（同、巻十九、四二六二）

「これ、頭《とう》の殿の奉らせ給ふ。御返りごと、とく」と言ふ。（枕草子、頭の中将の、すゞろなるそら言）——頭の中将の使者のことば。文の受取人は清少納言。

(3)きこゆ・きこえさす

（亡クナラレタ御祖母《オバ》北ノ方ハ）年ごろ馴れむつび聞え給ひつる（御子《ミコ》）を、見奉り置く悲しびをなむ、返す〴〵のたまひける。（源氏物語、桐壺）――御子は後の光源氏。

源氏の君は、……たゞ藤壺の御有様《ありさま》を「たぐひなし」と思ひ聞えて、（同上）

惟光《これみつ》、（源氏ノ君ノイル某ノ院ヲ）たづね聞えて、御くだものなど参らす。（同、夕顔）

紛るゝ事なくて来し方の御事を思ひ給へ出《い》づるつれ〴〵のまゝには、思ひやり聞えさする事多く侍れど、かひなくのみなむ。（同、賢木）――斎院に仕えている女房から源氏の君に対する返事の手紙。

（帝ハ）この御方の御いさめをのみぞ、なほ、わづらはしく心苦しう思ひ聞えさせ給ひける。（同、桐壺）――「この御方」は第一皇子の母である弘徽殿の女御。

「聞えさす」のほうが、動作のかかわる方面が高く扱われることになりますが、最後の例のように「思ひ聞えさせ給ふ」となると、「思ひ聞え＝させ給ふ」なのか、「思ひ聞えさせ＝給ふ」なのか、という問題も出ます。ここでは、前者と考えるのがよくはないかと思います。若菜上の巻に、

春宮は「……」など聞かせ給ひて、（父ナル院ノモトニ）渡らせ給へり。（春宮ノ）母

女御も添ひ聞えさせ給ひて、まゐり給へり。

とある「添ひ聞えさせ給ひ」は、春宮と母女御とでは春宮のほうが上位とみられるので、「添ひ聞えさせ＝給ひ」と考えたいですが、この前後に二つある例は、春宮の父なる朱雀院を主語として、

みかども、御心の中に、いとほしきものとは思ひ聞えさせ給ひながら、（春宮ガ）御年の程よりはいとよくおとなびさせ給ひて、御後見どもも、こなたかなた軽々しからぬ仲ならひに物《もの》し給へば、いと後安《うしろやす》く思ひ聞えさせ給ふ。

とあって、「思ひ聞え＝させ給ふ」と考えるほうが適当でしょう。

さて、この「きこゆ」「きこえさす」も、元来は、音が耳にはいる意の「きこゆ」から出て、申しあげる意になった動詞でした。「さす」は使役の助動詞で、直接に申しあげず、取り次ぎをして申しあげさせる気持ちなのが転じて、「きこえさす」は、「きこゆ」より高く、動作の及ぶほうを待遇する動詞となったものです。

二条の后《きさき》の東宮の御息所《みやすんどころ》ときこえける時、（古今集、春上、八題詞）

──→二条の后のまだ東宮の御息所と申しける時に、（同、雑上、八七一題詞）

「いとあしきことなり」と、これかれ聞ゆ。（源氏物語、帚木）──女房たちが源氏の君に。

聞えさせつるやうに（＝申シアゲマシタヨウニ）容貌《かたち》など、いとまほにも侍らざりし

かば、(同上) ──雨夜の品定めで、光源氏を中心とした席で、ある人の思い出話の一節。

「……女の宿世《すくせ》は、いと浮かびたるなん、あはれに侍る」など聞えさす。(同上)

──紀伊守《きのかみ》が源氏の君に。

○『源氏物語』などでは、「きこゆ」と「たてまつる」とでは、付く動詞に違いがあったようです。いちばん目立つのは、「思ふ」には「きこゆ」、「見る」には「たてまつる」が付くことです。

志《こころざし》を見えたてまつり、(桐壺)

志を見えきこえ給へば、(少女)

のように、どっちも付くという例は少ないようです。

(4)申す

本来は「言ふ」意の謙譲語で、古くはマヲス、転じてマウスとなり、マウスの例も『万葉集』に見えます。

旅行きに行くと知らずて母父《あもしし》に言《こと》まをさずて今ぞ悔しけ(万葉集、巻二十、四三七六)

──下野国出身の防人の歌。

否と言へど語《かた》れ語れと詔《の》らせこそ志斐《しひ》いは奏《まを》せ、強語《しひがた》りと言ふ(同、巻三、二三七)

──志斐氏の老女が天皇に答えた歌。

万世《よろづよ》にいまし給ひて、天《あめ》の下まをし給はね、朝廷《みかど》去らずて（同、巻五、八七九）——大宰帥から大納言に任ぜられて帰京する大伴旅人を送別する歌。「天の下まをす」とは、天下の政を執奏すること。

家人《いへびと》の斎《いは》へにかあらむ、平らけく船出はしぬと、親にまうさね（同、巻二十、四四〇八）——大伴家持が防人の気持ちをよんだ歌。「斎へにか」は「斎へばにか」の意。心身を清浄に保って祈っているからだろうか、と無事な船出のできたわけを推量した。

右の「申す」を動詞のあとに添えて、「す」の意に、また単に、謙譲の意を添えるのに用います。

いろ着《け》せる菅笠小笠、我が頸《うな》げる（＝クビニカケテイル）玉の七条《なゝつを》、取り替へも申さむものを（万葉集、巻十六、三八七五）——「いろ着せる」は、あなたが着ていられる、の意とする説による。

天飛《あまと》ぶや鳥にもがもや、都まで（貴殿ヲ）送りまをして飛びかへるもの（同、巻五、八七六）

住吉《すみのえ》の我《あ》が皇神《すめがみ》に、幣奉《ぬさまつ》り祈りまうして、（同、巻二十、四四〇八）

『源氏物語』などでも、「まうす」で、右のような用法はあります。

「かゝる御文《ふみ》見るべき人もなしと、（源氏ノ君ニ）聞えよ」とのたまへば、うち笑《ゑ》みて、「違《たが》ふべくものたまはざりしものを、いかゞ、さは申さん」といふに、（源氏物語、帚木）――姉と幼い弟との会話。

（明石ノ入道ハ）「今なん、この世の境を心安く行き離るべき」と、弟子どもにいひて、……仏・神を頼み申してなん、（カネテ用意シタ深キ山ニ）移ろひける。（同、若菜上）

「つてに承《うけたまは》れば、わか君、春宮にまゐり給ひて男宮生まれ給へるよしをなん、深く喜び申し侍る。……心一つに多くの願を立て侍りし。その返り申し（＝オ礼参リ）、……わか君国の母となり給ひて、願ひ満ち給はん世に、住吉《すみよし》の御社をはじめ、果し申し給へ。（同上）――明石の入道の、娘に書き送った文。その娘と源氏との間に生まれた女性が、春宮の女御として皇子を生み、国母となることが期待されている。

これらの用法を見ると、「聞ゆ」よりも重々しい気持ちのように感じられます。

○右の「申す」が、「ます」と言われた例として、よく『栄花物語』の冒頭の部分が引かれます。

世の中に、宇多のみかどと申すみかどおはしましけり。そのみかどの御子《みこ》たちあまたおはしましける中に、一の御子敦仁の親王とましけるぞ、位につかせ給けるこそは、醍醐の聖帝とまして、世の中に天の下めでたき例《ためし》にひきたてまつるなれ。

これは本来の動詞としての例ですが、このように「ます」となっても、このあとに、同じように用いられている「聞ゆ」よりも重々しく用いられていることが考えられるでしょう。

その頃の太政大臣基経の大臣《おとゞ》と聞えけるは、宇多のみかどの御時にうせ給ひにけり。中納言長良と聞えけるは、太政大臣冬嗣の御太郎にぞおはしける、後は贈太政大臣とぞ聞えける、かの御三郎にぞおはしける、その基経の大臣《おとゞ》うせ給ひて、後の御諡《いみな》昭宣公と聞えけり。

この文は読みにくいですが、「かの御三郎」は、「中納言長良と聞えける（人ノ）御三郎」の意で、基経のことを言っているので、「その基経の大臣」と受けています。

冬嗣―長良―基経（長良ノ三男）

という関係なのです。ここで、「基経の大臣とましけるは」とも、「中納言長良とましけるは」ともないことに注意してください。

さてまた、右の例の最初の「宇多のみかどと申すみかど」の「申す」も、「ます」と読むのかどうかの問題も出ますが、『栄花物語全注釈』の注によりますと、「僅かではあるが『まうし』と仮名書きになっているところもあり、『まし』『まうし』は併用されたようである」ということで、たくさんある「申す」のよみは決めにくいという外はないでしょう。それにまた「ます」もその仮名の通りの発音であったか、「まっす」の促音表記法がなかったから、「ます」と書いたのか、ということも問題です。後には「ます」になるにしても「まうす」が「ます」になるのには、その途中に「まっす」などがあったと考えられる

からです。それから、現代語の「モース」という発音は、アウと続く音がオーと発音されるように変化した時代があって、

扇　あふぎ↓アウギ↓オーギ

候　さうらふ↓サウラウ↓ソーロー

太郎　たらう↓タロー

書かむ↓書かう↓カコー

読まむ↓読まう↓ヨモー

のように変化していったのと同じころに変わったもので、そのためには、一般に、マウスの時代があったはずですから、「ます」という言い方が出ても、「まうす」が相当行なわれていたことも考えなければなりません。「ます」は現代語にはなくなりましたが、これは、現代語の丁寧の助動詞「ます」の中に流れこんだと考えられています。ただし、助動詞「ます」の成立の中心は、次に述べる「まゐらす」の流れなのです。

(5) まゐる・まゐらす

まず「まゐる」について述べます。「まゐ」という連用形しか見えないのですが、古く、終止形を「まう」と推定される動詞があって、

玉ほこの（＝枕詞）道に出《い》でたち、岩根ふみ野越え山行き、都へにまゐし（＝参上シ

夕）わがせを、（万葉集、巻十八、四二六）

と用いられました。この「まゐ」を次のように、他の動詞の頭において、

桜花咲きなむ時に、山たづの（＝枕詞）迎へ参《まゐ》出《で》む、君が来まさば（万葉集、巻六、九七二）

霜の上に霰《あられ》たばしり（＝以上、序詞）、いやましに我《あれ》はまゐ来《こ》む、年の緒《を》長く（同、巻二十、四二九八）――正月四日、大伴氏の長の家持の家に氏人が集まって祝宴をした時に、氏人の一人が詠《よ》んだもの。

というように謙譲語を作りました。右の「まゐづ」は、平安時代には「まうづ」となり、神社や寺へ「詣《まう》づ」と用いられるようになって現在にいたります。『源氏物語』に、女御・更衣が自室からみかどのお側に参上するのを「まうのぼる」というのも、「まゐのぼる」から変わったものです。これから問題にする「まゐる」も、もとは「まゐ入《い》る」のはずですが、これは「い」がおちて出来たものです。

右のようなわけで、「参る」は元来は、君主などのもとへ参上する意の謙譲語ですが、だんだん広く用いられて、奉仕する意になり、貴人のために格子を上げ、またはおろすのにも「御格子まゐる」と言い、足をもみなどするのも「御足まゐる」と言うかと思うと、「まゐらす」という語もあるのに、

舞ひ果つる程に、おとゞ、院に御かはらけ（＝オ盃）参り給ふ。（源氏物語、少女）

というようにも用います。それが転じては、すでに述べましたように、尊敬語としても用いる（三〇九ページ）複雑なことになります。

「まゐらす」は、「まゐる」に使役の助動詞の付いたもので、

（母ノ里デ生マレタ御子ヲ）急ぎ参らせて御覧ずるに、（源氏物語、桐壺）

御後見たち、御兄《せうと》の兵部卿の親王《みこ》など、「……」などおぼしなりて、（宮ヲ）参らせ奉り給へり。藤壺と聞ゆ。（同上）

などでは、使役の気持ちが強いけれど、

惟光《これみつ》、（ナニガシノ院ノ源氏ノ君ヲ）たづね聞えて、御くだものなどまゐらす。（同、夕顔）

この例では、一語化した、さしあげるという意味の謙譲の動詞と感じられるでしょう。

さらに、これが、他の動詞の下に付いて、

御膳《おもの》の折になりて、御髪上《みぐしあ》げ（＝理髪ノ女官ガ）参りて、蔵人《くらうど》ども、御まかなひの髪、あげてまゐらするほどは、（枕草子、淑景舎、東宮に）――「蔵人」は女蔵人、「御まかなひ」はお給仕役。

のように、「て」の下にあるのはもちろん、

御手水《てうづ》まゐる。……汗衫《かざみ》長くひきて、（運ンデ来タ御手水ヲ）取り次ぎまゐらする、

いとなまめきをかし。（同上）

のように、動詞にすぐ付いているのでも、まだ、「さしあげる」という気持ちが感じられますが、

さて、うちのわたらせ給ふを（＝主上ノオ通リニナルノヲ）見奉らせ給ふらん（女院ノ）御心地、思ひやりまゐらするは、飛び立ちぬべくこそおぼえしか。……よろしき際《きは》の人だに、なほ、子のよきはいとめでたきものを、かくだに思ひまゐらするも、かしこしや。（枕草子、八幡の行幸のかへらせ給ふに）――この女院は、主上の御生母。

というような用法になると、さしあげるという気持ちでなく、「思ひやる」「思ふ」という動詞に謙譲の意を添えるだけの、助動詞という気持ちになるでしょう。

こうした用法は、鎌倉時代になって、「聞ゆ」「聞えさす」が用いられなくなって、その代わりに盛んに用いられるようになります。

君の御謀反《ごむほん》すでにあらはれさせ給ひて、土佐の畑《はた》へ流しまゐらすべしとて、官人《くわんにん》ども御迎へに参り候。（平家物語、巻四、信連）

宗盛の卿、この宮を見まゐらせて、父の相国《しやうこく》禅門（＝清盛）の御前《まへ》におはして、「なにと候やらん、この宮を見たてまつるが、あまりにいとほしう思ひまゐらせ候。理を曲げてこの宮の御命をば宗盛に賜《た》び候へ」と申されければ、（同上、若宮出家）

――「この宮」は、高倉宮の御子、時に七歳。

この「まゐらす」に「させ給ふ」を付けたのは「まゐらせさせ給ふ」となるはずですが、「まゐらっさせ給ふ」と発音され、その促音表記がまだできなくて「まゐらさせ給ふ」とあるのが普通でした。次の例は、鬼界が島へ辿《たど》り着いた有王が、俊寛僧都に会って語る言葉です。

北の方は幼き人を隠しかねまゐらさせ給ひて、鞍馬の奥にしのばせ給ひて候ひしに、……幼き人はあまりに恋ひまゐらさせ給ひて、参り候ふたびごとに、「有王よ、鬼界の島とかやへ我具《われぐ》してまゐれ」とむつがらせ給ひ候ひしが、（平家物語、巻三、僧都死去）

さて、この「まゐらす」から、「まゐらする」「まらする」「まっする」というように変わるとともに、用法も丁寧のほうに変わって、現代語の「ます」が生じるわけですが、「ます」になるのには、「申す」から出た「ます」の、用法も変わっていったものが流れ込んでいるだろうと考えられております。これらのことは、ここでは、例も省略して、ただ荒筋を述べるだけにしておきます。

(6)まかる

これは、高貴な所から退出する意の動詞で、山上憶良が、宴席から去ろうとして、

憶良らは今は罷《まか》らむ、子泣くらむ、それその母も吾《わ》を待つらむぞ（万葉集、巻三、

三三七）

と詠《よ》んだのは、その線での用法でした。その連用形が、「まゐる」「まゐづ」の「まゐ」の反対の意味を表わして、次のように用いられました。

唐《もろこし》の（＝唐トイウ）遠き境につかはされまかりいませ（＝コノ国ヲ去ッテイラッシャルノデ）（万葉集、巻五、八九四）

もゝしきの（＝枕詞）大宮人の退出《まかりで》て遊ぶ船には、楫棹《かぢさを》も無くてさぶしも、こぐ人なしに（同、巻三、二五七）

「内裏《うち》よりか」（中略）「しか。まかで侍るまゝなり」（源氏物語、末摘花）——「まかで」は、「まかりで」から「まかんで」となった、その撥音表記のないもの。しかし、後には撥音を入れずに言われるようにもなったと思われる。

おぼす様《さま》にて（宮中ニ）まゐりまかで給ふも、いとめでたければ、（同、澪標）

——これで「まゐる」と「まかづ」とが互いに反対語となっていることが知られます。

この「まかる」が、段々原義が忘れられていき、ついには、謙譲の意を添える接頭語のようになります。

それは于定国《うていこく》が事にこそ侍るなれ。……たま〳〵この道（＝学問ノ道）にまかり入りにければ、かうだにわきまへ知られ侍る。（枕草子、大進生昌が家に）

「いづ方にぞ」「（女タチハ）みな下屋《しもや》におろし侍りぬるを、えや、まかりおりあへざらん」と聞ゆ。（源氏物語、帚木）――紀伊守《きのかみ》の源氏に対する答え。

日ごろは音にも聞きつらん、今は目にも見給へ。木曾殿の御《おん》めのと子《ご》今井の四郎兼平《かねひら》、生年《しやうねん》三十三にまかりなる。（平家物語、巻九、木曾最期）

こうして、もっぱら会話や手紙の文に用いられるようになると、丁寧語という気持ちにもなります。次の例は、「行く」という意の「まかる」を、相手の動作に用いて、役人として高く構えた言い方です。

このまかる者ども、しばしまかりとまれ。（落窪物語）（二九五ページ参照）

○その他の謙譲語

以上の叙述の中に、謙譲の動詞にもだいぶ触れましたが、下二段活用の「たぶ」「たまふ」と、頂戴する意の「たまはる」に関して、お話ししておきたいと思います。

たぶ・たうぶ

酒をたうべて、たべゑうて、（催馬楽《さいばら》、酒飲）

雷の壺（＝宮中ノ襲芳舎ノ別称）に召したりける日、大御酒《おほみき》などたうべて、雨のいたう降りければ夕さりまで侍りて……（古今集、離別、三九七題詞）

これらは、飲み食ふ意の謙譲語で、頂戴する意です。「たまふ」の「ま」の母音がおちて、撥音（m）になったために、「ふ」が濁音化したもので、その撥音が「う」（馬・

梅の「う」）で表記されたものと考えられます。「たぶ」は、それがさらに変化したもので、現代語の「食う」の丁寧語「たべる」につながります。『徒然草』に、

この酒をひとりたうべんがさうぐ〳〵しければ、申しつるなり。（二百十五段）

とあるのなどは、丁寧語といってもよいでしょう。

たまふ

鈴が音《ね》の早馬駅家《はゆまうまや》のつゝみ井《ゐ》の水をたまへな、妹《いも》が直手《たゞて》よ（万葉集、巻十四、三四三九）

駅馬には、官用のしるしとして鈴が付けてありました。それがとめてある駅舎に設けた、涌き水を飲用に石などで囲って溜めてある所が、つつみ井です。この歌は、そこにはたらく若い女性などに呼びかけた趣でしょう。お前さんのそのじかの手で掬った水を、その手から頂戴したいな、という気持ちで言っているのです。

黒酒《くろき》白酒《しろき》の御酒《みき》を、赤丹《あかに》のほにたまへゑらき（＝顔モ赤ク頂戴シニコニコトナッテ）（続日本紀、宣命、天平神護元年十一月）

こういう意味で用いるのが本来のものでしょうが、前に述べましたように、丁寧の用法とみられるように変わっていきます。（二九六ページ参照）

たまはる

これも、いただく、頂戴する、という意味ですが、飲み食うほうではなく、上位のも

のから下さる品物なり言葉なりを受けとる側での、いただく、頂戴するなので、言葉を受けとる意では、「受けたまはる（承る）」が多く用いられます。

この賜《たま》ふ帯をたまはりて、汝《いまし》たちの心をとゝのへ直し、朕《あ》が教へ事に違《たが》はずして束《つか》ね治めむ表《しるし》となも、この帯を賜はく、（続日本紀、宣命、神護景雲三年十月）

足柄の御坂《みさか》たまはり、顧みず吾《あれ》は越《く》えゆく（万葉集、巻二十、四三七二）――防人の歌。

足柄の坂の神に、道をいただいて、で、通行をゆるしてもらっての意をいう。

色深くせなが衣《ころも》は染めましを、み坂たばらばまさやかに見む（同上、四四二四）――防人の妻の歌。「たまはる→たうばる→たばる」の変化による「たばらば」です。

御階《みはし》のもとに、親王《みこ》たち、上達部《かんだちめ》つらねて、禄《ろく》どもしな〴〵にたまはり給ふ。（源氏物語、桐壺）

（平重盛ガ、中宮ノ御方デ蛇ヲ見ツケテ、ソレヲ捕エテ）「六位や候〳〵」と召されければ、伊豆の守《かみ》（＝源頼政ノ長男）そのころはいまだ衛府《ゑふ》の蔵人《くらんど》でおはしけるが「仲綱」と名のって参られたりけるに、この蛇《くちなは》をたぶ。たまはって、弓場殿《ゆばどの》をへて殿上の小庭に出《い》でつゝ、御倉《みくら》の小舎人《こどねり》を召して、「これたまはれ」といはれければ、大きに頭《かしら》をふって逃げ去りぬ。力及ばで（＝シカタガナクテ）わが郎等《らうどう》競《きほふ》の滝口《たきぐち》を召してこれをたぶ。たまはって捨ててンげり。（平家物語、巻四、競）

（村上天皇ノ御病気ガ重イノデ）小野の宮のおとゞ、忍びて奏し給ふ。「もし非常の事もおはしまさば、東宮には誰をか」と御《み》けしき給はり給へば、「……五の宮をなん、しか思ふ」と仰せらるれば、うけたまはり給ひぬ。（栄花物語）

「御けしき給はる」は、御意をいただくという言い方ですが、実際は、この例のように、お伺いをたてて、お言葉をいただくことになるので、簡単に言えば、御意向をおうかがいする、ということになります。そぶりや顔などを拝してお気持ちを推察し申すという場合にも用いられますが、とにかく「たまはる」には努力がいるわけで、こちらがどうもしないでいるのに、「御けしき」が出てくる場合は、「御けしきあり」で、「たまはる」は用いないのです。

（左大臣ノ一人娘）春宮《とうぐう》よりも御けしきあるを、おぼし煩ふことありけるは、この君（＝源氏ノ君）に奉らむの御心なりけり。（カネテ）内裏《うち》にも（＝主上ニモ）御けしきたまはらせ給ひければ、「さらば、この折（＝源氏ノ元服ノ折）の後見《うしろみ》なかンめるを、添臥《そひぶし》にも」と催させ給ひければ、さおぼしたり。（源氏物語、桐壺）

とある部分も、その線で解釈しなければなりません。「たまはらせ」は使役で、主上のきょうだいである北の方をして、お伺いをたてさせたと解するわけです。（三三二ページ参照）

紀伊守《きのかみ》に仰《おほ》せ言《ごと》たまへば、うけたまはりながら、退《しぞ》きて「……」と下に嘆くを、（源氏物語、帚木）

（ソノ仰セ言ハ）さらにうけたまはらじ。（同、夕霧）――全然承引できません、という気持ち。

奏す・啓す

特殊なものとして、天皇や上皇に申しあげる意の「奏す」、皇后・中宮・皇太子などに申しあげる意の「啓す」があります。「奏す」の例は、前の『栄花物語』からの例文にもありました。

除目《ぢもく》の頃など、内裏《うち》わたりいとをかし。……中文《まうしぶみ》もてありく。……老いて頭《かしら》白きなどが人に案内いひ、女房の局《つぼね》などによりて、……「よきに奏し給へ、啓し給へ」などいひても、（ソレニヨッテ官ヲ）得たるはよし、得ずなりぬるこそ（＝得ズジマイノ人コソ）いとあはれなれ。（枕草子、正月一日は）

（中宮ノ）御前にまゐりて、ありつるやう啓すれば、「こゝにても人は見るまじうやは。などかはさしもうちとけつる」と笑はせ給ふ。（ソコへ生昌《ナリマサ》ガ御硯ナドモチ来リ、清少納言ノ学識ニ驚イテ去ル）「なにごとぞ、生昌がいみじうおぢつる」と問はせ給ふ。「あらず。車の入り侍らざりつる事いひ侍りつる」と申して（自分ノ局《ツボネ》ニ）おりたり。（同、大進生昌が家に）

最後の「申して」も「啓して」とあってよいところですが、「啓す」しか用いないわけではないことをみるべき例としてあげました。

○　用言の敬譲の言い方に関連して、体言のこともあるわけですが、ここでは省略いたしました。

五　両方を高める言い方

これまであげた例文でも気が付かれたかと思いますが、尊敬語と謙譲語とをいっしょに用いた場合、動作の主と動作の関係していくほうとの、両方に敬意が向けられるということがはっきり考えられる必要があります。尊敬語と謙譲語といっしょに用いる場合は、謙譲語が前になるのが原則です。

尹《いん》の大納言光忠の入道、追儺《ついな》の上卿《しやうけい》をつとめられけるに、洞院《とうゐん》の右大臣殿に次第を申し請《う》けられければ、「又五郎男《をのこ》を師とするより外の才覚は候はじ」とぞのたまひける。

（徒然草、百二段）——「尹」は弾正台の長官。「追儺の上卿」は、十二月みそかの夜行なわれる鬼やらいの儀式の奉行《ぶぎやう》。

右の例の「申し請けられ」が「問ひ聞き」とあったなら、用言関係では何の待遇表現もないことになります。「申し請け」というので、「洞院の右大臣」が文の作者によって高められた扱いになり、「られ」によって同じく「光忠の入道」が高められた扱いになっているのです。つまり、文の作者は、「洞院の右大臣」と「光忠の入道」との両方を高めた言い方をしているのです。「申し請け」は、申し出て教えをうける気持ちです。ついでに言いますと、「才覚は候はじ」は、「才覚はあらじ」の丁寧な言い方で、洞院の右大臣が、相手の光忠の入道を丁寧に扱っている言い方であり、最後の「のたまひ」は文の作者が、洞院の右大臣を尊敬し高めた扱いの言い方です。

「御けしきたまはる」の例にあげた、『源氏物語』桐壺の巻の、

内裏にも御けしきたまはらせ給ひければ、(三二九ページ参照)

は、左大臣のしたことを言っているのですが、「内裏にも」が主上にもの意ですから、文の作者は「御けしきたまはる」という、「内裏にも」にふさわしく高めた言い方をしました。ところで、「せ給ひ」が全体で尊敬の言い方だとしますと、こういう言い方は『源氏物語』では地の文では左大臣などには用いない例ですから、「せ」は使役で、「給ひ」だけが、左大臣にふさわしく作者が高めた言い方をしたものということになります。つまり、左大臣は、誰かをして、主上の御意向をうかがわせたのであって、その誰かは、恐らく北の方であったろうと推定されます。左大臣の北の方は、主上と同母きょうだいだったのです。それにしても、左大臣の北の方となっては、いつでも宮中に参内して主上と面談というわけにもいかないでしょうから、北の方のほうから主上の側近の女房にでも手をまわし

て、主上の御意をうかがうということにはなるのでしょう。そんなことは、くどくどと書かなくても、当時の読者（宮廷を中心として生活している貴族の女性たち）にはすぐ理解できたものであったのでしょう。これに続く「催させ給ひければ」（三二九ページ参照）のほうは、左大臣を催す（＝ウナガス）という主上の動作を、作者が、主上の動作としてふさわしく高めて表現するために「せ給ふ」を添えて言っているわけです。

六　自敬表現

平家の都落ちで、摂政の藤原基通も主上の御供で出かけましたが、七条大宮の辺で気が変わって、止《や》めようという気持ちで、

御供に候進藤《しんどう》左衛門の尉高直《ぜうたかなふ》（ヲ）近う召して、「つらく事の体《てい》を案ずるに、行幸はなれども御幸《ごかう》もならず、行く末頼もしからずおぼしめすはいかに」と仰せければ、（高直ハ）御牛飼《おんうしかひ》に目を見あはせたり（＝目デ合図ヲシタ）。（牛飼ハ）やがて（＝スグ）心得て御車をやりかへし、大宮をのぼりに（＝北へムイテ）飛ぶが如くに（御車ヲ）つかまつる。（平家物語、巻七、主上都落）

とあります。自分が思うことを「おぼしめす」というのは、われわれの常識からは変だと

思われますが、身分の高い人は、こういう言い方をするのだという話もあります。こういうのを、自敬表現というのですが、たとえば、

お父さん、お昼めしあがりますか。

と、母の命令でたずねに来た娘に、

うん、たべるよ。

と父は答えても、娘が母にいう場合には、

お父さん、めしあがるとおっしゃってよ。

となるのと同じことで、古典語でも、作者や語り手の気持ちで同様なことになる場合もありますから、注意しなければなりません。

若宮の、……露けき中に過ぐし給ふも心苦しうおぼさるゝを、とく参り給へ、など、はか〲しうものたまはせやらず、むせかへらせ給ひつゝ、（源氏物語、桐壺）

とある「おぼさるゝ」も、自敬表現になるわけですが、実際には「思はるゝを」と言ったのを、語り伝えている女房の気持ちで、「おぼさるゝを」になったのだろうと考えられます。『万葉集』に、聖武天皇が、節度使として地方に出張する人々に酒を賜う時の御歌として、

（前略）天皇朕《すめらわ》がうづの御手《みて》もち（＝貴イオ手デ）かき撫でぞねぎ給ふ（＝ネギライナサレル）、うち撫でぞねぎ給ふ、かへり来む日相飲まむ酒《き》ぞ、この豊御酒《とよみき》は（巻六、

九七三)

とあるのなどは、すごい自敬表現になっていますが、これは儀式的な歌で、真実の歌の作者は中務省《なかつかさ》あたりの役人であって、こういう自敬表現で天皇の尊厳性を出そうというわけだったのだと言われております。

付編

「已然形＝や」はすべて言い切りである

標題の意味

この標題は、言いかえれば、「已然形＝や」は「已然形＝ば＝や」の意には用いられない、ということです。たとえば、『万葉集』巻一に、

打麻《うちそ》を麻続王《をみのおほきみ》　白水郎《アマ》有哉《ナレヤ》、伊良虞《いらご》の島の玉藻《たまも》刈ります（二三）

古《いにしへ》の人に和礼《ワレ》有哉《アレヤ》、楽浪《ささなみ》の古き都を見れば悲しき（三二）

という歌があり、前者は、流罪になって伊良虞の島で海人《あま》のするわざをして暮らしている麻続王を見て、時の人がいたましく思って詠《よ》んだものといい、後者は、天智天皇の大津の宮の荒廃した跡に立って、高市古人《たけちのふるひと》という人が詠んだものというのですが、この「海人なれや」―「古の人にわれあれや」の解釈の中に、「海人なればや」「古の人にわれあればや」の意とする説があり、その「や」は係りの助詞で「刈ります」「悲しき」がそれに呼応する結びであって、余情として「海人ではないのに……」「古の人ではないのに……」という反語的な気持ちが出ると説くのですが、そうして、この類の歌が他にもあるのですが、私は、ここでそういう考え方を否定し、一般に「已然形＝や」の形で出るもので、「已然形＝ば＝や」の意に用いられるものは無く、すべて、「已然形＝や」で言い切りになるものだということを主張しようとするのです。

　それでは、なぜ右のような解釈が出たかと言いますと、それは、已然形が「已然形＝ば」の意に古く用いられて、『万葉集』にその名残がありますので、「已然形＝や」の形に

もそれがありうると考えたからですが、それを否定するのには、そう考えられている一つ一つの例について、その不都合なことを論じていかなければなりませんので、そう簡単にはことが運べません。いろいろ回り道のようなことも考えて、ゆっくり論じ詰めようとしますので、そのつもりで読んでいただきたいと存じます。

まず、已然形で言い放した例

ここで、一般に「已然形＝ば」の意に用いられたと認められている「已然形」の例をあげるわけですが、その前に、そうは認められていますが、実は、それは已然形で言い放したものとみるべきだ、と考えられる例をあげます。

　家離《さか》りいます我妹《わぎも》をとどめかね、山隠都礼《ヤマカクシツレ》、情神《こころど》もなし（万葉集、巻三、四七一）

これは大伴家持の若い頃の作で、死んだ「我妹」を佐保山に埋葬したのですが、歌では、「我妹」が自ら家を出て行くように言い、それをとどめ得ずして山に隠れるのに任せてしまったと嘆いているわけです。この第四句は、「山隠しつれば」の意とするのが普通ですが、そのように続く形とみるよりも、詠嘆をこめて言い放したとみるほうが、歌の調子がずっと強くなるでしょう。

この考え方は、私が昭和十七年十月発行の『万葉雑記』（澤瀉久孝《おもだかひさたか》先生編）に発表したものですが、『奈良朝文法史』で、「こそ」の係りなしに、已然形で言い切った例として、

あらかじめ人言繁し、かくしあらば、しゑや吾が背子《せこ》、奥も何如荒海藻《イカニアラメ》（万葉集、巻四、六五九）

わが背子を「何処行目《イヅチユカメ》」跡《ト》、さき竹の背向《そがひ》に寝しく　今し悔しも（同、巻七、一四一二）

という例をあげている山田博士も、その『万葉集講義』では、「山隠しつれ」と言い切ったとは認めておられないものです。

大舟を荒海《あるみ》にこぎ出《い》で八船多気《ヤフネタケ》、わが見し子《こ》らがまみはしるしも（万葉集、巻七、一二六六）

荒海にこぎ出て、転覆しないように一所懸命に操作しているのを「や船たけ」と表現したのでしょう。そういうあわただしい中でも、あの子の可愛い目もとは、はっきり目に浮かぶという気持ちを下の句で言っています。この「や船たけ」は「や船たけど」の意だというのですが、已然形で言い放された語句と、あとに出る語句との意味的関係で、「だから」とか「だけど」とかいう気持ちでかかわりあうのだと考えたほうが、歌の調子が強く感じられるでしょう。

①娘子《をとめ》らが娘子さびすと　韓玉《からたま》をたもとにまかし　よち子《こ》らと手たづさはりて　遊びけむ時の盛りを　とどみかね過《すぐ》し野利都礼《ヤリツレ》、蜷《みな》の腸《わた》か黒き髪に　いつのまか霜のふりけむ……（万葉集、巻五、八〇四）

②隠《こも》りゐて思ひ嘆かひ、慰むる心は無しに、春花の咲ける盛りに　思ふどち手折りかざさず、春の野の繁み飛びくく鶯《うぐひす》のこゑだに聞かず、娘子《をとめ》らが春菜摘ますと　紅《くれなゐ》の赤裳の裾の春雨ににほひひづちて　通ふらむ時の盛りを　いたづらに過し夜里都礼《ヤリツレ》、偲《しの》はせる君が心をうるはしみ、この夜すがらにいも寝ずに　今日《けふ》もしめらに恋ひつつぞをる（同、巻十七、三九六九）

③妻ごもる屋上《やがみ》の山の雲間より渡らふ月の惜しけども隠らひ来れば、天伝《あまづた》ふ入日刺奴礼《サシヌレ》、大夫《ますらを》と思へる我も　しきたへの衣《ころも》の袖は通りてぬれぬ（同、巻二、一三五）

④生ける者死ぬとふ事に免《まぬか》れぬものにしあれば、……あしひきの山辺をさして　夕闇と隠益去礼《カクリマシヌレ》、言はむすべ為《せ》むすべ知らに……（同、巻三、四六〇）

⑤大日本《おほやまと》久迩《くに》の京《みやこ》は……弥日異《いやひけ》に栄ゆる時に、逆言《およづれ》の狂言《たはこと》とかも、白たへに舎人《とねり》装《よそ》ひて、和束山《わづか》御輿《みこし》立たして、ひさかたの天所知奴礼《アメシラシヌレ》、臥《こ》いまろびひづち泣けどもせむすべもなし（同上、四七五）――安積皇子《あさかのみこ》の亡くなられた時の挽歌。「逆言の狂言とかも」は言い切りの語句のはさみこみであり、「かも」は係りではない。

⑥大君の遠《とほ》の朝廷《みかど》と　しらぬひ筑紫《つくし》の国に　泣く子なす慕ひ来まして、息《いき》だにも未《いま》だ休めず、年月も未《いま》だあらねば、心ゆも思はぬ間に、うち靡き臥《こ》やし努礼《ヌレ》、言はむすべ為《せ》むすべ知らに、……（同、巻五、七九四）

⑦天つ神仰ぎ祈《こ》ひ禱《の》み、国つ神伏して額《ぬか》つき……われ祈《こ》ひ禱《の》めど、しましくも良《よ》けくは

無しに、……たまきはる命多延奴礼《タエヌレ》、立ちをどり足すり叫び、伏し仰ぎ胸打ち嘆き、
手に持てる我《あ》が子飛ばしつ、世の中の道（同上、九〇四）

これらはみな、①②「過しやりつれば」③「入日さしぬれば」④「隠りましぬれば」⑤「天知らしぬれば」⑥「臥やしぬれば」⑦「命絶えぬれば」の意とされているものですが、そう続く言い方でなく、「つれ」「ぬれ」で言い切ったものとみるほうが、そこに嘆きが感じられ、調子がずっと強くなってよいでしょう。ことに④⑤⑥⑦が人の死を嘆く長歌であることも注意され、⑥などでは、すぐ前に「年月も未だあらねば」と出るので、「うち靡き臥やしぬれ」が言い切りであるほうが良いということが強く感じられるでしょう。

「已然形＝ば」の意と認められる「已然形」

まず、次の例を考えましょう。

間《あひだ》なく恋尓可《コフレニカ》有牟《アラム》　草枕旅なる君が夢《いめ》にし見ゆる（万葉集、巻四、六二一）

この「恋ふれにかあらむ」は「恋ふればにかあらむ」の意で、「間なく恋ふれ」が体言扱いになっている例であり、「に」は、断定の助動詞「なり」の連用形であることは、一般に認められるところでしょう。

家人《いへびと》の伊波倍尓可《イハヘニカ》安良牟《アラム》、平らけく船出はしぬと親に申《まう》さね（万葉集、巻二十、四四〇九）

この「斎《いは》へ」も「斎へば」の意で、「家人の斎へ」が体言扱いになっていることは、前の

「間なく恋ふれ」と同じです。なお、次の例を見合わせてください。

……海の浜辺にうらもなくい寝たる人は　母父《おもちち》に直《マ》名《ナ》子《ゴ》尓《ニ》可《カ》有六《アラム》　若草の妻かありけむ……（万葉集、巻十三、三三三六）

誰が苑《その》の梅尓《ウメニ》可《カ》有家《アリケ》武《ム》、ここだくも咲きてあるかも、見がほしきまでに（同、巻十、二三二七）

こもりくの泊瀬《はつせ》の山に霞立ちたなびく雲は　妹尓《イモニ》鴨在武《カモアラム》（同、巻七、一四〇七）

「恋ふれにか」「斎へにか」の「に」は、右の、「愛子《まなご》にか」「誰が苑の梅にか」「妹にかも」の「に」と同じであることを思えば、「間なく恋ふれ」「家人の斎へ」が、体言扱いになっていることが、はっきりするでしょう。

最も普通に、已然形が「已然形＝ば」の意に用いられているのは、次のような例です。

①わが背子《せこ》がかく恋礼《コフレ》許曾《コソ》　ぬば玉の夢《いめ》に（ワガ背子ガ）見えつつ（ワレハ）い寝《ね》らえずけれ（万葉集、巻四、六三九）

②さ百合花《ゆりばな》（＝枕詞）後《ゆり》も会はむと於毛倍許曾《オモヘコソ》　今のまさかもうるはしみすれ（同、巻十八、四〇八八）

③朝髪の（＝枕詞）思ひ乱れて、かくばかりな姉《ね》が恋曾《コフレゾ》　夢に見えける（同、巻四、七二四）――「な姉」は、作者坂上郎女が、その姉娘を親しみ呼んだ語。

④時々の花は咲けども、奈尓須礼曾《ナニスレゾ》　母とふ（＝トイウ）花の咲き出来《でこ》ずけむ（同、巻二十、四三二三）
⑤河渚《かはす》にも雪は布礼礼之《フレレシ》　宮のうちに千鳥《ちどり》鳴くらし、居《ゐ》むところ無《な》み（同、巻十九、四二八八）
⑥芦辺より満ち来る潮《しほ》の　いや増しに念歟《オモヘカ》　君が忘れかねつる（同、巻四、六一七）
⑦……朝夕《あさよひ》にありつる君は、何方尓《イカサマニ》念座可《オモヒイマセカ》　うつせみの惜しきこの世を　露霜の置きて往監《ユキケム》、時にあらずして（同、巻三、四四三）――自殺した友人を悲しむ長歌の終わり。
⑧今さらに妹に会はめやと念可聞《オモヘカモ》　ここだわが胸鬱悒将有《イブセクアルラム》（同、巻四、六一二）

「し」の付く例は⑤の一例だけですが、他は類例があります。いずれも「こそ」「ぞ」「か（も）」などの係りの助詞が付いていることが注意されます。「なにすれぞ」は、「なんすれぞ」となって、現在、漢文訓読語の中に残っています。

右の中で「か（も）」は、「こそ」「ぞ」と趣が違っています。それは、

⑥……いや増しに思へば（＝思ウカラ）、（我ハ）君が忘れかねつるか。
⑦いかさまに思ひいませば（＝思ッテオイデナノデ）惜しきこの世を置きて行きけむか。
⑧……と思へば（＝思ウカラ）ここだわが胸いぶせくあるらむか（＝ウットウシクアルノダロウカナア）

というように、全体が疑問文になるものだというだけでなく、⑥などは、「……いやましに思へか」は、「……いやましに思うからかしら」という気持ちの言い切りで、あとの部分は「我は君が忘れかねつることよ」という気持ちの出る連体形止めだ（前出「間なく恋ふれにかあらむ、草枕旅なる君が夢にし見ゆる」参照）と考えることもできるというわけです。これに関しては、次で考えましょう。

「已然形＝か（も）」は、言い切りにもなり、係りにもなる

……韓国《からくに》に渡るわが背《せ》は、家人の斎《いは》ひ麻《マ》多《タ》祢《ネ》可《カ》、正身《ただみ》かもあやまちしけむ、『秋さらば帰り申《ま》さむ』とたらちねの母に申《まを》して、時も過ぎ月も経《へ》ぬれば、『今日《けふ》か来む、明《あ》日《す》かも来む』と、家人は待ち恋ふらむに……（万葉集、巻十五、三六八八）――遣新羅使の中の一人が壱岐島で死んだのを悲しむ長歌。

この例の「家人の斎ひ待たねか」は、「家人の斎ひ待たねばか」の意ですが、「正身かもあやまちしけむ（＝本人ガアヤマチヲシタノダロウカ）」と対になっていますので、「か」は係りの助詞ではなく、言い切りの助詞で、「家の人が身をつつしんで神を祈って待たないからか」と疑った気持ちで、「家人の斎ひ待たねか、ソレトモ、正身かもあやまちしけむ」の一まとまりを、文中にはさみこんだ形で用いてあるものと考えなければなりません。

そうしますと、「雲か、山か、呉か、越か」と疑う言い方と同じで、「家人の斎ひ待たね」

を体言扱いにして、「か」を付けた言い方だということになるでしょう。

「体言＝か」の形が言い切りにもなり、「か」が係りの助詞である場合もあることは、

……死なむ命にはかになりぬ、今さらに君可《キミカ》吾《ワ》乎《ヲ》喚《ヨブ》、たらちねの母之《ハハノ》御《ミ》事歟《コトカ》……（万葉集、巻十六、三八一一）

などの例をあげて、「君か　吾を呼ぶ」のほうは、「君が吾を呼ぶのか」の意で、「か」は係りの助詞であり、「たらちねの母の命か」のほうは、「呼ぶのは母の命か」の意で、「か」は言い切りだなどと、言うにも及ばないことでしょう。したがって、「已然形＝か（も）」の形の語句が、言い切りの語句である場合もあり、また「か（も）」が係りの助詞で、あとに続いていく語句である場合もありうることが、はっきりしたでしょう。

「已然形＝か」を言い切りの形とみると都合のよい例

玉襷《たまだすき》畝傍《うねび》の山の橿原《かしはら》の聖《ひじり》天子の御代ゆ（＝神武天皇ノ御代以来）、生《あ》れましし神の尽《ことごと》、樛《つが》の木のいやつぎつぎに、（大和《ヤマト》ノ国デ）天の下知らしめししを、そらにみつ大和をおきて、あをによし奈良山を越え、何方御念食可《イカサマニオモホシメセカ》、あまざかる鄙《ひな》にはあれど、石走《いはばし》る近江《あふみ》の国の楽浪《ささなみ》の大津の宮に、天の下知らしめしけむ天皇《すめろき》の神の命《みこと》の、大宮はここと聞けども、大殿はここと言へども、春草の茂く生《お》ひたる、霞立つ春日《はるひ》の霧《き》れる、ももしきの大宮処、見れば悲しも（万葉集、巻一、二九）

有名なこの長歌の「いかさまに思ほしめせか」の「か」が係りの助詞だとすると、結びを「天の下知らしめしけむ」に求める外はなくなり、そうすると、「……天の下知らしめしけむ」は「天皇の神の命」にかかることが出来なくなりますので、ここでは例外的に、かかっていくのだと説明されたのですが、認め難い説明です。

天地に足らはし照りて、吾大皇《わがおほきみ》之《シ》伎《キ》座《マセ》婆《バ》可《カ》母《モ》、楽しき小里（万葉集、巻十九、四二七三）

という例がありますが、この「かも」が係りの助詞だとしても、「楽しき」で結ばれたとみる必要はなく、「楽しき小里なる」の「なる」が言われずにあると考えられます。この「かも」はこれで言い切りとみることももちろんできます。次の例を見てください。

旅に去《い》にしみ君しもつぎて夢《いめ》に見ゆ、我《あ》が片恋のしげけれ婆《バ》可《カ》聞《モ》（万葉集、巻十七、三九二九）

また、「いかさまに思ほしめせか」の「か」が係りの助詞であるなら、意味の上から考えて、「天の下知らしめししを」の次にあってほしいところであります。今、「いかさまに思ほしめせか」を、言い切りの語句で、はさみこんだ語句だとみれば、位置もこのままでよいし、結びを求める必要もなくなって、「……天の下知らしめしけむ天皇の神の命」と続けることが可能になり、歌としてもすっきりしてくる、というわけです。ここはどうしても、「いかさまに思ほしめせか」を、言い切りの語句であり、はさみこみとして用いたものと解さなければならないところでしょう。

……わが大君、皇子《みこ》の命《みこと》の（＝ガ）、天の下知らしめしせば、春花の貴《たふと》からむと、望《もち》月《づき》のたたはしけむと、天の下四方《よも》の人の、大船の思ひ頼みて天《あま》つ水仰ぎて待つに、何《イカ》方尓《サマニ》御念食可《オモホシメセカ》、由縁《つれ》もなき真弓《まゆみ》の岡に、宮柱太敷《ふとし》きいまし御在所《みあらか》を高知りまして、朝《あさ》言《ごと》に御言《みこと》とはさず日月《ひつき》の数多成塗《マネクナリヌレ》、そこ故に、皇子《みこ》の宮人行方《ゆくへ》知らずも（万葉集、巻二、一六七）——「皇子の命」は、皇太子草壁皇子。「宮柱太敷きいまし……」は、亡くなられて、殯宮を営んで奉仕するのを、皇子御自身が殯宮を造っておはいりになるように表現した。

この長歌でも、「いかさまに思ほしめせか」の「か」を係りの助詞とすると、その結びを「日月のまねく成塗」に求めて、「……なりぬる」と訓《よ》むことになるのですが、それでは歌の調子が弱くなるでしょう。「いかさまに思ほしめせか」を言い切りの語句をはさみこんだ用法とみれば、「日月のまねくなりぬれ」は、詠嘆をこめての已然形での言い放ち、として、非常に調子を強く読むことが出来るでしょう。

ついでに付け加えますと、

吾妹子《わぎもこ》をいざみの山を高みかも大和《やまと》の見えぬ、国遠みかも（万葉集、巻一、四四）——伊勢の国へ行幸のお供で行った人の作。「いざみの山」に「吾妹をいざ見む」の意を言いかけて、郷愁の気持ちを強めた。

という歌では、「……高みかも」はあとへかかり「大和の見えぬ」が結びになり、「……いざみの山が高いから大和が見えないのかなあ」の意ですが、第五句はこれで言い切りで、「国が遠いからかなあ」の意となります。

春の雨はいやしき降るに梅の花いまだ咲かなく（＝マダ咲カナイコトダ）、いと若みかも（＝木ガヒドク若イカラカナア）（万葉集、巻四、七八六）

今朝《けさ》の朝け秋風寒し、遠つ人（＝枕詞）雁《かり》が来鳴かむ時近みかも（同、巻十七、三九四七）

これらの例を見合わせても、そのことは納得されるでしょう。

さて、ここで「已然形＝や」について述べるべきですが、その前に、助詞「か」と「や」との違いについて考えておきたいと思います。

助詞「か」と「や」との違い

ごくだいたいなところで言いますと、「か」は心の中で「……かしら」と疑う気持ちで用いることが多く、「や」は問いかける気持ちで用いることが多いようです。そうして、これは、言い切りに用いる場合に、強く感じられるようです。

言い切りに用いた「か」の例

①「夢可《いめか》」と心惑ひぬ、月数多《まね》く離《か》れにし君が言《こと》の通へば（万葉集、巻十二、二九五五）

②玉梓《たまづさ》の（＝枕詞）妹《いも》は珠氈《タマカモ》、あしひきの清き山辺に蒔けば散りぬる（同、巻七、一四一五）――「妹」は死んで火葬にしたのである。第一、二句で一文。「散りぬる」は「かも」の結びではなく、詠嘆の連体形止め。

③舟競《ふなぎほ》ふ堀江の川の水際《みなきは》に来居《きゐ》つつ鳴くは美夜故抒里香蒙《ミヤコドリカモ》（同、巻二十、四四六二）

④（アレハ）古《いにしへ》に恋ふる鳥鴨《トリカモ》、ゆづる葉の御井《みゐ》の上より鳴き渡りゆく（同、巻二、一一一）

⑤春雨にもえし楊奈疑可《ヤナギカ》（＝柳カ）、梅の花ともに後《おく》れぬ常乃物香聞《ツネノモノカモ》（同、巻十七、三九〇三）――巻五の「梅の花咲きたる園《その》の青柳は蘰《かづら》にすべくなりにけらずや」（八一七）の歌を受けて、「その柳は、春雨にもえし柳か、それとも……」と疑ったもの。

⑥「相見てばしましく恋は奈木六香《ナギムカ》（＝オサマルダロウカ）」と思へど、いよよ恋ひまさりけり（同、巻四、七五三）

⑦我妹子《わぎもこ》が宿のま垣を見に行かば、けだし、門《かど》より返してむ可聞《カモ》（同上、七七七）

⑧潮騒《しほさゐ》に伊良虞《いらご》の島辺こぐ船に妹乗良六鹿《イモノルラムカ》（＝乗ッテイルダロウカ）、荒き島回《しまみ》を（同、巻一、四二）

⑨上つ瀬にかはづ妻呼ぶ、夕されば、衣手《ころもで》寒み妻将枕跡香《ツママカムトカ》（同、巻十、二一六五）

なお、前にあげた「いかさまに思ほし召せか」「国遠みかも」「いと若みかも」「雁が来鳴かむ時近みかも」なども、参照してください。

右の例で、普通に用いられた言い切りの「か（も）」が、疑いの気持ちであることが知られるでしょう。ただし、次のような例もあります。

⑩穿沓《うけぐつ》を脱《ぬ》き棄《つ》る如く、踏み脱きて行くちふ（＝トイウ）人は、石木《いはき》よりなりでし比等《ヒト》迦《カ》、汝《な》が名告《の》らさね（万葉集、巻五、八〇〇）――家族を弊履の如く棄てて行く人を難じている。

⑪玉かつま（＝枕詞）会はむといふは誰有香《タレナルカ》、会へる時さへ面隠《おもかく》しする（同、巻十二、二九一六）

⑫心なき鳥にぞありける、ほととぎす、物思《も》ふ時に奈久倍吉毛能可《ナクベキモノカ》（同、巻十五、三七八四）

これらは、問いかけというより、難詰の気持ちが感じられるでしょう。

⑬天霧《あまぎ》らし雪も零奴可《フラヌカ》、いちしろくこのいつ柴《しば》に降らまくを見む（万葉集、巻八、一六四三）

⑭人もなき国も有糠《アラヌカ》、吾妹子と携《たづさは》り行きて副《たぐ》ひてをらむ（同、巻四、七二八）

⑮人皆の命も我がも、み吉野の滝の常磐《ときは》の常有沼鴨《ツネナラヌカモ》（同、巻六、九二二）

これらは、⑬降らないかなあ、⑭無いかなあ、⑮永久不変でないかなあと、願望表現になっています。

⑯「白玉か、何ぞ」と人の問ひし時、「露」と答へて消《け》なましものを（伊勢物語、六段）

⑰客人《まらうど》は寝給ひぬるか。（源氏物語、帚木）――姉が弟に問うことば。「寝給ひぬや」でないのに注意。

⑱「歌はうたふや。舞などするか」と問ひも果てぬに、（枕草子、職の御曹司におはしますころ）

⑲声絶えず鳴けや、うぐひす、一年《ひととせ》に二度《ふたたび》とだに来べき春かは（古今集、春下、一三一）

⑱では、「舞などもすや」と問わないで「するか」が用いられているのに注意しましょう。

⑲「……春かは」は反語ですが、「二度と来べき春にはあらず」という答えを予期して問う気持ちから出るもの。「……春か」でも同じですが「は」で反語の気持ちが強く出るのだと考えれば、問いに通じることがわかるでしょう。

以上の例で、疑いの「か」が問いにも用いられていくようになることが考えられるでしょう。

通常、言い切りに用いる「か」は、右の例でみるように、体言（体言扱いの語句を含めて）か、連体形かに付きますが、これに対する「や」は、次に考えますように、終止形に付くのが普通で、体言に付いて言い切ることはありません。

檀越《だにをちや》也、然《しか》もな言ひそ（万葉集、巻十六、三八四七）

吾妹児《わぎもこ》哉《ヤ》、汝《な》が待つ君は、……求むとぞ君が来まさぬ、……（同、巻十三、三三一八）

朝臣《あそん》や、さやうの落葉をだに拾へ。（源氏物語、常夏）――父源氏が、その子息にいう冗談。「落葉」とは、ここで話題になっている一女性。

のように呼びかけたり、

あはれのことや。（源氏物語、帚木）

口惜《くちを》しの花の契《ちぎ》りや。（同、夕顔）

などのような詠嘆の言い方は、今、問題にしている「や」とは別のものです。

ところで、この、言い切りに用いる「か」が、次第に、終止形に付いて言い切る「や」を圧迫して、現在では、もっぱら「か」が用いられるようになったことは、注意してよいことでしょう。⑱の例などは、そうなる傾向を示しているとも考えられるでしょう。これに対して、係りの助詞としては、後にも述べますが、「や」が「か」を追い詰めて、「か」は、疑問の意の語のあとだけに用いられることになります。しかし、現代語では係り結びの言い方がなくなりましたので、係りの助詞としては、「か」も「や」も消えました。

また、別に、已然形に付いて言い切る用法が「か」にもあって、

二

橘《たちばな》の下吹く風のかぐはしき筑波の山を、恋ひず安良米可毛《アラメカモ》（万葉集、巻二十、四三七

（コノ『古今和歌集』ガ後世ニ伝ワリ残ルナラ）歌のさまを知り、事の心を得たらむ人

は、大空の月を見るが如くに古《いにしへ》を仰ぎて今を恋ひざらめかも。(古今集、仮名序、末尾)

という例の外にもいくつかありますが、とても已然形に付いて言い切る「や」と対抗できるものではなかったことも、付け加えておきます。

言い切りに用いた「や」の例

終止形に付く場合と已然形に付く場合とあり、前者には問いの場合が多いことは、次にあげる例ではっきりするでしょう。後者は、普通のものは反語ということになるわけですが、「已然形＝や」は、係りと考えられてきたものも、全部言い切りになるものと決めようとするのが、ここで論じる主題ですから、少々話がめんどうになります。

声絶えず鳴けや、うぐひす

のように命令形に付くのは、別な「や」ですが、『万葉集』にはまだなかったものといわれております。

終止形に付いた「や」の例

①かくのみにありけるものを、「萩の花咲きて有哉《アリヤ》」と問ひし君はも(万葉集、巻三、四五五)――大伴旅人の死を悲しむ作。

②藤波の花は盛りになりにけり、奈良の都を御念八《オモホスヤ》、君（同上、三三〇）——「君」といわれているのは、大宰師として九州にある大伴旅人。

③卯の花の咲き散る岡ゆ、ほととぎす鳴きてさ渡る、君は聞津八《キキツヤ》（同、巻十、一九七六）

④「聞津八《キキツヤ》」と君が問はせるほととぎす、しののにぬれて此処《こ》ゆ鳴き渡る（同上、一九七七）

⑤……しばしばも見放《みさ》けむ山を、心なく雲の隠さふ倍之也《ベシヤ》（同、巻一、一七）——「隠さふべきにあらず」という答えを期待して問いかけたような気持ち。

⑥あかねさす紫野ゆき標野《しめの》行き、野守は不見哉《ミズヤ》、君が袖ふる（同上、二〇）——第四句は、問いかけた言い方で注意を与える語句のはさみこみ。現代語なら、「野守が見ているじゃないの」といった気持ち。

⑦妻もあらば摘みてたげまし、佐美《さみ》の山、野の上《へ》のうはぎ過ぎに計良受也《ケラズヤ》（同、巻二、二二一）——「うはぎ」はヨメナ。第五句は、食《た》べ時が過ぎてしまっていないか、と問う形で、過ぎてしまったではないかと嘆く気持ち。

⑧今日今日《けふけふ》とわが待つ君は、石川の峡《かひ》に交《まじ》りてありと不言八方《イハズヤモ》（同上、二二四）——柿本人麻呂の死の様を聞いた妻の嘆き。

⑨われこそば憎くもあらめ、わが宿の花橘を見には不来鳥屋《コジトヤ》（同、巻十、一九九〇）

⑩神奈備《かむなび》の山下とよみ行く水にかはづ鳴くなり、秋登将云鳥屋《アキトイハムトヤ》（同上、二一六二）

この⑨⑩は、「か」の例の⑨「妻枕かむとか」と同じようにみえますが、文法的には「……とや思ふ」の「思ふ」を省略した言い方から出たと説明すべきでしょう。⑨ではまだ問いの気持ちが感じられますが、⑩は「とか」と同じく疑いというようにみえます。疑いの気持ちでは、次のような例もあります。

⑪魂《タマ》合はば君来《キ》益八《マスヤ》跡《ト》、わが嘆く八尺《やさか》の嘆き……(万葉集、巻十三、三二七六)

⑫けだしくも相屋常《アフヤト》念而《オモヒテ》〔一云公毛《キミモ》相哉登《アフヤト》〕、玉だれの越《をち》の大野の朝露に玉裳はひづち夕霧に衣《ころも》はぬれて、草枕旅寝かもする、会はぬ君故(同、巻二、一九四)

⑬けだしくも会ふこと安里也等《アリヤト》、あしひきのをてもこのもに鳥網《となみ》はり守部《もりべ》をすゑて……

(同、巻十七、四〇一一)

⑭わが恋ふる千重《ちへ》の一重《ひとへ》も慰《なぐさ》もる心も有八等《アリヤト》、我妹子《わぎもこ》が止まず出《い》で見し軽の市《いち》に我が立ち聞けば……(同、巻二、二〇七)

これらは、皆、助詞「と」が受けている点が注意されます。

次は已然形に付いて言い切る「や」の例になるわけですが、都合で、その前に、係りの助詞としての「か」と「や」とについてみておきたいと思います。

係りの助詞としての「か」と「や」

ごくだいたいなところで申しますと、基本的には、言い切りに用いる「連体形＝か」と

「終止形＝や」との違いと同じような違いがみられます。

①吹き鳴《な》せる小角《くだ》の音も、「敵《あた》見たる虎可叫吼《トラカホユル》」登《ト》、諸人《もろひと》のおびゆるまでに、……取り持てる弓弭《ゆはず》の騒き、「み雪ふる冬の林に飄可毛《ツムジカモ》い巻き渡る」と、思ふまで聞きの恐《かしこ》く（万葉集、巻二、一九九）——激しい戦場のようす。

②高円《たかまと》の野辺の秋萩、いたづらに開香将散《サキカチルラム》、見る人なしに（同上、二三一）

③……わが大君は、こもりくの泊瀬《はつせ》の山に神さびに斎《いつ》きいますと、玉梓《たまづさ》の人ぞ言ひつる、於余頭礼可《オヨヅレカ》わが聞きつる、狂言加《タハコトカ》わが聞きつるも（同、巻三、四二〇）

④荒栲《あらたへ》の藤江の浦にすずき釣る白水郎跡香将見《アマトカミラム》、旅ゆく我を（同上、二五二）

⑤松浦川川の瀬速み、紅《くれなゐ》の裳の裾ぬれて阿由可都流良武《アユカツルラム》（同、巻五、八六一）

⑥風吹けば浪可将立《ナミカタタム》と伺候《さもら》ひに都多《つた》の細江《ほそえ》に浦隠《うらかく》りをり（同、巻六、九四五）

⑦草かげの荒藺《あらゐ》の崎の笠島を見乍可《ミツツカ》君が山道越ゆらむ（同、巻十二、三一九二）

⑧竜田山《たつた》見つつ越え来《こ》し桜花、知利加須疑奈牟《チリカスギナム》、わが帰るとに（同、巻二十、四三九五）

⑨三河の二見《ふたみ》の道ゆ別れなば、わが背《せ》も我も独可毛将去《ヒトリカモユカム》（同、巻三、二七六の一本）

⑩一つ松幾代可歴流《イクヨカヘヌル》、吹く風の声の清きは年深みかも（同、巻六、一〇四二）

⑪楽浪《ささなみ》の大山守は為誰可《タガタメカ》山に標結《しめゆ》ふ、君もあらなくに（同、巻二、一五四）——天智天皇の亡くなられた時の歌。

⑫須磨の海人《あま》の塩焼衣《しほやきぎぬ》の奈礼名者香《ナレナバカ》一日《ひとひ》も君を忘れて思はむ（同、巻六、九四七）——第

三句以下は、旅の日々に慣れてしまったら、一日なりと君を忘れているだろうか、と恋心の苦しさをいう。上二句は、海人の仕事着のくたくたになる意の「なれ－なる」を言いかけた序詞。

⑬愛《うる》はしと我《あ》が思《も》ふ妹を思ひつつ由気婆可《ユケバカ》もとな行きあしかるらむ（同、巻十五、三七二九）

⑭十二月《しはす》には沫雪《あわゆき》ふると不知可毛《シラネカモ》梅の花さく（＝知ラナイカラ梅ガ花ガサクノカシラナア）、ふふめらずして（同、巻八、一六四八）

⑮往く影の月も経行《へゆ》けば玉かぎる日も重なりて、念戸《オモヘ》鴨《カモ》胸のくるしき、恋列《コフレ》鴨《カモ》心の痛き、末つひに君に会はずは……（同、巻十三、三二五〇）

⑩⑪のように、疑問の意をもつ語のあとに出るのは普通なので、そうでない例を多く並べました。⑭などは、上三句で言い切り、第四句は、梅が花が咲くことよの意の連体形止めともみられます。

次に「や」の例をあげます。

⑯ほととぎす来鳴きとよもす、卯の花の共也来之《トモニヤコシ》と問はましものを（万葉集、巻八、一四七二）

⑰ぬば玉の黒髪ぬれて、沫雪《あわゆき》の零也来座《フルニヤキマス》（＝降ルノニイラシッタノカ）、ここだ恋ふればば（同、巻十六、三八〇五）

⑱会はなくは然《しか》もありなむ、玉梓《たまづさ》の使をだにも待八金手六《マチヤカネテム》（＝待チカネテシマウノデショウカ）（同、巻十二、三一〇三）――待ちかねなければなりませんの？という気持ち。

⑲波高し、いかに、楫取《かぢとり》、水鳥の浮宿也《ウキネヤ》すべき、猶哉《ナホヤ》こぐべき（同、巻七、一二三五）

⑳このころは千歳八《チトセヤ》行きも過ぎぬると、吾哉《ワレヤ》然思ふ、見まく欲《ほ》りかも（同、巻四、六八六）

㉑慰《なぐさ》もる心はなしに、かくのみし恋也《コヒヤ》度《ワタラム》、月に日にけに〔或本歌云、沖つ波しきて耳《ノミ》八方《ヤモ》恋　度奈牟《コヒワタリナム》〕（同、巻十一、二五九六）

㉒潮早み磯みにをれば漁《あさ》りする海人鳥屋見濫《アマトヤミラム》、旅行く我を（同、巻七、一二三四）――④と見合わせる。

㉓神風の伊勢の浜荻《はまをぎ》折り伏せて客宿也将為《タビネヤスラム》、荒き浜辺に（同、巻四、五〇〇）

㉔朝戸出の君が姿をよく見ずて、長き春日を恋八九良三《コヒヤクラサム》（同、巻十、一九二五）

㉕後《おく》れゐて吾波也将恋《アレハヤコヒム》、春霞たなびく山を君が越え去《い》なば（同、巻九、一七七一）

㉖衣《ころも》しも多《さは》にあらなむ、取りかへて著者也《キレバヤ》君が面《おも》忘れたる（同、巻十一、二八二九）――第一、二句は、『注釈』が「思ふ人は一人でよいはずだ」という気持ちを込めたとするのに従う。あとは、衣を取りかえて着るように、たくさんの思う人を取りかえて愛するから、私の顔を忘れているのか、の意となる。

以上の例で「や」が問いでなく疑いの意にもなって、「か」に近づいていくことが考えられるでしょう。④の例は、巻十五で遣新羅使の一行が誦詠したのも「安麻等也見良武《アマトヤミラム》」（三六〇七）とあり、「国柄加《クニカラカ》見れども飽かぬ、神柄加《カムカラカ》ここだ貴き」（巻二、二二〇）式にいうのが普通なのに、大伴家持は、「可牟加良夜《カムカラヤ》そこば貴き、夜麻可良夜《ヤマカラヤ》見が欲しからむ」（巻十七、三九八五）と「や」で言っております。接続助詞「ば」のあとに用いたのは、『万葉集総索引』をたよりにしたところでは、右の㉖の一例しか見当たりませんでしたが、こうして係りの助詞としては、「や」が「か」を次第に追い詰めていって、「か」は、平安時代以後は、⑩⑪のように疑問の意の語のあとにだけ用いられるようになり、『古今集』でも、そうでないのは、

今もかも咲き匂ふらむ、橘の小島の埼の山吹の花（春下、一二一）
み吉野の吉野の滝に浮かびいづるあわをか玉の消ゆと見つらむ（物名、四三一）
奥山の菅の根凌《しの》ぎふる雪の消《け》ぬとか言はむ、恋のしげきに（恋一、五五一）

右の三首しかないようで、「や」の全盛というべき状態になっています。

ここでちょっと補っておきますが、

相見ずてけ長くなりぬ、このころは奈何《イカニ》、好去哉《サキクヤ》、いぶかし我妹《わぎも》（万葉集、巻四、六四八）

という例がありますが、これは「さきくやある（＝無事デイルカ）」の意の「ある」を言わずに済ませたので、「さきくや」で言い切りになったものです。「いかに」は、どうだね

という気持ちの呼びかけで、⑲「いかに、楫取」の「いかに」と同じです。

「已然形＝や」で言い切る例

「已然形＝や」で明らかに言い切ってあると認められているものは、反語となっているのが普通ですが、全部がそうだとは言えないようです。

妹が袖別れて久《ひさ》になりぬれど、一日《ひとひ》も妹を忘れて於毛倍也《オモヘヤ》（万葉集、巻十五、三六〇四）

我妹子《わぎもこ》や我《あ》を忘らすな、石上《いそのかみ》袖ふる川の絶えむと念倍也《オモヘヤ》（同、巻十二、三〇一三）

うつたへにま垣の姿見まくほり行かむと云哉《イヘヤ》、君を見にこそ（同、巻四、七七八）

さ百合《ゆり》花後《ゆり》も会はむと慰むる心し無くは、あまざかる鄙《ひな》に一日《ひとひ》もあるべくも安礼也《アレヤ》（同、巻十八、四一一三）

あぶりほす人も在八方《アレヤモ》、ぬれ衣《ぎぬ》を家にはやらな、旅のしるしに（同、巻九、一六八八）

あぶりほす人も在八方《アレヤモ》、家人の春雨すらを間使《まつかひ》にする（同上、一六九八）

右の二首では、あとの語句の内容との関係で、前者では「だから」、後者では「だのに」という気持ちを入れて、あとの語句と関係することが注意されます。

奥山の岩蔭《いはかげ》に生ふる菅の根の　ねもころ我も不相思有哉《アヒモハズアレヤ》（万葉集、巻四、七九一）

雲隠る小島の神のかしこけば、目　間《メコソハヘダテ》　心間哉《ヘダテヤ》（同、巻七、一三一〇）――下の句は、会うことは隔てているが、心は隔てていない意。この「へだて」は四段活用の已然形。

海原の根やはら小菅あまたあれば、君は忘《わす》らす、われ和須流礼夜《ワスルレヤ》（同、巻十四、三四九八）――この歌には、四段活用の「忘る」と下二段活用の「忘る」とが併用されている。巻二十、四三四四にも、その例がある。

かくしても相見るものを、少《すく》なくも、年月経《ふ》れば、古非之家礼夜母《コヒシケレヤモ》（同、巻十八、四一一八）――「少くも恋しけれやも」で、大いに恋しかった意をいう。

右のような例もありますが、「む」の已然形について「めや」と言い切られる例が、圧倒的に多いのです。

大名児《おほなこ》、彼方《をちかた》野辺に刈る草《かや》の、束《つか》の間《あひだ》も我忘目八《ワスレメヤ》（万葉集、巻二、一一〇）

世の中の女《をみな》にしあらば、わが渡るあなせの河を渡金目八《ワタリカネメヤ》（同、巻四、六四三）

万代《よろづよ》に見とも将飽八《アカメヤ》、み吉野のたぎつ河内《かふち》の大宮所（同、巻六、九二一）

沖つ波辺波立つとも、わがせこが御船《みふね》の泊り、波立目八方《タタメヤモ》（同、巻三、二四七）

大君は千年《ちとせ》にまさむ、白雲も三船《みふね》の山に絶ゆる日安良米也《アラメヤ》（同上、二四三）

これらを代表として、あとは、ちょっと様子の違ったのをあげましょう。

家ゆ出《い》でて三歳《みとせ》のほどに、垣もなく家滅目八《ウセメヤ》と、……（万葉集、巻九、一七四〇）

今さらに雪零目八方《フラメヤモ》、かぎろひのもゆる春べとなりにしものを（同、巻十、一八三五）

前者は、自分の家が跡形もないのを見て、こんなはずはないと考えている浦島太郎の胸の中です。後者も、右に見合わせて、私は、雪を目の前に見て、こんなはずはなかろうといっている歌と考えます。

うち羽振《はぶ》き鶏《とり》は鳴くとも、かくばかり降り頻《し》く雪に、君伊麻左米也母《イマサメヤモ》（万葉集、巻十九、四二三三）

これはそろそろ帰ろうとしている客を、引き留める歌です。こんなに降りしきる雪の中をお帰りになるなんていう手はないでしょう、という気持ちでしょう。

「らめや」という例は、次の如くです。

①阿騎《あき》の野に宿る旅人、うち靡きいも寝良目八方《ぬラメヤモ》、古《いにしへ》思ふに（万葉集、巻一、四六）

②年にありて一夜妹に会ふ彦星も、我にまさりて於毛布良米也母《オモフラメヤモ》（同、巻十五、三六五七）

③あまざかる鄙にある我を、うたがたも紐解きさけて於毛保須良米也《オモホスラメヤ》（同、巻十七、三九四九）

④……何為《せ》むに吾《わ》を召良米夜《メスラメヤ》、明《あきら》けくわが知る事を、歌人とわを召良米夜《メスラメヤ》、笛吹きとわを召良米夜《メスラメヤ》、琴ひきとわを召良米夜《メスラメヤ》、かもかくも（参上シテ）命《みこと》受けむと……（同、巻十六、三八八六）

①②③は、反語ではあるにしても、「む」ではなく「らむ」なので、ひどく強い気持ちではないように感じられるでしょうが、④においては、全く反語的でなく、首をかしげて疑

い考えているという感じです。

「なり」「にあり」の関係では、

ちちの実《み》の父の命《みこと》　ははそ葉《は》の母の命　おほろかに心尽くして思ふらむ其子奈礼夜母《ソノコナレヤモ》、大夫《ますらを》や空しくあるべき（万葉集、巻十九、四一六四）

というのが、「……その子なれやも」で明らかな言い切り、反語であると認められている例です。

以下あげますのは、説が分かれているものですが、言い切りとみるのが、いちばん歯切れが良い、と私は考えております。

足柄《あしがり》の箱根の嶺《ね》ろのにこ草の波奈都豆麻奈礼也《ハナツツマナレヤ》、紐解かず寝む（万葉集、巻十四、三三七〇）

「にこ草」はよくわかりませんが、「にこ草の花」と言いかけて、「花つ妻」を出した言い方です。その「花つ妻」もよくわからないのですが、

わが岡にさを鹿来鳴く、初萩の花妻とひに来鳴くさを鹿（万葉集、巻八、一五四一）

とある「花妻」と同じで、萩の花咲くころ鹿が萩を相手に戯れ遊ぶのでいうのだろうと言います。

さて、この「花つ妻なれや」を、「花つ妻なればや」の意とする澤瀉先生の『万葉集注

釈』は、

……花妻でもあったら（さうでもないものをどうして紐解かずにをられよう。）紐解かずにねもしよう。（○傍点佐伯。最後に「しようか」と「か」が欲しい）

と訳しているのが問題です。「花つ妻なれば」は仮定ではありません。「花つ妻だから」とそれが花つ妻であることを認めているはずですから、

……花妻だから、紐を解かずに寝ようか。紐を解かずに寝たってしかたがない。

というような気持ちに解すべきでしょう。それではおもしろくないから、反語の気持ちを出そうというわけですが、係りの助詞の「や」でも、無理をしようとする相手に、

かく立つ波に、なほや漕ぐべき

と言いかければ、反語になろうし、

ますらをや、空しくあるべき（万葉集、巻十九、四一六四）

という例はあるにしても、

花つ妻なれバや、紐解かず寝む

というような言い方が、反語になるというのは、無理ではないでしょうか。反語になるというのは、「なれや」が言い切りであればこその話ではないでしょうか。

私は、ここは、すなおに、「花つ妻なれや」で言い切り、そうではないのに、という気持ちが出て、第五句に関係すると解すべきだと思います。第五句は作者の意志ではなく、

状況がそうなりそうなことからの嘆き、紐を解かずに寝るのだろうことよ、という気持ちとみるのです。

白ま弓石辺《いそべ》の山の常磐《ときは》なる 命哉《イノチナレヤモ》、恋ひつつをらむ（万葉集、巻十一、二四四四）

これも、『注釈』では、第三句以下に、

石辺の山の常磐のやうに永久に変らぬ命なればや、の意で、「や」は反語。常磐なる命であれば、いつか逢へる事をたのみとして恋ひつゝ居らうが、さうではないのだから、逢はずに恋ひつゝあるに堪へない、の意である。

と訓釈を与えながら、

石辺の山の常磐のやうに、いつまでも変らぬ命であつたならば、逢へなくとも恋ひつゞけて居る事であらうか。（いつ知れぬ命を持った私には、そんな悠長な気持にはなれないのだが。）（○傍点佐伯）

と口訳しています。「常磐なる命なれば」は「いつまでも変わらぬ命であるから」の意であるはずなのに、「あったなら」と仮定にしたのは現代語の言い方に引かれての思い違いかもしれませんが、そういうふうにいったということは、そもそも「常磐なる命なれバやも」と解すのが無理なのだということを示しているのだと思われます。ですから、私は「常磐なる命なれやも」を、すなおに、言い切りで反語とみる外はないと思います。第五句は、前の「紐解かず寝む」と同様に、状況がそうならざるを得ない状態であることを嘆いて、「それなのに、恋ひつつをらむことよ」と言っているとみるのです。

①打麻《うちそ》を麻続《をみ》の王《おほきみ》 白水郎《アマ》有哉《ナレヤ》、いらごの島の玉藻刈ります（万葉集、巻一、二三）

②いにしへの人尓《ヒトニ》和礼《ワレ》有哉《アレヤ》、楽浪《ささなみ》の古き都を見れば悲しき（同上、三二）

③山のまゆ出雲《いづも》の児《こ》らは霧有哉《キリナレヤ》、吉野の山の峯にたなびく（同、巻三、四二九）

④潮満てば入りぬる磯の草有哉《クサナレヤ》、見らく少く恋ふらくの多き（同、巻七、一三九四）

右の四首はみな同じ型といえましょう。①②については、最初に例にあげたところを参照してください。②は、「われ、古の人なれや」というのと同じことです。③は、溺死した出雲娘子《いずものおとめ》を吉野で火葬した時の柿本人麻呂の作で、多分、行幸にお供した采女《うねめ》であったろうと思われます。④は、最初に「あの人は」と置いて読めば、①②③と同じになるでしょう。

さて、この「なれや（②では、「にあれや」）」は、「なればや（②では、「にあればや」）」の意で、

後には「ば」の助詞を入れる事になつたが、古くは動詞、助動詞の已然形だけで条件法を示す事があり、それに直接「や」「か」「こそ」などの助詞をつゞけた。「や」は万葉初期に於いて単なる疑問でなくて反語の意が含まれてゐる。「であらうか、（さうではないに）」といふ余意をもつて味はふべきものである。この「や」は結句へかかる係詞である。（万葉集注釈、巻一、二三〇ページ）

と説いて、澤瀉先生はこれで最後まで通されるのですが、反語の意が含まれるのは、「なれや」「にあれや」で言い切りになる場合であって、「なればや」の意で、その「や」が文末に連体形結びを求めるとすれば、

①海人《あま》であるから……玉藻を刈っていらっしゃるのか。
②古の人であるから……悲しいのか。
③霧だから……たなびいているのか。
④草だから……恋しがっていることが多いのか。

というような訳になるはずですが、それでは調子がうまく合わないためか、『注釈』の口訳は、

①麻続の王は、海人であればとて、いらごの島の藻を刈つていらつしやるのであるか。
（海人でもいらつしやらないのに、何として、まあ、おいたはしくも——）
②その昔の人で自分があるといふのか、——でもないに——ささなみの旧都を見ると悲しい。
③出雲娘子は霧であるといふのか、吉野の山の峯にたなびいてゐる。（○以上傍点佐伯）
④潮が満ちるとはひつてしまふ磯の草であるのであらうか、あの人を見る事は少くて恋ふる事が多いこと。

というようになっていて、②以下では、「や」が係りの助詞だということは、どこへいっ

てしまったのかと思われます。
　また、AとBとは全然別物であるとだれも認めている場合に、「AはBだから、……するのか、Bでもないのに」というような言いまわしをするのが普通かどうか、どうも普通だとは言えないでしょう。端的に「AはBかしら」とか、「AはBなのか、Bそっくりだ」とか言い出すのが普通でしょう。

　玉梓の妹者《イモハ》花可《ハナカ》毛《モ》、あしひきのこの山かげにまけば失《う》せぬる（万葉集、巻七、一四一六）
　秋の夜の月疑《ツキカ》意《モ》君者《キミハ》、雲隠りしましく見ねばここだこほしき（同、巻十、二二九九）

これが「AはBかしら」の言い方で、前の「なれや」「にあれや」は「AはBなのか、Bそっくりだ」のほうの言い方だったろうと思うのです。
　つまり、AとBと全然別物であることはだれの目にもはっきりしていて、ある一点に共通点がある場合に、単純に「AはBかしら」というのでなく、言葉としては「AはBなのか」で、「Bでないことはもちろんだが、Bそっくりだ」という気持ちをこめたのが、「なれや」式の言い方だと思います。そうして、それが度々用いられているうちに、①を例にして言えば、

　麻続の王は海人なのか、海人そっくりで、いらごの島の海藻を刈っていらっしゃるよ。

というように反語的な気持ちが落ちていき、しまいには、純粋に詠嘆だけの意に用いられるようにもなることも、自然だと思われるでしょう。平安時代になると、そうした用法が

多くなります。

第五句の連体形止めは、「や」の結びではなくて、詠嘆をこめた連体形止めです。

思ふらむその人有哉《ヒトナレヤ》、ぬば玉の夜毎に君が夢にし見ゆる（万葉集、巻十一、二五六九）

この歌も『注釈』では、

思うてゐて下さる方であればや、の意。この「や」は反語の意がこもる。（中略）その「や」をうけて結句「見ゆる」と連体形で止めた。

と説明しながら、口訳を、

私を思つて下さる、その人であるので——そんな方とは思へませぬに、どうして——、毎夜君が私の夢に見えるのでせうか。

と付けています。「なれや」で言い切りとする私なら、「あるので」でなく「あるのか」とし、「どうして」の代わりに、入れるなら、「思って下さるその人であるかのように」を入れて、終わりを「私の夢に見えますこと」というように改めます。私は、「らむ」か「けむ」かで終わる文以外で、「どうして」を補って解することは、まず無いものと考えております。

安波島《あはしま》の会はじと思ふ妹に安礼也《アレヤ》、安寝《やすい》もねずて我《あ》が恋ひわたる（万葉集、巻十五、

(三六三)

これは、遣新羅使の一行の人の作で、これから船で朝鮮へ渡る途中ですから、これから大海に出て船が難破すれば、生きて帰れず、妻にも会えないはずで、もう妹にも会えないだろうという気持ちが出ることはあるでしょうが、そんなことを考えたくないのが人情で、みんな無事に帰国して家人に会うことを期待しているはずでしょう。『注釈』は例によって、

安波島の名のやうに逢うまいと思ふ妹であるといふので、——さうではないものを——安眠も出来ないで私は恋ひつゞけてゐるのであらうか。(○佐伯云、傍点部分は「から」としたい)

と口訳していますが、実際に「会はじと思ふ妹にあらず」であるのに、わざわざ、「会はじと思ふ妹にあればや」などと言い出すのは、何としても不自然でしょう。率直に「会はじと思ふ妹にあれや」と反語の言い切りと読み、「それなのに、安寝もねずて恋ひわたるコトヨ」と詠嘆していると解するほうが、ずっと自然でしょう。

(三六〇一)

しましくも独《ひと》りありうるものにあれや、島のむろの木離れてあるらむ(万葉集、巻十五、

世の中の人の嘆きは相思はぬ君尓安礼也母《キミニアレヤモ》、秋萩の散らへる野辺の初尾花借廬《カリホ》に葺《ふ》き

て、雲離れ遠き国辺の露霜の寒き山辺に宿りせるらむ（同上、三六九一）

前者は海中の離れ島の磯に独り立つ「むろの木」に思いを寄せたもの、後者は、遣新羅使の仲間の一人が途中で死んで、山に葬ったときの挽歌の末尾です。『注釈』は例の考え方で、

暫くでもひとりで居られるものであるといふのか——さう私には思へないのに——あの島のむろの木はあんなに離れてゐるのであらうか。（○佐伯云、傍点部は、「から」としたい。それにしても、これでは「暫くでも」はいかが。原文も、「いくらでも」という意の語であってほしい）

世の中の人の嘆は何とも思はぬ君であるといふのか、秋萩のしきりに散る（中略）寒い山辺に宿りをしてゐるのであらうか。そんな無情な君とは思へないに、何といふいたはしいことぞ。（○佐伯云、傍点部分は、「から」としたい）

と口訳しているのですが、これも「にあれや」で反語の言い切りとみるほうが、簡単明瞭で、調子もずっと強くなるのではないでしょうか。ことに前者の「しましくも」に注意するとき、これはどうしても「にあれや」で言い切らなければならない語調だということは決定的でしょう。さてこうみてきますと、あとに「らむ」で終わる文が出ますから、「それなのに」という気持ちをおいて、「など（＝ドウシテ）」を補って解すことになります。「など」を補って解すべき「らむ」は、『古今集』には、

大空は恋しき人の形見かは、物思ふ毎《ごと》にながめらるらむ（恋四、七四三）――「形見かは」が反語で、形見ではないのに、の意が出る。「ながめらる」は見るつもりもなしに、目がそのほうに引かれる意。

のような例が幾つもあります。『万葉集』でも、

恋しけくけ長きものを、会ふべくある夕《よひ》だに君が不来益有良武《キマサズアルラム》（万葉集、巻十、二〇三九）

この歌は七月七日、彦星を待ちかねている織女星の気持ちでの作で、「君来まさず」という事実に面して、「など来まさずあるらむ」と疑っているわけです。前の『古今集』の歌でも、「恋しき人の形見でもない大空が、物思ふ毎にながめらる」という事実に面して、「など物思ふ毎にながめらるらむ」と疑っているのです。問題にしている『万葉集』の長歌でも、「世の中の人の嘆きは相思はぬ人ではないはずの君が、雲離れ遠き国辺の露霜の寒き山辺に宿りせり（葬ラレテイルコトヲ、死者自身ノ行動ノヨウニ表現シタ）」という事実に面して、「など……宿りせるらむ」と疑っている気持ちなのです。

玉藻刈る辛荷《からに》の島に島廻《しまみ》する鵜《う》にしも有哉《アレヤ》、家思《も》はず有六《アラム》（万葉集、巻六、九四三）

岩倉の小野ゆ秋津に立ちわたる雲にしも在哉《アレヤ》、時をし待たむ（同、巻七、一三六八）

この二首は、最後まで私を苦しめたものでした。『注釈』の行き方も、どうも納得しかねます。「有哉」「在哉」をともに「あらばか」とか「あらばや」とか訓《よ》めば、簡単に解決

がつくのですが、この歌の原文ではそれは無理だということであり、それなら、「あれ」を命令形とみれば、ということになりますが、前にも申しましたように、『万葉集』には、まだそう見うる確かな証例がないということで、行き詰まっていたのでした。それに、たとえ「あれ」を命令形とみられるとしても、自分自身を、「鵜ででもあれよ」「雲ででもあれよ」というのは、いかにもやけくその気持ちのようで、どうかとも思われます。それで「あれや」を言い切りで反語とみますと、あとの語句との関係がしっくりしないのです。それで、ことに前者の場合に、しっくりしない度が高いと言えるでしょう。

ところで、後者の「時をし待たむ」は、相手の女性の発言で、それに反発した男の作だとみる考え方に接して、これはいけると思いました。それは『日本古典文学全集』（小学館刊）の『万葉集』でみた考え方で、その

岩倉の小野から秋津に立ち渡る雲だからというので時を待つのですか（○傍点佐伯）

という口語訳には従いかねますが、私流に、「あれや」で言い切りの反語とみて、

……雲ででもあるのか、雲なんかではないのに、時を待たむこととよ。

という嘆きの気持ちとみれば、よいでしょう。そうして、「わたしにはそんなことはとてもできない」という気持ちが出るということになります。

これにあわせて、前者は、山部赤人が瀬戸内海を船で旅していての作ですから、一行の中に、「旅に出た以上は、家のことを思ってもしかたのないことだから、家のことは忘れ

て、旅を楽しもうよ」という人があって、作者はそれに反発したのだと考えれば、

（家のことは忘れてなんて言う人は）鵜でもあるのか。鵜なんかではなかろうに、

「家を思はざらむ」ことよ。

という気持ちで、「私にはそんなことはとてもできない」という気持ちが出て、すっきりするでしょう。この歌のほうは、『全集』の頭注には、

鵜ニシモアレヤは、鵜ニシモアラバカと同じ気持か。

といって、訳は、

鵜ででもあったら、家を思わずにいられることだろうか（○傍点佐伯）

とあるのですが、これは文法上とても従えないことです。でも、みんな注釈に苦しんでいるのだなあと、感じさせられます。

以下の例は「なり」「にあり」ではありませんが、このついでにあげます。

妻に与ふる歌一首

雪こそは春日消ゆらめ、心さへ消失多列夜《キエウセタレヤ》、言も通はぬ（万葉集、巻九、一七八二）

妻が和《こた》ふる歌一首

松反《まつがへ》り（＝枕詞）四臂而有八羽《シヒテアレヤハ》、三栗《みつぐり》の（＝枕詞）中上《なかのぼ》り来《こ》ぬ麻呂と言ふ奴《やつこ》（同上、一七八三）

右の二首は、柿本朝臣人麿の歌集中に出《い》づ。

前の歌について、『注釈』は例によって、「消え失せたれバや」の意で反語的で「通はぬ」が「や」の結びだとして、

雪こそは春の日に消えもしように。心まで消え失せたといふのでおたよりも来ないのであらうか。心まで消えてしまふとは思はれないに。(○佐伯云、傍点部は削りたい。「であらうか」も、原文に近づけて、「ですか」としたい)

と口訳されています。「消ゆらめ」の訳は、「消えているだろうが」であるはず、「消えもしように」は「消もせめ」に当たるものでしょう。とはいえ、この訳全体としては、その主張に忠実な形を取っていると言えましょう。けれども、歌の調子を考えますと、

雪こそは春日消ゆらめ、心さへ消え失せたれや

が一まとまりで、言い切りで、「そんなはずはなかろうに、言も通わないこと」と、第五句で嘆いていると読むほうが、ずっとすばらしくなると思います。

橡《つるばみ》の袷《あはせ》の衣《ころも》(=序詞)裏にせばわれ強《し》ひめやも、君が来まさぬ(万葉集、巻十二、二九六五)

という歌の、第四句の反語と第五句のあり方など、参考にしてよいのではないでしょうか。「裏にせばわれ強ひめやも」とは、私があなたをいい加減に考えているのなら、たってお願いしましょうか、そうでないからたってお願いしているのです、という気持ちで、それ

なのに、君が来まさぬことよ、という嘆きが出るわけです。

妻の歌の「しひてあり」は、頭がだめになっている、もうろくしている意だといわれますが、「しひてあれやも」でなく「しひてあれやは」であることから、どうしてもここで言い切りで反語とみざるを得ないでしょう。『注釈』では、「やは」は『万葉集』ではこの一例だけであることを注意しながら、「やも」と同じ意に用いたものと思われるとして、「中上り来ぬ」と呼応している係りとみていますが、無理でしょう。「已然形＝ば＝か」の例は前にあげた外にもありますが、「已然形＝ば＝や」の例は前にあげた一例しか無いことは、前に述べました（三六二ページ）。まして「已然形＝ば＝や」の意の「已然形＝や」は存在しないものとして、今まで論じてきているのですから、ここの「あれやは」は、いよいよ「あれバやは」の意とはみられないわけです。『注釈』は、この歌によって、大伴家持が、

松反り之《シ》比《ヒ》尓《ニ》底《テ》安《ア》礼《レ》可《カ》母《モ》、さ山田の翁《をぢ》がその日に（逃ゲタ鷹ニ）求め会はずけむ（万葉集、巻十七、四〇一四）

と詠んだことをあげ、「家持は『やは』を『かも』と改めたのであり」と、たいした意味もないように考えておられるようですが、「あれバかも」の意とするために改めたのであり、「あれやは」はもちろん「あれやも」でも、「あれ」が「あれバ」の意にならないから改めたのだ、と考えるべきでしょう。「国からか見れども飽かぬ、神からかここだ貴き」

式の言い方を幾つもみているはずの家持が、自分の歌では「神からやそこば貴き、山からや見が欲しからむ」といっている（三六二ページ）のを考え合わせれば、「しひにてあれかも」と改めたことは、いよいよ注意すべきこととなるでしょう。

　こう考えますと、妻の歌は、

　あなたはもうろくしてなんかいない。それなのに、中上りして来ない麻呂という奴さんよ。

という気持ちを言ったものとなります。地方官として赴任した人が、任期中に上京して来るのを「中上り」というのだそうで、この時、男は地方官として地方にいたのでしょう。それは左注から推測すれば、柿本人麻呂なので、戯れて「麻呂といふ奴」と呼んだのでしょう。ついでに、家持の歌は、大切にしている鷹を、その係の山田君麻呂が勝手に持ち出し、へまをやって逃げられてしまったので詠んだもの、「もうろくしてしまっているから、さ山田の翁が、当日、鷹を求めて鷹に出会わず、逃げられっぱなしになったのだろうかなあ、多分そんなことだろう」という気持ちです。

　山城の石田《いはた》の社《もり》に心鈍《おそ》く手向為在《タムケシタレヤ》、妹に会ひがたき（万葉集、巻十二、二八五六）

　この歌も、『注釈』は例の通り「したれや」は「したれバや」の意とするのですが、それなら、「……よいかげんに手向けをしたので、妹に会い難いのか」と訳すべきを、山城の石田の森の神に、心を尽さずによいかげんに手向をしたのであらうか、そんな気持で手向したのではないのに、どうして妹に逢ひ難いのであらうぞ。

と口訳しています。これでは私が主張している、「……したれや」で言い切りとみた訳のようです。第五句に「らん」もないのに「どうして」というのも困ります。この手向けは、他人のことでなく、作者自身のしたことで、妹に会いたい一心でするのに、いい加減な気持ちでするはずはなく、作者自身は「心鈍く手向けはせず」と思っているはずですから、「心鈍く手向をしたので……か」などというのは何としても不自然ですから、私の主張の通り「したれや」で言い切りで反語。「しているか、してはいない。それなのに」という気持ちで、第五句の「妹に会い難きことよ」という嘆きが出ると解すのが自然だ、ということは、言うまでもないでしょう。

ほととぎす鳴く峯《を》の上の卯の花の　厭事有哉《ウキコトアレヤ》、君が来まさぬ（万葉集、巻八、一五〇一）

うぐひすのかよふ垣根の卯の花の　厭事有哉《ウキコトアレヤ》、君が来まさぬ（同、巻十、一九八八）

前の歌の注で『注釈』は、

「あれや」は「あればや」の意で、その「や」はもと反語的な意をもつたが、後には「か」と同じく単なる疑問となつたので、ここなども単に疑問と見てよいであらう。

と言って、

……うき事があるからか、君がいらつしやらない。

と口訳しています。しかし、「あればや」の意なら、

……うき事があるから、君がいらっしゃらないのか。

と訳さなければなりません。「あるからか」とするのは、「あれや」で言い切った気持ちになりますが、それなら、「あるのかいな、私にはそんな気になるような応対をした覚えはないが」という、反語でもその度合のうすい気持ちで考えたくなります。

ももしきの大宮人は暇有也《イトマアレヤ》、梅をかざしてここに集有《ツドヘル》（万葉集、巻十、一八八三）

『注釈』に

暇あれや――暇あればや。……その「や」は結句にかかり、「集へる」と連体形で結ばれてゐる。

といって、

大宮人たちは暇があるからであらうか、梅をかざしにして、ここに集ってゐるよ。

と口訳していることについては、前の歌と同じことがいえます。「暇あれや」で言い切っても、反語の度合はうすくなって、暇があるのかしら、というくらいの気持ちで考えられるでしょう。『新古今集』には、下の句を「桜かざして今日も暮らしつ」と伝えています。「今日も」というと、昨日もそうだったが、という気持ちが感じられ、ねたんでいるよう

な歌になり、「暇あれや」も「暇があるのだなあ」という気持ちにも感じられますが、『万葉』の歌のほうでは、平生何かと多忙な大宮人だが、今日は暇があるのかしらと、好意のある眼を向けているように感じられます。

円方《まとかた》のみなとの渚鳥《すどり》、浪立也《ナミタテヤ》、妻呼び立てて辺《へ》に近づくも（万葉集、巻七、一一六二）

『注釈』は、例によって、第三句は「浪立てばや」の意とし、この「や」の意味は単なる疑問とされるのですが、口訳は、第三句があとにかかるのでなく、「……浪が立てばか、妻を呼び立てて岸辺に近づくよ」と、はさみこみの語句のように訳しています。この訳は「浪立てや」を言い切りとする私の考え方を助けるものといえるでしょう。私は、この歌は、

円方のみなとの渚鳥、妻呼び立てて辺に近づくも

と、目に見るところを述べた中に、そんな風にも見えないが浪が立っているのかしら、といった気持ちで、「浪立てや」という語句をはさみこんだのではないかと思うのです。これも、反語の度合がだいぶうすくなった例とみます。

a あすか川明日だに見むと念八方《オモヘヤモ》、わが大君の御名忘れせぬ（万葉集、巻二、一九八）

b あすか川明日さへ見むと念香毛《オモヘカモ》、わが大君の御名忘らえぬ（右の「一云」を独立さ

せたもの）
『注釈』は、「思へやも」を「思へバやも」の意とし、「や」は結句へかかるとして、aを

……あすだけでもお逢ひ申す事が出来ようと思ふのであらうか――さうは思へないのに――皇女の御名をお忘れ申す事が出来ないことよ。

と口訳していますが、この口訳は、「思へやも」を言い切りとすることの自然なことを示したものと言えましょう。「思へば」なら「思うから」となるはずですが、それでは、訳文が作りにくくなって、「思ふのであらうか」とされたのでしょう。「思へやも」で言い切りとすれば、「……と思うか、思ってはいない。それなのに……」と、らくにいけるところです。一首の調子も、「思へやも」は言い切りでしょう。

bのほうは、反語ではないので、「『思へば……かナア』と（『かも』ヲ）結句へまはす事になる」と、係り結びを正当に訳していますが、これも前に述べましたように、「思へかも」で言い切り、「思うからかなあ」と訳して、あとは詠嘆をこめた連体形止めと解することも出来ます。

真野《まの》の浦のよどの継橋　心ゆも思哉《オモヘヤ》妹が　夢《いめ》にし見ゆる（万葉集、巻四、四九〇）

「思へか」とも訓め、そうすれば「思うから妹が夢に見えるのか」ということになりますが、『注釈』は、こまごま考えた末、「思へや」の訓を採っています。そうして、

妹がしきりに夢に見えるが、そんなに夢に見えるほどほん気にそんなに思つてくれてるのかしら、何だか信じられないやうだけど……

という気持ちで詠んでいる男の歌と推定して、

……つぎつぎにいつもつゞけて本気に思つていらつしやるのかしら。あなたがいつも夢に見えますけれど。

と口訳しているのは、私の「思へや」で言い切りとする説を助けるような訳になっていると言えましょう。そうして、「妹が夢にし見ゆる」と読んだようですが、「妹が思へや」の倒置として読んだほうが、歌の調子に合うのではないかと思います。第一、二句の序詞から「つぎて」という語が思わされるのですが、それは「思へ」にかかるのかどうか、「心ゆも思へや妹が」という語句は、はさみこんだ語句で、「つぎて夢にし見ゆる」という気持ちを言おうとした、と読むのは無理でしょうか。

緑児《みどりこ》のためこそ乳母《おも》は求むと言へ、乳飲哉《チノメヤ》君が、乳母求むらむ（万葉集、巻十二、二九二五）

これも「乳飲めか」とも訓めますが、「や」と訓むのが普通です。「おも」は母の意で、「乳母」は「ちおも」ですが、ここでは略していったのだろうということです。乳を要する幼児もいないのに乳母を求めているという男をやじった歌です。

さて「乳飲めや」で言い切り、反語としますと、前の例と同様に、第四句は「君が乳飲めや」の倒置と考えたくなります。「乳を飲むわけないでしょう、あなたが」という気持ちで、「など」を補って第五句は解すわけです。第四句の読み方については、次の歌なども参考になるでしょう。

菅の根のねもころごろに照る日にも、干《ひ》めや我が袖、妹に会はずして（万葉集、巻十二、二八五七）

今さらに寝めや我が背子、新夜《あらたよ》の一夜も落ちず夢に見えこそ（同上、三一二〇）

伊豆の海に立つ白雲の絶えつつも継がむと母倍也《モヘヤ》、乱れ初めけむ（万葉集、巻十四、三三六〇の或本の歌）

この歌は難解ですが、私は「思へや」で言い切りとして、「あの人は、『絶えつつも継がむ』などと思っていないのだ。それで他の方へ乱れ初めたのだろう」と嘆いている女の歌と考えておきたいと思います。

湯の原に鳴く芦鶴《あしたづ》は、わが如く妹に恋哉《コフレヤ》、時わかず鳴く（万葉集、巻六、九六一）

この「恋哉」は、「恋ふれか」とも訓めますが、作者は、妻と死別した後の大伴旅人ですから、妻を思う心が切実であろうから、「や」のほうが良いとする『注釈』によります。ただし、「恋ふれや」で言い切り、「わが如く妹に恋ふ」ということはなかろう、自分の恋しがる気持ちのほうが強いだろうけれど、という気持ちになります。「恋ふればや時わかず鳴く」では、『注釈』のいうような、「自分程に妻を恋うてゐる者は無いと思ふに」という気持ちは出にくいと思うのです。

朝井《あさゐ》堰《で》に来鳴くかほ鳥、汝《なれ》だにも君に恋八《コフレヤ》、時終へず鳴く（万葉集、巻十、一八二三）

『注釈』は、この「や」は、もう「か」に近くなってしまった例とされますが、私はやはり「恋ふれや」で言い切り、反語の度合はうすくなっているにしても、「お前まで君に恋うなんて思われないが」というような気持ちは入れて解したいと思います。

ついでに触れておきますが、

白ま弓斐太《ひだ》の細江の菅鳥《すがとり》の、妹に恋哉《コフレカ》、寐《い》をねかねつる（万葉集、巻十二、三〇九二）

この第四句以下は、作者自身のことですから、「恋哉」は「恋ふれか」と訓《よ》みます。『注釈』も、「旧訓諸注コフレヤとあったが、古典大系本にコフレカとしたのがよい」としています。そうしても「か」が係りの助詞で、連体形止めがそれに呼応するとみなければならないわけでないことは、前にも述べました。

今よりは不相跡《アハジト》為也《スレヤ》、白たへの我が衣手の干《ふ》る時も無き（万葉集、巻十二、二九五四）

これも、『注釈』は、「あなたが逢はじとすればや、の意で、この『や』は反語的疑問で結句にかかる」と説明しながら、口訳は、

今からはもう逢ふまいとあなたがなさるからであらうか、そんなはずはないのに、私の着物の袖の乾く時もありませぬ。

となっています。「会はじとすれや」で言い切りで、反語とすれば、

今からはもう逢うまいとなさっているか、そんなご様子はないのに、

として、あとは『注釈』の訳に続けられるでしょう。この「す」という動詞は、軽く用いられたもので、「思ふ」に近いと考えて良いでしょう。

小里なる花橘を引きよぢて折らむとすれど、うら若みこそ(万葉集、巻十四、三五七四)

などが参考になるでしょう。

ほととぎす声聞く小野の(＝ガ)、秋風に萩開礼也《サキヌレヤ》、声の乏しき(万葉集、巻八、一四六八)

この歌は、「夏雑歌」の中にあります。ほととぎすの声をよく聞く野辺が、このごろ声が少なくなったのに対して、その理由を萩が咲く時になったのか、それにはまだ早いようだが、と考えている人の作です。

『注釈』は例の如く、「『ぬれや』は『ぬればや』で『や』は反語的な疑問で、……その

『や』をうけて『乏しき』と連体で止めた」と説明し、珍しく、係り結びに忠実に、

ほととぎすの声をよく聞く野辺で、秋風が立つて萩が咲いてしまつたから声が少くなつたのであらうか。まだ萩が咲いたとも思へないに、どうしてだらう。

と口訳していますが、原文は、どうしてだろうと疑うよりも、ほととぎすの声の少ないのを嘆いているのではないでしょうか。第三、四句は言い切り、「秋風で萩が咲いてしまったのかしら。まだそれには早そうだが、ほととぎすの声が少ないことよ」というように考えるほうが、適当ではないでしょうか。反語といっても、「そんなはずはないよ」というような強い気持ちではないと思われます。

天地《あめつち》の神は无可礼也《ナカレヤ》、愛《うるは》しき我が妻離《さか》る（万葉集、巻十九、四二三六）

これは妻の死を悲しんだ作者不明の長歌の出はじめです。『注釈』は、「無かれや」は、「無かれバや」の意で、あとの「離る」は、「や」を受けた連体形とするのですが、無心に読んだ調子では、「天地の神はないのか」という悲しみの余りの表現だと感じたくはないでしょうか。「無かれや」はそうすれば言い切りということになりますが、それが反語なら、「そんなことはない、あるはずだ」という意味になるのが本来ですが、これまでにあげたうちでも、反語の度合がうすくなったと解すべき例があったでしょう。

神々の存在を信じる心が、現代のわれわれよりずっと強かったと考えられる上代人の発

言ですから、神がないという考え方は無いはずですが、神の助けもなく妻が死んだとあっては、「天地の神はないのか、無いのと同じ状態だ」という気持ちで、「無かれや」と言ったのではないか、と私には思われます。

改訓すべきもの

大君の和魂相哉《にきたまアヘカ》、豊国《とよくに》の鏡の山を宮と定むる（万葉集、巻三、四一七）

この歌は、「河内王」を豊前の国の鏡山に埋葬した時に、その妻かと推察される人が詠まれた三首の中の第一首で、「宮と定むる」は、亡くなられた河内王の動作として表現されたものです。この「相哉」は「あへや」と訓まれているのを、『注釈』が「あへか」と改めたので、私はこれをありがたいと思っています。『注釈』では、

王の御心にかなうたのでこの豊前の国の鏡山を宮とお定めになつたのであることか。

と口訳していますが、むしろ「あへか」で言い切り、あとは詠嘆の連体形止めとみて、

王の御心にかなったからかしら、この豊前の国の鏡山を宮とお定めになっておいでになるよ。

と嘆いていると解したいのです。

荒磯《ありそ》ゆもまして思哉《オモヘカ》、玉の浦の離れ小島の夢にし見ゆる（万葉集、巻七、一二〇二）

この歌の「思哉」は「思へや」と訓む人が多いようですが、『注釈』に「思へか」をよしとしているのに従いたいと思います。そうしますと「思ふからか」の意でここで言い切りともみられ、「か」が係りで「見ゆる」が結びで、「思ふから……見えるのか」とも解されることは、既に述べました。

とこしへに夏冬往哉《ユクヤ》、裘《かはころも》 扇《あふぎ》 放たぬ山に住む人（万葉集、巻九、一六八二）

これは、仙人の画像を見ての歌ですが、仙人に問いかけた気持ちの作と考えます。それで、普通は第二句を「夏冬ゆけや」と訓んでいるのですが、私は、「夏冬ゆくや」と改めます。

あなたの所は、永久に夏と冬とがいっしょに行くのですか、冬物の裘を身から放さず、夏物の扇を手から放さない山に住むお人よ。

というように解します。

葛城《かづらき》の襲津彦《そつひこ》真弓《まゆみ》荒木《あらき》にも憑也《タノメヤ》君がわが名告《の》りけむ（万葉集、巻十一、二六三九）

「憑也」は「たのめや」と訓み、「頼めバや」の意として解するのに異説はないようです。有名な武将の葛城の襲津彦の持つ弓の、しかも、新しい木で造った弓は、強くて頼みにし得るものとして引き合いに出し、その

……弓のやうに、私を信頼するに足る者と思はれたから、君が私の名を人にもおつしやつたのであらうか。（注釈）

と解すのですが、

但この「や」は反語の意はなく、「か」と同じく疑問の意である。

と『注釈』は注意を与えています。それならば、「たのめか」とあるべきだと私は思うのですが、「也」を「か」と訓むわけにはいきません。そこで、私は、

駿河《するが》の海磯辺《おしべ》に生ふる浜つづら、汝《いまし》を多能美《タノミ》母に違ひぬ（万葉集、巻十四、三三五九）

という歌の「頼み（＝信頼シテ）」の用法に「や」を付けたものとして、「頼みや君が……」と訓んだらどうか、と思いつきました。私はこれですっきりすると思うのですが、どうでしょうか。

わが思ひを人に令知哉《シルレカ》、玉くしげ開きあけつと夢にし見ゆる（万葉集、巻四、五九一）

この歌の「令知哉」を「知らすれや」と訓む説があるので問題にするのですが、『注釈』にこまごまと論じて「知るれか（＝知ラルレバカ）」と訓んだのに賛成するわけです。『注釈』は「か」の結びが「見ゆる」という連体形だとしていますが、口訳は、

私の思ひを人に知られたのでありませうか、くしげの蓋をひらきあけたと夢に見ました。（○佐伯云、傍点部は、「からかしら」とありたい）

と、「知るれか」で言い切った気持ちになっています。こういう読み方も出来ることは、前に何度も言いました。こう読めば、「見ゆる」は詠嘆の連体形止めということになります。

これまでに詠嘆の連体形止めということを何度も言いましたが、一首全体がそうなっている例を参考にあげておきましょう。

わが背子を大和《やまと》へやると、さ夜ふけて暁露《あかときつゆ》に吾立所霑之《ワガタチヌレシ》（万葉集、巻二、一〇五）
大船の津守が占に告《の》らむとは正《まさ》しに知りて我二人宿之《ワガフタリネシ》（同上、一〇九）
楽浪《ささなみ》の志賀小波《さざれなみ》　しくしくに「常に」と君之所念有計類《ガオモホエタリケル》（同上、二〇六）
網児《あご》の山五百重《いほへ》隠せる佐堤《さで》の埼、さてはへし子之夢二四所見《コガイメニシミユル》（同、巻四、六六二）
み空ゆく月の光にただ一目相見し人之夢西所見《ヒトノイメニシミユル》（同上、七一〇）

結び

以上で、私の、『万葉集』における「已然形＝や」の検討は終わりました。

「已然形＝や」は、すべて言い切りで、反語となるのが本来ですが、場合によってその度合がうすくなること。

「已然形＝や」が「已然形＝ば＝や」の意で、あとに連体形の結びを求める用法は存在しなかったこと。

「已然形＝や」を「已然形＝ば＝や」の意だとして解釈しようとする注者が、いかに文法的でない行き方をして苦労しているかということ。

これらのことが納得していただけたかと思うのですが、いかがでしょうか。

だいたい已然形だけで「已然形＝ば」の意に用いられるのは、文献以前の国語の名残であって、万葉時代には、もう接続助詞「ば」が相当に発達していますので、已然形だけで「已然形＝ば」の意に用いられた例も多くはなく、語彙もまた限られていたことは、用例が示しているといえましょう。一方に、助詞「か」と「や」との性質に違いがあって、「已然形＝ば」の意に用いられる「已然形＝か」は、言い切りとしても、連体形結びを要求する係りとしても用いられることを考えますと、「已然形＝や」は、反語の言い方としてすべて言い切りというように、早く分担が出来ていたのではないでしょうか。

平安時代になりますと、万葉時代に四段活用の動詞にあった、已然形と命令形との音韻の区別がなくなり、また、「鳴けや」「立てや」というような、命令形に「や」の付く用法も出ます。そのせいだとは言えないかもしれませんが、「已然形＝や」の形は、「め＝や」を別として、本居宣長が「れや」とよぶような形だけで出るのが普通となり、その意味もいよいよ反語の度合が減じて、単なる疑問、さては全くの詠嘆に用いるようにもなるので、宣長は、その著『詞の玉緒』で、その用法を、全くの詠嘆のは別として、五種に分け、「れや　五くさ」として説明しているのですが、どうしてこう誤ったのかと不思議に思われる説明もあり、また、私に理解できない部分もありますので、次には、その「れや　五くさ」について考察していきたいと思うのであります。

宣長の「れや　五くさ」について

宣長が『詞の玉緒』に示した「れや　五くさ」の説明と分類とに疑問を持つところがたくさんあって、いろいろ検討しているうちに、「已然形＝ば＝や」の意に用いる「已然形＝や」の形はなかったという結論に達しましたので、「れや　五くさ」ももっと簡単になることを考え、かねてそこに行なわれた宣長の説明で腑に落ちないところを問題にしようというのが、本稿の目的です。ここで『玉緒』の引用は、筑摩書房の『本居宣長全集』の第五巻によりましたが、表記などは読み易く改めたところがあることを、まずお断わりしておきます。

「れや　五くさ」の第二類は、

春されば野べにまづ咲く見れど飽かぬ花、まひなしにただ名のるべき花の名なれや（古今集、旋頭歌、一〇〇八）

思ふとも恋ふとも会はんものなれや、結ふ手もたゆく解くる下紐（同、恋一、五〇七）

というような反語の例で、ここには問題はありません。

第一類には、『古今集』から九首、『後撰集』から三首、『千載集』から一首、計十三首の例歌があげてありますが、ここには初めから四首だけ引いておきましょう。

①秋の野におく白露は玉なれや、貫《つらぬ》きかくる蜘蛛《くも》の糸すぢ（古今集、秋上、二二五）

②里は荒れて人は古りにし宿なれや、庭もまき垣も秋の野らなる（同上、二四八）
③来べきほどとき過ぎぬれや、待ちわびて鳴くなる声の人をとよむる（同、物名、四二三）
④伊勢の海に釣する海人《あま》のうけなれや、心一つを定めかねつる（同、恋一、五〇九）
また、第三類には、『古今集』から一首、あとは『後撰』『拾遺』『後拾遺』『金葉』『詞花』『千載』『新古今』『新勅撰』『菅家万葉』『六帖』などで、計十六首の例歌があげてありますが、その中から四首だけ引いてみましょう。
⑤風吹けば波うつ岸の松なれや、ねにあらはれて泣きぬべらなり（古今集、恋三、六七一）
⑥昼なれや、見ぞまがへつる、月影を、けふとやいはん昨日とやいはん（後撰集、雑一、一一〇二）
⑦別れ路は恋しき人のふみなれや、やらでのみこそ見まくほしけれ（拾遺集、別、三三三）
⑧明けばまた越ゆべき山の峯なれや、空行く月の末の白雲（新古今、羇旅、九三九）
宣長は、右の第一類と第三類との違いを説明して、第一類のほうの「れや」は言い切りでなく、「や」は必ずあとにそれに呼応する結びがあるが、第三類のほうの「れや」は言い切りで、あとの結びは「や」と無関係だといっています。そうして、第一類については、
右の「れや」は皆「ればにや」といふ意なり。然るに、その「に」を略《はぶ》きて「ればや」といへる例は、外※にも常に多きを、又その「ば」をも略きて「れや」といへる例

も、万葉には外にもつねに多し。「行けばや」を「行けや」といひ、「思へばや」を「思へや」といへるたぐひ是なり。さてこの「れや」は語切れず下へ続きて、とぢめは皆「や」の結びなり。

※佐伯云、「外にも常に多きを」というのは、次のような例をさす。

天の川紅葉を橋に渡せばや、織女《たなばたつめ》の秋をしも待つ（古今集、秋上、一七五）

久方の月の桂も秋はなほ紅葉すればや、照りまさるらん（同上、一九四）

夕されば蛍よりけに燃ゆれども、光見ねばや、人のつれなき（同、恋二、五六二）

（三）

と言っています。そうして、例歌の①では、「蜘蛛の糸すぢ」を「や」の結びだとしているのですが、これは明らかな誤りです。もし宣長のいう通りなら、「貫きかくる」を結びとして、窪田《くぼた》空穂《うつほ》『古今和歌集評釈』（旧版）のように、

秋の野に置く白露は、玉なので貫くのか、蜘蛛の糸は。

というように解すべきところでしょう。「や」の結びが体言であることは、

谷風に解《と》くる氷のひまごとにうちいづる波や、春の初花（古今集、春上、一二）

手を折りて、相見しことを数ふれば、これ一つやは、君が憂きふし（源氏物語、帚木）

憂きふしを心ひとつに数へ来て、こや、君が手を別るべき折《をり》（同上）

この姉君や、真人《まうと》の後の親。（同上）

右のような例だけですから。これらはあとに断定の助動詞「なり」の連体形が言われずにある気持ちであることは、次の例でも考えられるでしょう。

この北の障子のあなたに人のけはひするを、「こなたや、かくいふ人の隠れたる方ならん。あはれや」と、御心とどめて（源氏物語、帚木）

このかっこの中は、源氏の君が胸の中で思っているところですが、この「ならん」を省略すれば、人に問い尋ねる気持ちにもなり、また、……かな、と疑い考えている気持ちにもなるでしょう。

それればかりではありません。もっと大きな誤りがあるのです。それは、「……ばにや」と「ばや」とは全然違うものなのです。「……ばにや」は、「……ばにやあらん」の「あらん」を言わずにすませたもので、文中に「ばにや」とあっても、その「や」はあとに連体形の結びを要求するものでなく、そこで言い切られた形であり、文中にあっては、はさみこみの語句となっているのです。次の例を見てください。

㋐大殿《おほいとの》には、（源氏ノ君ノ）かくのみ定めなき御心を心づきなしとおぼせど、あまりつつまぬ御気色《みけしき》の言ふかひなければにやあらむ、深うしも怨じきこえ給はず。（源氏物語、葵）

㋑（人ノ死ナドハ）常の事なれど、（源氏ノ君トシテハ）人ひとりか、あまたしも見給はぬ事なればにや、たぐひなくおぼしこがれたり。(同上)――葵の上の死についていう。

㋒この君、ねびととのひ給ふままに、母君よりも勝《まさ》りてきように、父大臣《おとど》の御筋さへ加はればにや、品高くうつくしげなり。(同、玉鬘)――玉鬘と呼ばれる姫君の様子。三位中将の娘を母とし、現在、内大臣になっている人を父として生まれた。

㋓(コノ人ハ)やむごとなき筋ながら、かうまで落つべき宿世《すくせ》ありければにや、心少しなほなほしき御叔母《をば》にぞありける。(同、蓬生)

これらの例で、㋑㋒㋓の三例は、「……ばにやあらむ」の省略形と知られるでしょう。これらは、あとに述べてある事がらのある理由を推測している語句ですが、もし理由として疑いのないことなら、「にや(あらむ)」を添えないで、「言ふかひなければ」「見給はぬ事なれば」「加はれば」「ありければ」と接続語としていけるわけですが、そう決定的に言い難いので、疑いを含めて推測的に「にや(あらむ)」を添えたのですが、こうしますと、これで言い切った形の語句となり、それをはさみこんだという形になります。それで、その疑問の気持ちはこの語句限りのもので、文全体としては、疑問文ではない、普通の文だというわけです。この点を注意してください。

「……ばにや」に対して「……ばや」の「や」が文末に連体形の結びを求めるということは、文全体が疑問で包まれる疑問文になるということなのですから、四〇〇ページの注に

あげた三首の歌も、文法的には、
○天の川は紅葉を橋として渡すので、織女が、時節も多いに、秋を待つのか。
○月の桂も、秋は地上の桂のように、やはり紅葉するので、このように、他の時節よりも照りまさっているのだろうか。
○……光を見ないから、あの人がつれないのか。
というように、「や」の意味を文末にまわして解すべきなのですが、注釈者にはそういうことをあまり考えない人が多いようですから、この点にも注意してください。

たとえば、宣長の『古今集遠鏡』を見ますと、次のような訳になっています。
○天の川の橋に、紅葉を渡すゆゑかして、時節《五しも》も多いに、棚機様が、秋を御待なさる。
（○佐伯云、「五しも」は、そこが歌の第五句の「しも」の訳に当たる意を示す）
○月の中な桂は此国土の木のやうに秋ぢやと云ても紅葉するなど云事はありそもないものぢやに、それもやっぱり《なほ》秋は紅葉するか《すればや》して、いつもよりは光がてりまさった、紅葉したによって此やうに照りまさるであらう《らん》。
○毎日ゆうかたになれば、蛍よりもなほわしは思ひがもえるけれど、わしが此やうにもえる思ひは、蛍のやうに光りがないによって見ぬゆゑに人がつれないかしら《ばや》ぬ、光りがあって見たならよもやかうつれなうはあるまい事ぢゃわさ。
傍線は、補った語句のしるしとして原文にあるものです。最後の例は、どうやら「や」の係り結びのままに訳しています（ただし、「つれない」のあとに「の」をおきたい）が、前の二首は、「ばや」のところが「ばにやあらん」に当たるような「ゆゑかして」「するかして」で、全体が疑問文でない感じで、「や」の係り結びの気持ちが出ていない訳です。

ところで、第一類の例歌の解釈ですが、たとえば、前にあげた④の歌の解を『遠鏡』で見ますと、

恋をするわしが心は、伊勢の海で猟師の釣をするうけぢゃかして《なれや》、ふはら〳〵とうかれて、しづめうと思うてもどうもしづめられぬ。釣のうけと云ものは、浪にゆられて、ふはら〳〵とうきてあるく物ぢゃが、心がてうどそのやうにさ。

とありますが、これでは、第三類の、前にあげた⑤の歌の解が、

風が吹いて浪のうちよせる岸の松は根が顕れる物ぢゃが、わしが恋もそんなものかして、どうやらねにあらはれて泣きさうに思はるる。どうもこたへられねばさ。かう云たばかりでは聞えまいが、声をあげて泣く事を、歌ではねに顕れると云によってさ。

とあるのと、どれだけ違うことになるのでしょう。第三類の説明には、

右の「れや」は皆「りや」と疑ふ意也。さて皆切る丶「や」にて、とぢめは「や」の結びにかかはらず。

とあるのです。それなら、前の「わしが恋もそんなものかして」と後に続くようにしない

で、「そんなものなのか」とでもして、はっきり切って解すべきでしょう。

うけなれや——うけぎゃかして

松なれや——そんなもの（そういう松）かして

と、「ぢゃ」の有無が、第一類と第三類の違いだなどということでは困ります。宣長が、⑤の歌を第三類に入れたのは、言い切りが「べらなり」と終止形になっているからだけで、「……なれや」の語句の言おうとする内容から考えたのでは、ないようです。

⑥の歌は、『後撰集』の歌ですから、宣長の解が見られませんが、まさか、「昼かして見ちがえましたよ」などとなるわけではないでしょう。「月のおもしろかりけるをみて」と題があり、暗い所から急に明るい所へ出たのではなく、じっくりと明るい月光に浸っての作でしょうから、「昼かしら」と疑うよりも、「まるで昼だなあ」と言い出したとみるほうが、自然でしょう。

宣長が第一類と第三類と分けたのは、「や」の係り結びがあるか、ないかのためだけで、第三類の係り結びがないのは、⑤の歌が一番古いと考えたようですが、「已然形＝や」の言い方はすべて言い切りで、その「や」があとに結びの連体形を要求することはない、今まで結びの連体形とみられたものは、すべて詠嘆表現の連体形止めなのだという考え方からみれば、この第一類と第三類は一つにしてしまってよいことになるでしょう。「なれや」の反語性がどれだけ残っているか、全然消えて、強い詠嘆表現になっているかは、それぞれの歌によって判断すべきで、形によって決めることは困難です。第一類に入れてある②の歌でも、『遠鏡』では、「や」が係りの助詞、「秋の野らなる」がその結びとしながら、全体を疑問文にしては気分が出ないものですから、

此の宿の義は、里は荒れました里なり、住んでをりまする者は老人なり、致しますれば、諸事不都合な宿ゆゑか《三なれや》致しまして、庭も籬も、御覧下されますとほり、とんとはや秋の野原でござります。

と訳していますが、この歌は、光孝天皇がまだ親王でいられた時代に、布留《ふる》の滝を御覧に行き、僧正遍昭の母の家に泊まられた際に、遍昭が、その庭を秋の野にしたてて、母に代わって親王にごあいさつを申しあげた歌だということですから、もう少し考えてみたらどうでしょう。遍昭は、桓武天皇の皇子の良岑安世《よしみねのやすよ》の子であり、母は安世の妻ですが、この時は未亡人として世に忘れられた状態で暮らしていたので、「人は古りにし」と言ったので、「古りにし」は、単に老人になったというだけではありません。『源氏物語』の橋姫の巻のはじめに、

そのころ、世に数まへられ給はぬ古宮《ふるみや》おはしけり。

とある「古宮」もその意味でしょう。それで、遍昭の歌の、「里は荒れて人は古りにし宿なれや」は、「庭もまがきも秋の野らなる」ことの理由を、疑いを含めて述べているのではなく、

ここは、まあ、里は荒れて人は古りにし宿ですなあ。
と、すなおに現状を詠嘆して、「御覧のとおり、庭もまがきも秋の野らですこと」と言って、「こんな所に、昔をお忘れなくお立ち寄りくださいまして、ありがとうございます」という気持をこめたものだと、考えたいのです。

宣長は、「れや　五くさ」の外に、「嘆息のれや」というのを置いて、最初に、『後撰集』の

世の中は憂き物なれや、人言のとにもかくにも聞こえぐるしき（雑二、一一七七）

をあげているのですが、「れや　五くさ」の第一類にも第三類にも、右のように、「嘆息のれや」とみたい例もあるわけです。

こう考えてきますと、第一類の例歌①も、『遠鏡』では、

秋の野の露は、玉ぢゃかして、蜘蛛の糸すぢへつないでかけた。

と訳していますが、「玉なれや」は、「貫きかくる」の理由を考えているのでなくて、

玉かしら。

と驚いているとか、最初から、詠嘆して、

まるで玉だなあ。

と言ったとか考えるほうが、露をまるで数珠のように貫きとおして、草葉にかけている蜘蛛の糸を見て、まあきれいだと感じている作者の気持ちに合うのではないでしょうか。

だれが見ても全然別物であるAとBとの間に、一つの共通点を認めて「AはBなれや」と言っている場合は、反語性がうすくなって疑問・詠嘆になり易いことは前（三七一ページ）にも述べましたが、第一類の例の①④、第三類の⑤⑦などは、それが考えられる例となるでしょう。また、そうした「なれや」に引かれて、詠嘆を表わすようになったものとして、第一類の②、第三類の⑥などや、「嘆息のれや」とされる中の「なれや」が考えられるでしょう。

そういう中で、どこまで反語性がうすくなっているか、全然なくなって詠嘆だけであるかは、人によって受けとり方が違うわけで、宣長が「嘆息のれや」の中に入れた、

津の国の難波の春は夢なれや、あしの枯葉に風わたるなり（新古今、冬、六二五）

などは、現代の注釈者がそろって詠嘆とみているわけでなく、まして、「なれや」でなく「あれや」の

雨ふれば小田のますらを暇《いとま》あれや、苗代水を雨にまかせて（新古今、春上、六七）

が、宣長の分類の「嘆息」で一致しないのは無理もないことでしょう。

とにかく、第一類と第三類、それに「嘆息のれや」の一部分は、みんな同類とみて、「已然形＝や」の反語性の有無は、歌のそれぞれによって感じ分けるということにするのが穏やかでしょう。

次に、第四類ですが、

①誰がために引きて晒せる布なれや、世を経《へ》て見れど取る人もなき（古今集、雑上、九二四）

②荒れにけり、あはれ、幾世《いくよ》の宿なれや、住みけん人の音づれもせぬ（同、雑下、九八四）

③春くれば、滝の白糸いかなれや、むすべどもなほ沫に見ゆらん（拾遺集、雑春、一〇〇四）

④さを鹿の妻とふ声も、いかなれや、夕《ゆふべ》はわきて悲しかるらん（千載集、秋下、三一六）

⑤衣打つ響きは月のなになれや、さえゆくままにすみのぼるらん（新勅撰、秋下、三四）

右の五例をあげて、次の説明があります。

右の「れや」は、皆、上に「たが」「いく」「何」などいふ詞をおきて、下をその結びにてとぢめたる中間にあり。「や」文字を「ば」にかへて見れば心得やすし。

私には、この説明が納得いきません。①で言えば、「たが」の係りが「なき」で結ばれるので、「布なれや」を「布なれば」としてみれば、心得やすいというのですが、それでは「や」はどうなるのでしょう。

だいたい宣長は、連体形結びを要求する係りとして、「ぞ・の・や・何」を認め、「か」は「や」に含めて考えてはいるのですが、「や」や「か」よりも「何」（「誰《た》が」「幾《いく》」「如《い》何《か》」「何《なに》」などの代表）を優先させているようです。それで、「何」が連体形結びを要求するとみるのですが、それは後世のことで、『万葉集』などにはそういう例は無くて、「何」の下に「か」があってはじめて、結びが連体形になるのがきまりでした。次の例を見てください。

足日女神《たらしひめ》の命《みこと》の魚《な》釣らすとみ立たしせりし石を多礼美吉《タレミキ》（＝誰見き）（万葉集、巻五、八六九）

誰聞都《タレキキツ》、こゆ鳴き渡るかりがねの妻呼ぶ声のともしくもあるを（同、巻八、一五六二）

ぬば玉の夜渡る月を伊久欲布《イクヨフ》（＝幾夜経）と数《よ》みつつ妹はわれ待つらむぞ（同、巻十八、四〇七二）

春柳かづらに折りし、梅の花多礼可有可倍志《タレカウカベシ》（＝誰か浮かべし）盃《へ》の上に（同、巻五、八四〇）

新治《にひばり》筑波を過ぎて、幾夜か寝つる（古事記、中巻、景行）

いづれの日まで安礼古非乎良牟《アレコヒヲラム》（＝我恋ひ居らむ）（万葉集、巻十五、三七四二）

――「我が」でないのに注意。

いかに和礼世牟《ワレセム》（同、巻十八、四〇四六）――「我がせむ」でないのに注意。

いつまで可《カ》、安我故非乎良牟《アガコヒヲラム》（同、巻十五、三七四九）

家に行きていかに可《カ》、阿我世武《アガセム》（同、巻五、七九五）

右の例で、「いづれの日まで我恋ひ居らむ」「いかに我せむ」の結びの「む」は、終止形だと推定されるでしょう。

右のようなわけですから、

わが髪の雪と磯べの白波と、いづれまされり、沖つ島守（土左日記、一月廿一日）

淡路島通ふ千鳥の鳴く声に、幾夜寝ざめぬ、須磨の関守（金葉集、冬、二八八）

年へたる宇治の橋守《はしもり》、こと問はむ、幾世《いくよ》になりぬ、水の水上（新古今、賀、七四三）

などは、古い文法を残している例だと知られます。それが、

滝つ瀬の中にも淀はありてふを、などわが恋の淵瀬ともなき（古今集、恋一、四九三）

のように、「か」が無くても連体形で結ぶ言い方が多くなったので、『玉緒』では、このほうを正格とし、『万葉集』などの古い言い方を変格としています。それにしても、「れや」の第四類での考え方は、納得できません。「『や』文字を『ば』にかへて見れば心得やすし」と言って、「や」の説明をしないのでは、どうも困るのです。おそらく、「何」のあとは、

誰がための錦なればか、秋霧の佐保の山べを立ち隠すらむ（古今集、秋下、二六五）

来ぬ人を待つ夕暮の秋風は、いかに吹けばか、わびしかるらむ（同、恋五、七七七）

いくばくの田を作ればか、ほととぎす、しでの田長《たをさ》を朝な朝なよぶ（同、誹諧、一〇一三）

のように「か」が用いられるきまりであることを思い合わせて、その「ば」が無ければ「や」でよい、「れや」は「ればや」の意だと、言い切れなかったので、逃げたのでしょうか。

私はこれを、第五類の「れや」といっしょにすべきだと思うのです。第五類では、

①草枕ゆふ手ばかりは何なれや、露も涙もおきかへりつつ（後撰集、羇旅、一三六七）

②程もなく恋ふる心は何なれや、知らでだにこそ年は経にしか（後拾遺、恋二、六六四）

③神無月しぐるるころもいかなれや、空に過ぎにし秋の宮人（新古今、哀傷、八〇四）

④山かげにすまぬ心はいかなれや、惜しまれて入る月もある世に（同、雑中、一六三二）

右の五首を例として、次のように説明しています。

右の「れや」は、皆、上に「何」などいふ詞有りて、「や」にて切るゝ也。故に下は「何」「や」の結びにかゝはらず。さて此「なになれや」は「なになるぞ」也。「いかなれや」は「いかなるぞ」といふ意也。

第四類のほうも、右の説明を用いればすっきりするでしょう。終わりの連体形結びは、「何」の結びではなく、詠嘆の連体形止めとみるのです。一々の例歌に当たってみましょう。

第四類の例歌の①は、結びが「……なきは」とあれば、

世をへて見れど取る人も無きは、誰がためにに引きて晒せる布なれや。

という関係のものを倒置したことになるでしょう。その倒置された主語を、主語としてでなく、詠嘆的に投げ出した言い方とも考えられるでしょう。もちろん「取る人もないことよ」と考えても良いわけです。

②は、「荒れにけり」で一文、「あはれ、幾世の宿なれや」で一文、というように読むのが、歌として適当な調子だろうと思われます。そうして、実際は人が住まなくなって「幾世」というほどではないのに、荒れ方のひどいのに驚いている気持ちではないかと思われます。それでこそ「住みけん人の音づれもせぬ」という嘆きが生きてくるのではないでしょうか。

③以下は、終わりに「らん」のある歌ですから、「など」を補って解します。「いかなれや」は、どうなんだ、どうっていうこともなさそうだが、具体的に言えば、春が来たからといって冬と違うこともないと思うが、という気持ちが出て、「など、むすべどもなほ沫に見ゆらん」ということになるのですが、これは貫之の歌で、西本願寺本三十六人集の『貫之集』には、第三句「いかなれば」第五句「あわになるらん」とあり、これなら「など」を補う必要はなくなります。これは、滝の流れ（白糸）が、冬は結《むす》んで氷となるが、春がくると掬《むす》んでも沫《あわ》となるという洒落をもととしての作だろうと考えられます。『貫之集』には、延喜十五年二月二十五日に、斎院の御屏風歌として勅によって奉るよしがあり、その絵の様子を、

女共たきのながれにいでて、あるはながれいづるを△あるはてをひてて（＝手ヲヒタシテ）ある（○佐伯云、△の所に「むすび」が落ちたか）

といっています。

④の、「いかなれや」も③と同じで、朝でも昼でも違うことはないはずと思うが、それがどうして、夕べはとりわけ悲しく聞こえているのだろう、という気持ちになります。⑤は、砧の音は月の何なのだろうか。別に月と何か関係があるものとは考えられないが、どうして、月が空高くのぼり光が冴えてゆくにつれて、砧の響きも、澄んで聞こえているのだろう、という気持ちです。

次に、第五類の例歌の①は、このままでは難解です。第二句を「結ふ手ばかりの」とする本もありますので、それに従ってさらに考えますと、「結ふ手は雁《かり》の」と訓むことが出来、これではじめて解釈がつくと思います。これは、第四類の例歌⑤と同型です。

今、旅先にあって、草を枕にすべく結い束ねている手の上に、露も涙もしきりにおくので、これは今鳴いて飛んでゆく雁の涙なのだと考えた作者が、雁とわが手とは無関係だと思うのに、こうあるのは、このわが手は雁の何なのかしら、と考えての作で、この作者は、

鳴き渡る雁の涙や落ちつらむ、物思ふ宿の萩の上の露（古今集、秋上、二二一）

秋の夜の露をば露とおきながら、雁の涙や野べを染むらむ（同、秋下、二五八）

などの歌を思い合わせているのだろうと考えられます。

②は、別れて来ていくらもたたないのに、会いたい会いたいと思う心は、いったい何なのかしら。相知らないでいてでも、平気で年はたっていったのに、相知るとたんにこう変わってしまうなんて、というような気持ちでしょう。
③は、どんなかしら、と思いやっている気持ちを「いかなれや」と言ったのでしょう。
この歌は、

枇杷の皇太后宮かくれて後、十月《かんなづき》ばかり、かの宮の人々の中に、たれともなくてさしおかせける

という題詞のある、相模という女房の作です。枇杷の皇太后宮は三条天皇の中宮で、後一条天皇の時に皇太后となり、万寿四年（一〇二七）九月十四日に亡くなられました。歌に「空に過ぎにし秋（＝悲シミデ心モ空デ過ギテシマッタ秋）」とある所以です。十月から冬で、時雨《しぐれ》の季節ですから、「しぐるるころも」と言ったのですが、それは同時に「袖に涙のかかる衣《ころも》」の意も利《き》かせているのです。「秋の宮人」は、「秋の、秋の宮の宮人」の意を、約《つづ》めて言ったものとして読みます。「秋の宮」とは枇杷の皇太后宮家をさしたものです。宮のおかくれで、悲しみの涙に心も空で秋も過ぎてしまった秋の宮の女房方は、この十月の時雨の降るころも、その衣がどんなかしら、さぞ、空からの時雨のうえに、涙の時雨で、かわくひまもないでしょうねえ、と思いやっている気持ちの歌だ、ということになります。
④は、西行法師の作です。世を捨てて、気らくに山かげに住んでいる西行が、世の中に

は、惜しまれないどころか、何の関心ももたれていない人々が、世を捨てもしないのを、そうしている心はいったいどうなのだろうと、疑っている気持ちの歌と考えられます。入るのを惜しまれながら、ふりすてて西の山に入る月もある世に、惜しまれもしないのなら、さっさと世を捨てて山に入り、気らくに暮らしたらよさそうなものだと、西行は思っているわけです。

以上で「れや　五くさ」に対する私の意見は終わります。

終止形に付く「なり」について

助動詞「なり」に二種あって、体言や連体形に付くのを「断定」、終止形に付くのを「詠嘆」として、『土左日記』の冒頭の、

男もすなる日記といふものを、女もしてみむとてするなり。

の「すなる」は、詠嘆の「なり」の連体形、「するなり」は、断定の「なり」の終止形とするのが、明治・大正時代の普通の考え方でしたが、詠嘆というのは誤り、伝聞・推定の意を表わすのだと主張されたのが、松尾捨治郎《まつおすてじろう》博士で、その説は、『国文法論纂』や『国語法論攷』の中に、こまごまと論じられていたのですが、長い年月の間、一般には承認されない状態でした。それに対して、最初に賛意を表わしたのは、私だと思うのですが、私がその説を受け入れたのは、『平家物語』巻六の「嗄声」の終わりに、治承五年七月十四日に養和と改元され非常の赦が行なわれて、都に召し返された人々の中で、信濃の国から上京した按察の大納言資方の卿が、院参して、後白河法皇から、「先づ今様一つあれかし」と求められて、

信濃にあんなる木曾路川

という今様を、大納言は正しくその目で見て来たことなので、

信濃にありし木曾路川

と歌った、ということを述べて、時にとっての高名であると評しているのに出会ったからでした。「あんなる」は「あるなる」の音便でしょうが、「あり」の場合は、「べし」「ま

じ」「らむ」なども皆連体形に付きますので、「あんなる」の「なる」が、『土左日記』の「すなる」の「なる」と同じであることは、誰でも認めるでしょう。そうして「あんなる」では自分が見て来たことにならないので、「ありし」とかえたということですから、松尾博士の説は受け入れざるを得ない、と考えたのです。そうして、その後、『源氏物語』などを読む場合にも、松尾説ではっきりと説明の付く例が多く出ましたので、昭和二十二年五月二十四日、国語学会の公開講演会で、「『信濃にあんなる木曾路川』から」という題で、私の考えを発表したのでした。その要旨は当時の会報にも載り、それが最近、武蔵野書院から出た『復刻　国語学会会報』の六十一ページ以下に出ておりますが、あまり簡単なので、昭和二十三年六月二十日発行の『国文研究』第一輯に、詳細を載せてもらいました。『国文研究』は第一輯だけで、あとは出なかったもののようです。

それ以後、松尾説が人々の関心を受け、論文も出ましたが、ここには、『国文研究』に載った私の考えを、書き改めて引こうと思います。

次のは『源氏物語』若紫の巻で、北山で源氏をかこんでお供の人々がいろいろ話している中で、明石の入道の話をした良清が、源氏に「さて、その女《むすめ》は」と問われて、答えていることばです。

けしうはあらず、かたち・心ばせなど、侍るなり。代々の国の司《つかさ》など、用意ことにして、さる心ばへ見すなれど、更にうけひかず、「わが身の、かくいたづらに沈めるだにあるを、この人一人《ひとり》にこそあなれ、思ふさま異なり。もし、われに後れてその志とげず、この思ひおきつる、宿世たがはば、海に入りね」と、常に遺言しおきて侍るなる。

右の引用の最初のところは、「侍り」と言い切ると、良清はその娘を見て知っていることになりますが、「侍るなり」で、見て知っていることではないということが、はっきり出ます。夕顔の巻で、惟光のかいまみの報告のことばが、

かたちなむ、ほのかなれど、いとらうたげに侍る。

とあり、夕顔の死後、右近が、夕顔の生《う》んだ娘のことを源氏に語ることばにも、

しか。一昨年《をととし》の春ぞ、ものし給へりし。女にて、いとらうたげになん。

とあります。これらは、その目で見て知っているという言い方です。良清も、若紫の巻で、明石の入道のことを語るのには、

さいつころ、まかり下《くだ》りて侍りしついでに、有様見給へに寄りて侍りしかば、（中略）残りの齢《よはひ》ゆたかに経べき心構へも二なくしたりけり。後の世の勤めもいとよくして、なか〳〵法師まさりしたる人になむ、侍りける。

とあります。「けり」「ける」で、良清の目に見て知られたところを詠嘆的に表わしたのでしょう。入道の娘はまだ見る機会がなく、仕えている女房などの噂で聞いているだけなので「侍るなり」と言ったと考えられます。あとに続く「見すなれど」「遺言しおきて侍る

なる」等も同様で、噂に聞いたところを語っていると考えられます。入道のことばの中の「あなれ」は、例外です。

ただし、人から聞いたことをいう場合には、常に「なり」を添えなければならない、というわけではないようです。夕顔の巻で、

なほ、このわたりの心知れらむ者を召して問へ。

と言われた惟光が、隣家の宿守《やどもり》なる男を呼んで尋ねた報告に、

揚名《やうめい》の介なる人の家になん侍りける。

と言って、「侍るなる」と言わないのは、「尋ねてみたら、……でした」という気持ちでしょう。「けり」は、今までわからなかったことが、今わかった、という気持ちによく用いられますが、今、惟光が言っていることは、人に尋ねて知った知識だということは、言うまでもないことなので、「なり」でなく「けり」を用いているのでしょう。もし、隣家が、揚名の介なる人の家だということを、ずっと前に聞いて知っていたとしたら、「侍るなる」といったかもしれません。

さて、最初にあげた明石の入道の娘についての良清の話を聞いた人は、

海竜王の后《きさき》になるべきいつきむすめなんなり。心高さ苦しや。

といって笑うのですが、この「なり」は、断定の「なり」の下に付いたもので、松尾説の推定の意を表わすほうで、良清の話にもとづいて、……なのだ、と推定した気持ちの言い

方と考えられます。これに続いて、人々が言った中に、

母こそ故あるべけれ。良き若人《わかうど》・童《わらは》など、都のやむごとなき所々より、類にふれて尋ねとりて、まばゆくこそもてなすなれ。

とあるのも、同様で、娘が立派に育っているらしいと思われるところから、そうなる情況を推定した気持ちだと考えられるでしょう。

推定の中には、次のようなのもあります。空蟬の巻で、人々が格子をさしたりして寝た様子を感じとって、源氏が小君に、

しづまりぬなり。入りて、さらば、たばかれ。

と言った、この「なり」は、周囲の様子から、人々が寝たことを推定した気持ちでしょう。

秋の野に人まつ虫の声すなり

について、松尾博士は、

「声がするといふことだ」と伝聞にみるか、又は、「声がするやうである」と推定の意にみて、初めて、行きて訪らはむといふ語が生きて来る。

と言われるのですが、これは、私は、声の出るもとを見ないで、ここで言えば、松虫の姿を見ないで、声や音だけ聞いて、何々が鳴いていると推定した言い方だと考えます。『万葉集』の歌に見られるこの「なり」の用法は、大部分がこの式の推定だといってよいようです。

みとらしの梓の弓の中弭の音すなり（巻一、三）
大夫の鞆の音すなり（巻一、七六）
かぢの音ぞほのかにすなる、あま少女《をとめ》、沖つ藻刈りに舟出すらしも（巻七、一一五二）
闇の夜に鳴くなる鶴の（巻四、五九二）

これらはみな、音の出るもとを見ないで、音だけ聞いて「何々の音」と推定して言っている気持ちでしょう。それで、

吉野なる菜摘の川の川淀に鴨ぞ鳴くなる、山かげにして（巻三、三七五）

という歌も、作者は、鴨の姿を見ず、声だけ聞いて、鴨が鳴いていると言っているものと考えたいのです。『神武紀』に、

夫葦原中国猶聞喧擾之響焉

とある「聞喧擾之響焉」を「サヤゲリナリ」と訓むように訓注があるのも、この考え方を助けるのではないでしょうか。私は、伝聞・推定といっても、推定のほうが主ではないかと考えております。

推量の助動詞「めり」には、表現をやわらかにする用法があります。たとえば、『源氏物語』の桐壺の巻で、源氏の元服の場面に、引入の大臣が息女を源氏にと思っているところへ、帝から、

さらば、この折の後見《うしろみ》なかんめるを、添臥《そひぶし》にも

とお言葉があったとありますが、源氏は帝のおそばにいつもいたはずで、源氏に後見のないのは十分ご存じのはずなのに、「なかんめる」と言われたのは、やわらかに言われたものと考えられます。

『落窪物語』でも、北の方からやいやい言われた中納言が、落窪の君の所へ来て、

いなや、この落窪の君の、あなたに宣ふことに従はず、あしかんなるは、なぞ。母なかんめれば、いかで宜しう思はれにしがなとこそ思はめ。

と言ったとある「なかんめれば」も同様で、落窪の君の生母が亡くなっていることは、父なる中納言は十分承知のはずですから、「なければ」とずばり言うのを避けての表現と解されます。「あしかんなるは」のほうは、北の方から聞いたところだからでもあるでしょうが、また、これも、はっきりした言い方を避けての表現とも考えられましょう。聞いたことはすべて「なり」を添えて言わなければならないわけでなく、「なり」を添えれば表現がやわらかになることは、十分考えられることですから、「なり」が用いてあるから、必ず伝聞か推定だと決めてかかるのは、とらわれた考え方だともいえるでしょう。

『源氏物語』の帚木の巻で、

(空蝉ガ)「中将の君はいづくにぞ。人気《ひとげ》遠き心地して物恐ろし」といふなれば、長押《なげし》のしもに、人人臥して、答《いら》へすなり。「下屋《しもや》に湯におりて、ただ今参らむと侍り」と

いふ。

とあり、空蟬の巻の中川の宿での記事に、

碁打ちはてつるにやあらむ、うちそよめく心地して、人々あかるるけはひなどすなり。

「若君はいづくにおはしますならむ。この御格子《みかうし》は鎖《さ》してむ」とて、鳴らすなり。

とある「なり」は、いずれも地の文における用例で、これらは、『源氏物語』の語り手とされている人が、源氏の側に身を置いた形で表現している気持ちだと考えられます。

こうした「なり」にすっかりあてはまる助動詞が、現代の口語には見当たらないので困るのですが、右のようなことを考えますと、非常にこまかな気持ちが、「なり」で表わされていることが考えられるでしょう。

二、三の助詞の一面

「の」と「が」
「は」と「ぞ」
「や」

「の」「が」「は」「ぞ」「や」などの助詞の特殊な一面について、ここでは考えてみたいと思います。

「の」と「が」

現代語では、

　雨が　降る。
　風が　吹いている。

など、普通に主語には「が」が付きますが、古典語では、

　雨　降る。
　風　吹きをり。

というように、述語が終止形で言い切られる時には、「が」も「の」も付きません。「が」や「の」が付くのは、

　わが行く道
　青山に日が隠らば
　山川の清き河内《かふち》
　東《ひむかし》の野にかぎろひの立つ見えて

というように、述語が終止形で言い切られるのでない場合であって、それも、

青山に月△隠らば

花△散らふ秋津の野辺

というように、言葉の都合では是非付けなければならないものでもなく、また、語によって「が」が付くか「の」が付くか決まっているのが多かったのです。

さてそれで、次のようなことが問題になります。

何人か来てぬぎかけし、藤袴、来る秋ごとに野べをにほはす（古今集、秋上、二三九）

この歌は、「何人か」の「か」は係りの助詞で、あとの「ぬぎかけし」がその結びで、この藤袴（植物の名ですが、その名によって人間の袴とみての言い方）は、何人がここへ来てぬいでかけたのか、藤袴が毎年、秋がくるたびに野べをにおわせる、というように意味を解しているのですが、「何人か」の「か」を「が」と読めば、

何人が来てぬぎかけた藤袴が、来る秋ごとに野べをにおわせるのか。

と、簡単に意味が取れるではないか、『古今集』の、この歌の一つおいて先に、

主《ぬし》知らぬ香こそにほへれ、秋の野にたがぬぎかけし藤袴ぞも（二四一）

という歌があって、この歌では、「秋の野にたがぬぎかけし藤袴」が一まとまりになっているから、「何人が来てぬぎかけし藤袴」と一まとまりにしてもよさそうなものだ、と思

われるでしょう。

それがいけないというのは、「何人」という語は「が」が付かない語で、「誰がぬぎかけし藤袴」の意にするのには、「何人のぬぎかけし藤袴」と言わなければならないのです。歌には、「何人」という語の例が他にないのですが、散文ですと、

この西なる家には何人の住むぞ。問ひ聞きたりや。（源氏物語、夕顔）

ただこのつゞら折りの下《しも》に……木立いとよしあるは、何人の住むにか。（同、若紫）

というように、みな「の」が付いています。「何人」だけでなく、「人」「旅人」「下人《しもびと》」「懸想人」なども、みな同様で、ただいまのところ、例外は、橋姫の巻の、「宿直人《とのゐびと》が寒げにてさまよひし」など、あはれにおぼしやりて、だけのようです。

この「の」と「が」とが、人間関係で、どんな使い分けがあるかとみますと、

秋の夕《ゆふべ》、竜田川に流るる紅葉《もみぢ》をば、帝《みかど》の御目《おほんめ》には錦と見給ひ、春の朝《あした》、吉野の山の桜は、人まろが心には雲かとのみなむおぼえける。（古今集、仮名序）

業平《なりひら》の朝臣の母の内親王《みこ》、長岡に住み侍りける時に、……母のみこのもとより、とみの事とて、ふみをもてまうで来たり。（同、雑上、九〇〇題詞）

僧正遍昭がもとに……（同、秋上、二三七題詞）

下つ出雲寺に人のわざしける日、真静法師の導師にて言へりけることばを歌によみて、
小野小町がもとにつかはせりける（同、恋二、五五六題詞）
大江のちふるが越へまかりける馬のはなむけによめる（同、離別、三九一題詞）
藤原敏行朝臣の、業平の朝臣の家なりける女をあひ知りて、（同、恋四、七〇五題詞）
月おもしろしとて、凡河内躬恒がまうで来たりけるに（同、雑上、八八〇題詞）

右の例どもで、

帝の　御目
母のみこの　もと
真静法師の　言へりけることば
藤原敏行朝臣の……女をあひ知りて

人まろが　心
僧正遍昭が　もと
小野小町が　もと
大江のちふるが　越へまかりける馬のはなむけ
凡河内躬恒が　まうで来たりけるに

というぐあいで、「帝」「母のみこ」「真静法師」「藤原敏行朝臣」などは「の」が付き、「人まろ」「僧正遍昭」「小野小町」「大江のちふる」「凡河内躬恒」というように、人の名がそれだけで出る場合は「が」が付くというようなきまりになっていたと考えられます。

これはこれで良いとしまして、もう一つ問題なのは、

業平の　朝臣　　母の　内親王《みこ》

というような言い方の「の」はどういうわけでしょう。「母」という語も、「父」という語も「が」が付くのが普通ですが、『古今集』にも、

母の　よめる（離別、三六八題詞）

惟喬のみこの、父の侍りけん時によめりけん歌どもと請ひければ、（哀傷、八五四題詞）

という例外があることはあるのですが、『万葉』でも「が」が付くのが例ですのに、「命《みこと》」を添えて尊敬していう場合は、

父の命　母の命

とあります。これらは限定語（連体修飾語）とは違って、いわゆる同格の関係というわけで「の」を用いるのでしょうか。『源氏物語』桐壺の巻で、桐壺の更衣のたよりない様子をいうのに、

父の大納言はなくなりて

とあるのも同じでしょう。女房の呼び名でも、たとえば、

右近が言はむこと、さすがにいとほしければ（源氏物語、夕顔）

のように「が」が付くのですが、「君」を添えていう場合には、

右近の君こそ。（源氏物語、夕顔）

というのです。「妹《いも》」という語も、「が」の付く例で、『万葉集』巻十五で、越前に流されて行く中臣の宅守が、

かしこみと告《の》らずありしを、み越路《こしぢ》のたむけに立ちて伊毛我名《イモガナ》のりつ（三七三〇）

と歌った「妹が名」は、親が付けてくれた固有名詞ですが、同じく巻三で、「せの山」を越える男が、同行の人に、

たくひれのかけまくほしき妹名を、このせの山にかけば、いかにあらむ（二八五）

と言いかけた「妹名」は、作者の妻のもっている固有名詞ではなく、「妹」という普通名詞であることは、相手の男が、

宜しなへわが背《せ》の君が負ひ来《き》にしこのせの山を妹とは呼ばじ（二八六）

とこたえているのでも明らかです。それで、この「妹名」は「妹の名」と訓むのが穏やかだというわけですが、こういうのは、通常は「が」の付く語の場合のことで、「の」が付くのが普通である多くの語の場合、たとえば、「おやの名」という場合には、おやなる人の固有名詞の場合もあり、祖先から伝えてきている、「大伴」なら「大伴」という氏族名である場合もあり、また「おや」ということばそのものである場合もありうる、ということになるわけです。

それでは「が」には、このいわゆる同格の関係に当たる用法がないか、というと、活用語の連体形であとに体言が言われずにある場合について、それがあることが注意されます。『源氏物語』の冒頭部分の、

いとやむごとなき際《きは》にはあらぬが、すぐれて時めき給ふ、ありけり。

などがその例になるわけです。これは、

いとやむごとなき際《きは》にはあらぬ人の、すぐれて時めき給ふ人、ありけり。

とでもいうところを、「人」が言われずにある形だといわれております。

「は」と「ぞ」

『古今集』の春上に、

見渡せば、柳桜をこきまぜて、都ぞ春の錦なりける（五六）

という有名な歌の「都ぞ」は、「都は」というのと同じように考えている人がありますが、これを、「……京ノケシキガサ、春ノ錦ト云モノヂャワイ」と訳している本居宣長の『古今集遠鏡』の訳は注意すべきものであって、「都は」とはまるで違うもの、私は、春の錦の発見の歌なのだと考えております。そのことをもう少し考えてみようと思います。

同じ「AはBなり」式に出ても、

見る人もなくて散りぬる奥山のもみぢは、夜の錦なりけり（古今集、秋下、二九七）

のようなのは普通のもので、「夜の錦」ということばを思い合わせて、このもみじの状態は、夜の錦と同じだと詠嘆しているもので、別に夜の錦発見の歌というわけではありませんが、

山川に風のかけたるしがらみは、流れもあへぬ紅葉なりけり（古今集、秋下、三〇三）

この歌は、「風のかけたるしがらみ」発見の歌と言えましょう。元来「風がかけたしがらみ」などはあるはずのないもの、しがらみといえば人がかけなくてはならないはずですが、山川の石につかえた紅葉が水をせき止めているのを見て、ああ、これは風がかけたしがらみだと感じて、それを歌にしたものです。

秋ならでおく白露は、寝ざめするわが手枕のしづくなりけり（古今集、恋五、七五七）

この歌は、露といえば秋のものだが、秋以外におく露もあったと、「秋ならでおく白露」の発見の歌と言えるでしょう。『遠鏡』に、

露ハ秋ヨウオク物ヂヤガ、秋デナシニオク露ガアル。ソレハ、物思ウテ夜半ニ目ヲサマシテ居ルワシガ枕カラ床へオチル涙ノ雫ヂヤワイ。

と訳しています。

つれもなくなり行く人の言の葉ぞ、秋よりさきの紅葉なりける（古今集、恋五、七八八）

この歌も、秋より前の紅葉があったと、「秋よりさきの紅葉」の発見の歌でしょう。ただ形が、前の二例と違って、「BぞAなる」の形をとっているのに注意しましょう。『遠鏡』には、

次第ニツレナウナッテユク人ノ詞ガサ、秋ヨリサキノ紅葉ヂャワイ。ナゼトイフニ、マヘカタ云テオイタ事ガサッパリカハッテシマウタワサ。木ノ葉ノヤウニ。

と訳してありますが、これでは、唐突な感じで、落ちつかないでしょう。やはり、前の歌の訳のように、前に、

紅葉ハ秋ノモノヂャガ、秋ヨリ前ノ紅葉ガアル。ソレハ何カトイウト、

とでもおかないと落ちつかないでしょう。同時に、これを「AはBなり」式に言えば、歌の調子にはなりませんが、

秋よりさきの紅葉《もみぢ》ばは、つれもなくなり行く人の言の葉なりけり

となるはずであり、「秋ならでおく白露は」のほうも、「BぞAなる」式にすれば、

寝ざめするわが手枕の雫ぞ、秋ならでおく白露なりける

となるはずであり、「山川に」の歌も、

山川に流れもあへぬ紅葉ばぞ、風のかけたるしがらみなりける

となるはずであり、

都ぞ　春の錦なりける

というのは、この形の言い方なのであり、

春の錦は　都なりけり

というのの「BぞAなる」式の言い方であったので、「都ぞ」を「都は」と同じには考え

られないものであったと気が付かなければならないわけなのです。主語に「ぞ」が付いている場合は、みな、……が、という気持ちで解すべきものです。『古今集』では、錦は秋の紅葉についていうのが例で、「春の錦」ということは、この歌以後、いわれるようになったものと考えられます。

「や」

月やあらぬ、春や昔の春ならぬ、我が身一つはもとの身にして（古今集、恋五、七四七）

『伊勢物語』にもある業平のこの歌は、古来解釈がいろいろになっています。私は、『日本古典文学大系』の『古今和歌集』で、

これを反語として、月は昔のままの月だ、春は昔のままの春だ、というように意味をとると、もとのままなのはわが身ひとつではなくなるから、第四、五句が筋の立たないことになるであろう。身ひとつが昔のままであることは、本人としてははっきりしている。月も花も昔と変わらないはずでいて、まるで違っているように感じられるのは、去年の人がいないためであるが、歌では、周囲のものがみな違って感じられるその気持を言っているのである。「あらぬ」は「あらぬ月」の意に見る。「春」は、「梅の花」を言いかえたもの。

と説明して、

一首は、月は違う月なのか、春は昔の春でないのか。わが身ひとつはもとの身であって、あたりの物はみな変わってしまっているような気がする、という嘆きを述べたもの。

と解しました。岩波文庫の場合も、この趣で脚注をしました。これでは、「その心あまりて、ことば足らず」とされる業平の歌らしくない、わかり過ぎる、という人もありました。それで考えたわけではありませんが、「月は……、花は……」と解するのは誤り、「月が……、花が……」と解すべきだと思うようになりました。それは、「月やあらぬ」を、「月やあらぬ月」の意と考えますと、この文は、

これや、この名に負ふ鳴門の渦潮に玉藻刈るとふあまをとめども（万葉集、巻十五、三六三八）

谷風にとくる氷のひまごとにうちいづる波や、春の初花（古今集、春上、一二）

「この姉君や、真人《まうと》の後の親」「さなむ侍る」と申すに（源氏物語、帚木）

「母屋《もや》の中柱にそばめる人や、わが心かくる」と、まづ目とどめ給へば（同、空蟬）

などと同型となり、「何々や」は「何々が……か」と考えるべき例ばかりだからです。「春や昔の春ならぬ」も、「春や、昔の春ならぬ春」の意とみれば、前と同型となります。「ならぬ」が「や」の結びの連体形だとしても、

春やとき、花やおそき（古今集、春上、一〇）

夜やくらき、道やまどへる（同、夏、一五四）
我や忘るる、人やとはぬ（同、離別、三七七）
君やこし、我や行きけむ（同、恋三、六四五）

などのように並べて言う場合はもちろん、

花のちることやわびしき（古今集、春下、一〇八）
鳴き渡る雁の涙や落ちつらん（同、秋上、二二一）
みなとや秋のとまりなるらん（同、秋下、三一一）
ちはやぶる神やきりけん（同、賀、三四八）
我のみや、あはれと思はん（同、秋上、二四四）
時代や、違ひ侍らん（徒然草、八十八段）

などのように、「何々や……」と出る疑問文はみな「何々が……か」という気持ちのものばかりだからです。

ただし、

春霞立てるや、いづこ（古今集、春上、三）
主《ぬし》や、たれ（同、雑上、八七三）
たまだれのこがめや、いづら（同上、八七四）

などのように、あとに疑問の意の語が出る場合は別です。この場合の「や」は、前の例の

「や」とは性質が違うもので、「や」で疑問文になるのではなく、あとの疑問の意の語で疑問文が出来るとみるべきだろうと、私は考えております。

右のごとくですから、私は、「月やあらぬ、春や昔の春ならぬ」を、「月が違う月なのか、春が昔の春でないのか」というように、考え直そうと思うのですが、それでは、「は」と「が」とどう違うのかと申しますと、そう簡単には申せません。けれども、たとえば、

これは お宅の猫ですか。

と尋ねる場合と、

これが お宅の猫ですか。

と言う場合とでは、すっかり場合が違うことは、すぐおわかりになるでしょう。こうして、いろいろな場合における「は」と「が」との違いを考えていただきたいのです。この歌で申しますと、作者は、去年の楽しかった思い出を抱いて、その同じ場所に、去年と同じ「梅の花さかりに、月のおもしろかりける夜」来て、思い出にふけっているのですが、どうも、去年と変わっていないはずの、自分を取り巻くすべてが、建物も庭も、梅の花も月も、去年のようには、自分をやさしく包んでくれない感じの中にあり、一体、何が去年と同じでないのかと疑う気持ちがあって、「月やあらぬ、春や昔の春ならぬ」と言い出したのでしょう。こう考えますと、『大系』の注で考えたよりも複雑な心境が歌われていて、「その心あまりてことば足らず」といわれる業平の歌らしくなりそうに思うのですが、そ

の点を十分に納得していただけるように説明できないのは、私の非力によるわけで、自ら嘆くばかりです。

ついでに「あらぬ」について、少し申したいのですが、これを、「春や昔の春ならぬ」と見合わせて、「昔の月にあらぬ」の意とみるのは、文法上、無理だと考えます。

いにしへにありきあらずは知らねども、千年《ちとせ》のためし君に始めむ（古今集、賀、三五三）

という歌の「あらず」は、普通の「あらず」なら「ありき」に対しては「あらずき」とでも言わなければならないところだから、それは違うという意味での「あらず」とみるべきことを、今はもうずいぶん昔に、亀井孝さんがどこかで書いていられたと思うのですが、この「あらず」は、慣用語で、中宮に対してもこのまま用いるものです。『枕草子』で、中宮が大進生昌邸へおいでになったとき、清少納言たちの乗った車が門をはいることが出来なくて、車からおりて人々の見る中を歩かせられた悔しさに、清少納言が、どうして門を小さく造ったのかと生昌に文句を言い、門だけ大きく造った人もいたのにと、中国の故事を言い出したので、生昌が恐れをなして逃げて行きます。そのあとでの中宮と清少納言のやりとりが、

「何事ぞ。生昌がいみじうおぢつる」と問はせ給ふ。「あらず。車の入り侍らざりつること言ひ侍りつる」と申しておりたり。（大進生昌が家に）

とありますが、この「あらず」は、何かおもしろいことがあったとお思いのようですが、違います、という気持ちでしょう。このあとの夜、生昌が清少納言たちの寝ている所の障子をあけて、「さぶらはんはいかに、いかに」というのに対して、清少納言がそばの人をおこして、「かれ見給へ。かかる見えぬもののあめるは」と言い、「あれは誰《た》そ。顕証《けそう》に」と言うので、好色のふるまいと誤解されたかと思った生昌が、

あらず。家のあるじと定め申すべき事の侍るなり。（大進生昌が家に）

と言いわけする言葉もあります。「上にさぶらふ」猫におそいかかって、ひどい目を見た翁丸らしい犬が出て来たところにも、

「翁丸」といへど聞きも入れず。「それ」ともいひ「あらず」とも口々申せば、「右近ぞ見知りたる。呼べ」とて、召せば参りたり。（上にさぶらふ御猫は）

とあり、右近の判断は、

「（翁丸ト）呼べど寄り来ず、あらぬなめり」（同上）

とあり、続いて、

暗うなりて物食はせたれど、食はねば、あらぬものに言ひなして、（同上）

とあって、前の「あらぬ」は「あらぬ犬」の意であり、「あらず」は、違う、まったく別だ、という気持ちで使われることばですから、「月やあらぬ」は、「月やあらぬ月」で、違う月、別な月の意とみるのが正しいと思います。

文法的に読む——『徒然草』と『源氏物語』から

花はさかりに

① 花はさかりに、月はくまなきをのみ、見るものかは。

② 雨に向かひて月を恋ひ、たれこめて春の行方《ゆくへ》知らぬも、なほ、あはれに、情《なさ》けふかし。

③ 咲きぬべきほどの梢・散りしをれたる庭などこそ、見所おほけれ。

④ 歌の詞書《ことばが》きにも、「花見にまかれりけるに、はやく散り過ぎにければ」とも、「さはる事ありてまからで」なども書けるは、「花を見て」と言へるに、劣れる事かは。

⑤ 花のちり、月のかたぶくを慕ふならひは、さる事なれど、ことにかたくななる人ぞ、「この枝・かの枝、ちりにけり。今は見所なし」などはいふめる。

⑥ 万《よろづ》の事も、始め・終りこそ、をかしけれ。

⑦ 男・女の情《なさ》けも、ひとへにあひ見るをばいふものかは。

⑧ あはで止《や》みにし憂《う》さを思ひ、あだなる契《ちぎ》りをかこち、長き夜をひとり明《あ》かし、遠き雲居《くもゐ》を思ひやり、浅茅《あさぢ》が宿に昔をしのぶこそ、色このむとは言はめ。

⑨ 望月《もちづき》のくまなきを、千里の外までながめたるよりも、暁近くなりて待ちいでたるが、いと心深う青みたるやうにて、深き山の杉の梢に見えたる木《こ》の間《ま》のかげ・うちしぐれたる村雲がくれのほど、またなくあはれなり。

⑩ 椎柴・白樫などのぬれたるやうなる葉の上にきらめきたるこそ、身にしみて、「心あらん友もがな」と、都恋しう覚ゆれ。

⑪ すべて、月花をば、さのみ目にて見るものかは。

⑫ 春は家を立ち去らでも、月の夜は閨《ねや》のうちながらも、思へるこそ、いとたのもしうをかしけれ。

右は、『徒然草』第百三十七段の前半で、あとに、

よき人は、ひとへに好《す》けるさまにも見えず、興ずるさまも等閑《なほざり》なり。

として、「よき人」と「かたゐなかの人」との、たとえば、お花見や祭りの見物のしかたを述べ、さらに、「大路《おほぢ》見たるこそ、祭見たるにてはあれ」という結論などが出て、終わりには、世の無常を説くことになるのであるが、それらは、省略した。話を進める便宜上、一文ごとに番号を付けて行替えをしたが、それらは無視して読んでほしい。

まず、①の文であるが、うっかりすると、「花は、さかりに見るものかは」と解したく

なりそうであるが、これは、別々に言えば、

花は　さかりなるをのみ　見るものかは。

月は　くまなきをのみ　見るものかは。

という、二つの文になるべきものを、一文にして、

花は　さかりなるをのみ　見、月は　くまなきをのみ　見るものかは。

となるのを、さらにつづめていったもので、

花は　さかりなる、月は　くまなきをのみ　見るものかは。

とすれば問題はないが、そうして、

春は　花、秋は　月をのみ　見るものかは。

などと見合わせても、これが当然のことのはずであるが、

月　白く、風　涼し。

松　青く、砂　白き　浜辺。

花　咲き、鳥　鳴く　春。

というように、普通の並立の言い方では、前の語句の終わりが連用形をとるので、今の場合もそれにひかれて、「花は　さかりに」と、連用形をとる言い方になったと考えられる。

⑤の「花のちり、月のかたぶく」も、

花のちるを慕ふならひ、月のかたぶくを慕ふならひ、

↓母を慕ふならひ、姉を慕ふならひ、

というのを、つづめたと考えれば、

花のちる、月のかたぶくを慕ふならひ、

↓母、姉を慕ふならひ、

となるはずであるが、「ちる」が「ちり」となるのが普通になったと考えられるであろう。

②の前半も、

雨に向かひて月を恋ふるも、たれこめて春の行方知らぬも、

というのを、「恋ふるも」の「も」を省いたので、「恋ひ」と連用形になったと考えられるであろう。

①の、「見るものかは」の「もの」は、体言というより、助詞化したものと考えられ、「見るべきかは」というのに近い気持ちと言ってよかろうと思われる。⑦の「ものかは」も同じであるが、⑪の「見るものかは」にいたっては、前が「月花は」でなく、「月花をば」とあるのを受けることを考えても、「もの」が助詞化していると考えないわけにはいかないであろう。『源氏物語』の夕顔の巻では、なにがしの院で、灯火が消えてまっくらな夜中に、源氏の君が、灯火を求めて、渡殿に寝ている従者を起こしに行って、

人離れたるところに、心とけて（＝気ヲユルシテ）寝《い》ぬるものか。

と叱っているが、この「もの」も同様である。

さてまた、①の文では、「のみ」という助詞を見落としてはいけない。「のみ」の有無で、意味がすっかり違ってしまうからである。もし、

花はさかりに、月はくまなきを、見るものかは。

とすれば、さかりの花、かげりもなく照る月を、美しいと見ることはだめだと否定されることになるが、「のみ」があるので、それはだめだと否定されるのではなくて、それだけを美しいとしてながめ、他の場合は見所なしとするのはだめだ、と言っていることになるのである。⑪の文の「さのみ」についても同じことが考えられる。

次に、①の文を受けては、③④の文が続くのが適当のように思われるが、そこには「月」について触れていないのでぐあいが悪い。その点は、②の文はよいようだが、内容的に、雨で月が見られないで恋しがり、病気などで、花見に出られず、どんな具合かと気にしているのも、やっぱり「あはれ」であり「情けふかし」だと言っているのは、強く言ったつもりかもしれないが、飛躍が大きすぎるようでもある。①が、花・月の順なので、②は、月・花の順に述べている。「たれこめて」は、『古今集』の春下に、病気で寝ていた作者の、

たれこめて春の行方も知らぬまに、待ちし桜もうつろひにけり（八〇）

という歌があるのに依っている。「たれこめて」とは、簾《みす》や几帳のかたびらをたらし、わが身をその内にこもらせて、の意。

③の文では、花について、さかりの時ばかりでなく、これから咲くという時の梢、また、花が散ってしおれている庭などが、見所の多いことを強く言っている。

④の文では、歌でも、花を見ての歌でなく、花が見られなかった歌でも、趣は劣らないよしを、詞書きについて述べている。

⑥の文では、事は、月と花とだけに限らず、万事について、最も盛んなところでなく、始め・終わりに趣があることを強調して、一例として、⑦⑧の文で、「男・女の情け」について述べた。ただし、これは、月・花のように、他から見ての話であり、当事者としては、そうばかりは言っていられないことであろう。

⑨⑩の文は、⑥の文について述べたつもりであろうけれども、そうとすると、これは、満月以後の、「暁近くなりて待ちいでたる」細い月のことではあるが、「始め・終りこそ、をかしけれ」の「終り」のおもしろさについて言っているといえるのかどうか、考えさせられる。

⑨の文の語句の関係は、ちょっとむずかしいが、私は、

望月のくまなきを、千里の外までながめたる（A）よりも、

暁近くなりて待ちいでたるが、いと心深う青みたるやうにて、深き山の杉の梢に見えたる木の間のかげ・うちしぐれたる村雲がくれのほど（B）、

またなくあはれなり。

というように、まとまりを考えて、
Aよりも、B、またなくあはれなり。
という型の文だと考えている。そのBが、ちょっとわかりにくいが、
暁近くなりて待ちいでたるが（＝たる月ノ）木の間のかげ・村雲がくれのほど
というのが荒筋で、「木の間のかげ」には、
いと心深う青みたるやうにて、深き山の杉の梢に見えたる
という限定語が付いており、「村雲がくれのほど」には、
うちしぐれたる
という限定語が付いていて、その限定語が長さにおいて釣り合いがとれないために、
いと心深う青みたるやうにて、深き山の杉の梢に見えたる木の間のかげ・うちしぐれたる村雲がくれのほど
が、並立語であることが見にくくて解しにくかったと考える。そうして、「暁近くなりて待ちいでたるが」は、この並立語にかかり、
昨日買った、青森のリンゴ・愛媛のミカン。
の「昨日買った」に当たるということになるわけである。
⑩の文は、⑨の文を受けて、
椎柴・白樫などのぬれたるやうなる葉の上にきらめきたる

の主語は、⑨の「暁近くなりて待ちいでたるが」がひびいてくると考えられる。この語句は⑨では、限定語であるから、⑩に主語としてひびくというのはちょっと考えさせられるが、語句の形としては主語にもなりうる形であるから、さしつかえはないとする。

さて、論旨が一変して、⑪の文が出る。⑪では、月・花の順で出るので、⑫の文では、花・月の順になる。「家を立ち去らでも」は、花を見るとて、家を出てよそへ行かなくて、家にこもっていても、の意。「たのもし」というのは、解し難いが、橘純一氏が、永く興趣が尽きない意だとしているのに、従う。

以上、読んできたところでは、ここの文章は、なにかごたごたした述べ方で、すっきりしない感じがする。私は、この各文の順序を変えて、①⑨⑩③⑤⑥⑦⑧⑪⑫②④の順にしたらどうかと思う。そうすると、次のようになるが、じっくり読み比べてほしい。

花はさかりに、月はくまなきをのみ、見るものかは。

望月のくまなきを、千里の外までながめたるよりも、暁近くなりて待ちいでたるが、いと心深う青みたるやうにて、深き山の杉の梢に見えたる木の間のかげ・うちしぐれたる村雲がくれのほど、またなくあはれなり。椎柴・白樫などのぬれたるやうなる葉の上にきらめきたるこそ、身にしみて、「心あらん友もがな」と、都恋しう覚ゆれ。

（花ノ）咲きぬべきほどの梢・散りしをれたる庭などこそ、見所おほけれ。

花のちり、月のかたぶくを慕ふならひは、さる事なれど、ことにかたくななる人ぞ、「この枝・かの枝、ちりにけり。今は見所なし」などはいふめる。

万《よろづ》の事も、始め・終りこそ、をかしけれ。

男・女の情けも、ひとへにあひ見るをばいふものかは。あはで止みにし憂《う》さを思ひ、あだなる契りをかこち、長き夜をひとり明かし、遠き雲居を思ひやり、浅茅が宿に昔をしのぶこそ、色このむとは言はめ。

すべて、月花をば、さのみ目にて見るものかは。

春は家を立ち去らでも、月の夜は閨《ねや》のうちながらも、思へるこそ、いとたのもしうをかしけれ。雨に向かひて月を恋ひ、たれこめて春の行方知らぬも、なほ、あはれに、情けふかし。歌の詞書きにも、「花見にまかれりけるに、はやく散り過ぎにければ」とも、「さはる事ありてまからで」なども書けるは、「花を見て」と言へるに、劣れる事かは。

家居

家居《いへゐ》のつきづきしくあらまほしきこそ、仮《かり》の宿りとは思へど、興あるものなれ。よき人ののどやかに住みなしたる所は、さし入りたる月の色も、一《ひと》きはしみじみと見ゆるぞかし。今めかしくきららかならねど、木立《こだ》ちもの古《ふ》りて、わざとならぬ庭の草も心あるさまに、簀子《すのこ》・透垣《すいがい》のたよりをかしく、うちある調度《てうど》も昔おぼえて安らかなるこそ、心にくしと見ゆれ。

多くの工匠《たくみ》の心を尽くして磨《みが》きたて、唐《から》の・大和《やまと》の、めづらしくえならぬ調度ども並べおき、前栽《せんざい》の草木まで心のまゝならず作りなせるは、見る目も苦しくいとわびし。「さてもやは、ながらへ住むべき。また、時のまの烟《けぶり》ともなりなん」とぞ、うち見るより思はるる。（第十段前半）

右を一まとまりとして読むと、最初の一文が、「家居」に関する一つの提言であり、次の一まとまりが、「興ある家居」の例であり、つづく一まとまりが、「興なき家居」の例だ、ということになるであろう。

最初の一文は、

家居の（＝デ）つき〴〵しくあらまほしき（家居）こそ、興あるものなれ。

が本筋であり、「仮の宿りとは思へど」は、ただ「興あるものなれ」というと、家居について強い執着をもっているように見られるのを恐れて、それを避けるために、家居なんて、永久のものではなく、人間がこの世に生を受けて、次の世に移っていくまでの、ほんの仮の宿りだとは思うのだがと、予防線として置いた接続語なのである。

ところで、「つき〴〵しくあらまほしき」の「まほしき」を助動詞だとすると、落ちつかないであろう。もとは、そうであったろうが、ここでは「あらまほし」という一語の形容詞の連体形で、いかにもこうありたいと思われる、つまり、理想的な状態であることをいうことばだと考えなければならない。「つき〴〵しく」も修飾語ではなく、並立語であって、「つき〴〵しく・あらまほし」という一まとまりとして用いられていると考えることが必要である。

次の文で、「今めかしくきららかならねど」とことわられると、作者は「今めかしくきららかなり」でなければだめだと考えているように思われて、どうも気になる。あとの「多くの工匠の心を尽くして磨きたて」たのは「きららかなり」ということになりそうで、それは、作者は、「見る目も苦し」というわけだから、「今めかしくきららかならねど」でなく、「今めかしくきららかならで」とするほうが、筋が通ると思うのであるが、どうで

あろうか。そうとすると、

ア　今めかしくきららかならで、木立ちもの古りて、わざとならぬ庭の草も心あるさまに、

イ　簀子・透垣のたよりをかしく、

ウ　うちある調度も昔おぼえて安らかなる

の三つが並立の関係でまとまり、「こそ」を伴って、「心にくしと見ゆれ」にかかって、「こそ」の係り結びで文がまとまる、ということになるだろう。そうして、アの部分が、「……ならで（＝ならズシテーズテーデ）」「……もの古りて」と、並立語の終わりに助詞「て」「で」をもった特別の形の並立関係のまとまり、というように考えられる。

こう考えると、イ、ウに見合わせて、アが長すぎる感じで、その点では、「今めかしくきららかならねど」と、全体の見通しを述べた接続語として、並立関係から外すということは、形は整うといえるかもしれないが、意味の上から、しっくりしないことは、前に述べたとおりである。

「わざとならぬ庭の草」は、あとの「心のまゝならず作りなせる」と考え合わせるとよい。

次の文は、

ア　多くの工匠の心を尽くして磨きたて、

イ　唐の・大和の、めづらしくえならぬ調度ども並べおき、

ウ　前栽の草木まで心のまゝならず作りなせる（家居）の三つの語句が並立関係でまとまると考えられる。ウの「心のまゝならず」は、「草木の心のまゝならず」の意である。

終わりの文の「さてもやは……」は、ひどい反感のことばである。「また時のまの烟ともなりなん」は、火災の多かった時代のことだから、出たことばであろう。

大方《おほかた》は、家居にこそ、ことざまは推量《おしはか》らるれ。

後徳大寺《ごとくだいじ》の大臣《おとど》の、寝殿《しんでん》に、「鳶《とび》ゐさせじ」とて、縄を張《は》られたりけるを、西行が見て、「鳶のゐたらんは、何かは苦しかるべき。この殿の御心《みこゝろ》、さばかりにこそ」とて、その後は参らざりけると聞き侍るに、綾小路《あやのこうぢ》の宮の、おはします小《こ》坂殿《さかどの》の棟《むね》に、いつぞや、縄を引かれたりしかば、かのためし思ひいでられ侍りしに、「まことや、烏《からす》の、むれゐて池の蛙《かへる》をとりければ、御覧じ悲しませ給ひてなん」と、人の語りしこそ、「さてはいみじくこそ」とおぼえしか。

徳大寺にも、いかなる故《ゆゑ》か侍りけん。（第十段後半）

右を、一まとまりとして読む。最初の一行を、前半の終わりに付けて読んだかと思われる本もあるが、私は、これは、後半の最初の一行に当たるものと考えるのである。

ところで、次につづく記述は、家居によって、主人公の気持ちや人がら、ここでいう「ことざま」の推量できなかった例となるようであるが、はやとちりをするとこうなる場合もあるという例で、推量できる例はあげるにも及ばないという気持ちで、この例があげられたのであろう。

さて、この例を述べたところは、後徳大寺の大臣のこと、綾小路の宮のことなどをのべて、最後の「『さてはいみじくこそ』とおぼえしか」まで、非常に長い一文となっているが、こういう文を読むには、適当に一まとまり一まとまりを切って考えるのが、一つの方法である。

① 後徳大寺の大臣の……その後は参らざりけると聞き侍り。
② 綾小路の宮の……かのためし思ひいでられ侍りき。
③ （ソノトキ）「まことや……」と、人の語りしこそ、「さてはいみじくこそ」とおぼえしか。

右のような三つのまとまりを考えて、それから、これを原文のようにつなげて読めば、はっきりするであろう。

①のところでは、「後徳大寺の大臣の寝殿」と続けるか、「『寝殿に鳶ゐさせじ』とて」というようにまとめるか、いろいろな考えが出るだろうが、私は、この部分を独立させれば、

後徳大寺の大臣、寝殿に、「鳶ゐさせじ」とて、縄を張られたりけり。

という一文になるのであるが、終わりを「張られたりける」と連体形にして、この全体を体言相当の語句としたのが原文のあり方だと考える。この場合には、たとえば、

　月　出《い》づ。　　月の　出《い》づるを　見て、

　花　ちる。　　花の　ちるを　見て、

というように、主語に「の」が付くとまとまりがはっきりしてくるので、「後徳大寺の大臣の」と「の」が付いたと考える。そうすると、後徳大寺の大臣が、自分で縄を張ったのか、ということになるが、実は、大臣は、命令だけしたので、実際の仕事はその道の人がしたのを、こう表現したのである。現代語でも、A君は大工に頼んで、費用だけ出したのでも、

　A君は　大きな家を　建てた。

と表現するのと同じことである。「張られたりける」は「張りたりける」の尊敬の表現である。それでは、西行は何を見たのか、というと、実は、縄を張った結果だけ見たのであって、それでは、張った理由が「『鳶ゐさせじ』とて」であるとどうして知ったのか、ということになるが、これは作者の書き方が不親切なのであって、西行の話を伝えた本には、久しぶりにおとずれて、寝殿の屋根に縄の張ってあるのを見て、あれはどうして張ってあるのかと、その家の人に尋ねて知ったというわけなのである。兼好の文では、そこまでは

わからないわけである。

さて、「後徳大寺の大臣の……縄を張られたりける」を、「A」で代表させると、

　Aを、西行が見て、

となるが、そのあとに続くのは、西行の行為であるから、

　Aを見て、西行が、

とするほうが、「その後は参らざりける」と受けるのにも都合がよいように思われるが、どうであろうか。

「参らざりける」は、後徳大寺の大臣のもとへ参らなかったというのであるが、「と聞き侍る」というのは、作者が聞いているよしをいうので、この「と」の前を、かっこで包むとすれば、「後徳大寺の大臣の」から、「その後は参らざりける」までが包まれるはずであるが、この部分は多くの注釈書が、かっこで包まないでいるのに、今は従った。

「この殿の御心、さばかりにこそ」は、「この殿の御心、さばかりなり」というのを「こそ」で強めて、「この殿の御心、さばかりにこそあれ」というところを、「あれ」を省略した形なのである。ここでは、かんで吐《は》きすてたような、強く見かぎった言い方である。

次に、「綾小路の宮の」も、「おはします」にすぐ続けて読む人もあるが、私は、前の「後徳大寺の大臣の」と同じに考えたい。すなわち、

　綾小路の宮、おはします小坂殿の棟に、いつぞや　縄を引かれたりき。

を、接続助詞「ば」を付けて、接続語にしたので、「綾小路の宮の」と「の」が付いた、というわけである。「おはします小坂殿」は、住んでおいでの小坂殿、という気持ち。「いつぞや」は、いつだったかしら、という気持ちで、これで一まとまりであり、「や」は、結びに連体形を要求する係りことばではないことに注意。

「かのためし思ひいでられ」は、前の、後徳大寺の大臣がこうこうして西行がこうこうした、その例が思い出され、というのであるが、単に思い出されただけでは、わきの人にはわからないはずであり、「まことや……」ということばが出るはずがないので、ここの「思ひいでられ」は、思い出されて口にした気持ちまで含めて言ったものと考えなければならない。幾人かの人といっしょに、小坂殿の棟の縄を見ていたのか、幾人かの人と話し合っているうちに、小坂殿の棟の縄が問題になったのかであろう。

「まことや……」の語は、その時いっしょにいた一人のことばである。「まことや」は、話の途中で、ホンニ、そうそうと、何か思いついて話そうとするはじめに置かれることばである。「鳥のむれ」とまとめることも考えられそうだが、「鳥が、屋根にむれていて、池の蛙をとったので」というように考えたい。昔の貴族の邸宅は、寝殿《しんでん》造りといって、南の庭に池があるので、そこには蛙もすんでいたであろう。「御覧じ悲しませ給ひてなん」は、「その縄は引かせ給ひける」などの語句を言い残した表現である。

「さてはいみじくこそ」は、それだったら、すばらしいことだ、と感心した気持ちで、

「いみじくこそあれ」の「あれ」を言い残した形である。
最後の一行は、綾小路の宮のことについて、ある人の説明を聞いての反省で、後徳大寺の大臣にも、ただ鳶を「ゐさせじ」ではなくて、その奥に、何かわけがあったのだろうがと考えて、「いかなる故か侍りけん」と言ったので、この言い方は、「いかなる故、侍りけんか」というのを、「か」を係りの助詞とした言い方であって、現代語的に、どういうわけか、あったのだろう、という意には取られない。

だれか　来たよ。
どこへか　行ってしまった。
なにか　あるだろう。
なにかが　ありそうだ。
この道は　いつか　来た道。

というような「か」の用法は、古文にはまだないものということは、忘れてはならない。「いかなる故か侍りけん」の余情としては、何かわけがあったにちがいない、という気持ちが出て、西行は、考え方が浅かったのではないかということにもなる。同時に、「大方は、家居にこそ、ことざまは推量《おしはか》らるれ」ではあるが、その推量《おしはか》りは、慎重でなければならないということの例というわけで考えられるだろう。

神無月のころ、栗栖野といふ所を過ぎて、ある山里にたづね入る事侍りしに、遥かなる苔の細道《ほそみち》をふみわけて、心細く住みなしたる庵あり。木の葉にうづもるる懸樋《かけひ》のしづくならでは、つゆおとなふ物なし。閼伽棚《あかだな》に菊・紅葉《もみぢ》など折りちらしたる、さすがに住む人のあればなるべし。

「かくてもあられけるよ」と、あはれに見るほどに、かなたの庭に、大きなる柑子《かうじ》の木の、枝もたわわになりたるが周《まは》りを、厳《きび》しく囲ひたりしこそ、すこしことさめて、「この木なからましかば」とおぼえしか。（第十一段）

右は、第十一段の全文であるが、内容からいうと、第十段の後半の、大方は、家居にこそ、ことざまは推量《おしはか》られ。

の次に置いて、「後徳大寺の大臣の、寝殿に、『鳶ゐさせじ』とて、縄を張られたりけるを」とはじまる部分を、これにつづけて置いたほうがよくはないかと私には感じられる。

さて、この文章は、二つの部分から成るといえるだろう。前半は、世捨て人に「つき〴〵しくあらまほしき」庵を見つけたことを述べ、後半は、そこに、「大きなる柑子の木の、枝もたわわになりたるが周りを、厳しく囲」ってあるのを見て、がっかりした気持を述べている。前半では、庵の主を訪ねて語り合いたいような気持ちでいたのが、後半では、庵の主の「心さばかりにこそ」といったような気持ちになったのではないか、と思われる。

最初の一文は、

　神無月のころ、栗栖野といふ所を過ぎて、ある山里にたづね入る事侍りし

という一まとまりに、助詞「に」が付いて、

　遥かなる苔の細道をふみわけて、心細く住みなしたる庵あり。

に続くようになったものであるが、この「……侍りしに」は、簡単に、

　……侍りしトキに（＝アリマシタ時ニ）

と考えるか、

　……侍りしに（＝アリマシタガ、ソノトキ）

と考えるか、後者なら、「その時」という気持ちは、前の語句があとの語句に続く意味上の関係から、自然に補われるもの、ということになる。「侍りしトキに」と簡単に考えるよりも、後者のほうが、味わいが多いように私には感じられる。後者だと「に」は接続助詞ということになる。

　前の、「後徳大寺の大臣の、寝殿に……」の中の、

　……その後は参らざりけると聞き侍るに、

も、「聞いておりますが」という気持ちで、ここでは、ソノトキという気持ちは出ないけれど、次の、

かのためし思ひいでられ侍りしに、

は、「あの、後徳大寺の大臣と西行の例が思い出されて話しましたが、ソノトキ」という気持ちで考えたくなる。（これは、「……話しましたところが」と訳してもよい）

賀茂の岩本・橋本は、業平《なりひら》・実方《さねかた》なり。人の常に言ひまがへ侍れば、一年《ひととせ》参りたりしに、老いたる宮司《みやづかさ》の過ぎしを呼びとどめて、尋ね侍りしに、「……」といとうや〳〵しく言ひたりしこそ、いみじくおぼえしか。（徒然草、第六十七段）

右の例では、前の「参りたりしに」は、簡単に「参りたりしトキに」の意と考えてすっきりするが、後の「尋ね侍りしに」のほうは、「尋ねましたが、ソノトキ」「尋ねましたところが」などと訳すほうが、気持ちよく思われる。

さてまた、最初の「神無月のころ」は、文法的にはそこに示したように「侍りし」にかかると考えられるが、意味的には、あとの記述の事実に全部かかわるので、「木の葉にうづもるる懸樋」「菊・紅葉など折りちらしたる」「柑子の木の、枝もたわわになりたる」が出る、その時節を示していることに注意すべきである。それは、物語などで、「昔、男ありけり」と出る「昔」と同じで、最初の一文の構成成分ではあるが、以下に述べられるのがすべて「昔」であるのと同じわけである。

「遥かなる苔の細道をふみわけて」という語句は、どこにかかるのかで説が分かれる。「あり」にかかるとするのは、これを作者の行動とみるわけであるが、「心細く住みなしたる」にかかるとするのは、庵の主の行動とみることになる。作者としても、こんな道があるのは、誰か住む人でもあるのかと、興に引かれてふみわけて行ってみて、「心細く住みなしたる庵」を発見したというわけなのであろうが、ここの文としては、

遥かなる苔の細道をふみわけて、心細く住みなしたる庵

というようにまとまるとみるほうが、「心細く」の状態もはっきりするように思われてよいと、私は思うのである。

木の葉にうづもるる懸樋のしづくならでは、つゆ おとなふ物 なし。

「こんにちは」とか「ごめんください」とか言って、門をたたくような人は全然いない、音を立てているのは、懸樋から、水のたまり場へ落ちるしずくだけ、という寂しい状態を述べている。懸樋は、山からわき水を庭に引くために地上にかけ渡した樋《とい》で、この水が飲料にも仏に供える水にもなるのである。

閼伽棚に菊・紅葉など折りちらしたる、さすがに住む人のあればなるべし。

右のようにみるには、「……折りちらしたるは」とあるほうが自然であろう。そうすれば、

Aは　Bなるべし。

という型の文となる。「さすがに住む人のあれば」が体言扱いになっているのである。

吹く風の　色のちぐさに見えつるは、秋の木《こ》の葉のちればなりけり（古今集、秋下、二九〇）

という例がある。今、その「は」がないのは、「閑伽棚に菊・紅葉など折りちらしたる」を独立語として、「そは（＝ソレハ）」という主語を出さずにすませた、という文のあり方だとみるべきかとも思われる。

　後半は、これで一文であるが、文の構成は、

最初から「囲ひたりしこそ」までの一まとまりが主語、

「『この木なからましかば』とおぼえしか」が述語、

「すこしことさめて」が、述語にかかる接続語、

ということになるだろう。その主語の構成はというと、「『かくてもあられけるよ』と、あはれに見るほどに」と、「かなたの庭に」とが、どこにかかるのかということが問題になる。このままでは、「厳しく囲ひたりし」にかかるとみる外はないだろうが、どうも自然だとは思われない。私としては、「囲ひたりし」でなく、「囲ひたるを見し」とあってほしいのである。そうすると、次のようなまとまりになる。

「かくてもあられけるよ」とあはれに見るほどに、　かなたの庭に、　大きなる柑子の木の、

枝もたわわになりたるが周りを、厳しく囲ひたるを、　見し（＝見タノ）こそ、

「大きなる……」の語句の意味は、「大きな柑子の木で、枝もたわわに（実ガ）なっているのの周りを、厳重に囲ったのを見たのこそ」というように取る。「大きなる」は「柑子」ではなくて「柑子の木」である。

作者は、柑子の木に、いっぱい実がなっているので気を悪くしたのではなくて、厳重な囲いがしてあったので、これで今までの良い印象がぶちこわされた、としたのである。それだのに、「この木なからましかば」としたのは、事の根本は庵の主の心にあることはもちろんだが、それにしても、この木がなかったら、こうして本心をさらけ出すことはなくてすんだであろう、という気持ちからであろう。作者の感じの表現は、西行のような愛想尽かしではなく、やさしく、「この木が無かったらよかったのになあ」と、庵の主のために惜しんでいる気持ちになっている。

松風の巻の別離の場面

○

親しき人々、いみじう忍びて下《くだ》し遣はす。

のがれ難くて「今は」と思ふに、年経《へ》つる浦を離れなむことあはれに、入道の心細くてひとりとまらんことを思ひ乱れて、よろづに悲し。「すべて、など、かく心尽しになりはじめけむ身にか」と、露のかからぬたぐひ羨ましくおぼゆ。

親たちも、かかる御迎へにて上《のぼ》る幸ひは、「年ごろ、寝てもさめても願ひわたりし心ざしのかなふ」と、いと嬉しけれど、相見で過ぐさむいぶせさの堪へがたう悲しければ、夜昼思ひほれて、同じことをのみ、「さらば、若君をば、見奉らでは侍るべきか」といふより外の事なし。

母君も、いみじうあはれなり。年ごろだに同じ庵にも住まずかけ離れつれば、まして、誰によりてかはかけ止《とど》まらむ。ただあだにうち見る人の浅はかなる語らひにだに、見なれそなれて別るるほどは、ただならざめるを、まして、もてひがめたる頭つき・心掟てこそ頼もしげなけれど、また、さるかたに、「これこそは世を限るべき住処《すみか》なれ」と、あり果てぬ命を限りに思ひて、契り過ぐし来つるを、にはかに行き離れなむも、心細し。
若き人々の、いぶせう思ひ沈みつるは、嬉しきものから、「見すてがたき浜のさまを。または、えしも帰らじかし」と、寄する浪にそへて、袖ぬれがちなり。

明石の入道から、大井川の辺に住まいの用意が出来たという知らせを受けて、源氏は、明石の入道の娘とその腹に生まれた姫君との迎えに、人々をやった。こうなったら、入道は娘や姫君を上京させないわけにいかないし、娘もまた上京しないわけにいかない。入道もいっしょに上京するなら問題はないが、入道は明石に残るので、別離の悲しみがあるわけである。ここのところでは、最初に、入道の娘の気持ち、次に入道の気持ち、次に、娘の母、すなわち入道の妻の気持ち、娘や姫君についている侍女たちの気持ち、という順に述べていることが知られる。従って、「親たちも」と出るところでも、両親ではなくて、専ら父親である入道の気持ちを述べているわけである。

最初の「のがれ難くて」のところには、主語が出ていないが、入道の娘が主語であることは、自然にわかる。「入道の心細くてひとりとまらんこと」という中に、母君、すなわち入道の妻は、いっしょに上京することになっていることが知られる。入道には、その従者がいっしょに出家して弟子として仕えていたことは、若菜上の巻に、「御弟子ども六十余人なむ、親しき限りさぶらひける」とあるのでも知られ、『方丈記』の作者のようにほんとうにたったひとりで、明石に残るのでないことはわかるが、それらの肉親でない人々はここでは問題にしないで、「ひとりとまらん」といっている。

さて、ここでは、

年経つる浦を離れなむことあはれに、

入道の心細くてひとりとまらんこと悲し。

に対しては、

とでも受ければ、はっきりとした並立関係のまとまりが出来るので、その「悲し」を「悲しくて」とし、「よろづに思ひ乱れて、『すべて、など、かく心尽くしになりはじめけむ身にか』と、露のかからぬたぐひ羨ましくおぼゆ」と続ければ、すっきりした読み易い文になる、と思うのであるが、もとのままでは、どうも、すっきりしないように感じられる。「親たちも」のところでは、『日本古典文学大系』は、「かかる御迎へにて」からかっこに入れ、

かかる御迎へにて上る幸ひは、年ごろ寝てもさめても願ひわたりし心ざしのかなふ（事ナリ）

と、「AはBなり」型の言い方とし、『日本古典文学全集』でも、口語訳で見ると同じ見方のようにみえるが、私は、

　かかる御迎へにて上る幸ひは、「……」と、いと嬉しけれど、
というふうに、文脈を考えたい。そうして、

　相見で過ぐさむいぶせさの堪へがたう悲しければ、

と並べてみようと思うのであるが、内容的には、「相見で」以下は、

　相見で過ぐさむことの悲しく、いぶせさの堪へがたかるべければ、

というようにでもあるほうが、合理的ではないだろうか、という気がしている。

　次に、「母君も、いみじうあはれなり」というのは、うっかりすると、母君の様子をわきで見ての感じのようにみえるが、そうではなくて、母君の心中について述べているのだ、という点に注意したい。入道に別れて上京する心中の、しみじみと悲しくあるよしを言っているわけである。「年ごろだに」に対して、「まして、娘ガ上京スルト決マッタ今、誰によりてかは、明石ノ地ニかけ止まらむ」という気持ちになる。「浅はかなる語らひにだに」は、諸本に「浅はかなる語らひだに」とあるのによるべきであろう。「に」の処置に困るから。

　ただあだにうち見る人の浅はかなる語らひだに、①見なれそなれて別るるほどは、②ただならざめるを、③

右の①の語句、②の語句が、それぞれ③の語句にかかって、一まとまりとなることは、

　ぼくの所は　子どもの寝ている間は　静かだ。

というのと同じ関係である。②は、こういう場合はと、条件を付けたような気持ちの語句である。「だに」を用いたので、あとに「まして」と出るわけだが、これは、「もてひがめたる……」のところを通り越して、そのあとのほうと関係する。

まして、(アダニウチ見ル語ライデナク) さるかたに、「……」と、あり果てぬ命を限りに思ひて、契り過ぐし来つる (トコロ、即チ、夫ノ入道ノモト) を、にはかに行き離れなむ (コト) も、心細し。

という気持ちと考えられる。「(入道ノ) もてひがめたる頭つき・心掟てこそ頼もしげなけれど」は、後のことを言う前に、一応の断わりをおいたもので、これをおいたので、また一方では、という気持ちで、「また」が添えられたのであろう。

最後の、「若き人々の、(明石トイウ田舎ニ住ムコトデ) いぶせう思ひ沈みつる (人ビト) は」のところでは、「嬉しきものから」は、「袖ぬれがちなり」と関係するものとみて、「見すてがたき浜のさまを」を、若き人々の心中のことばとして、かっこに入れて読む。この場合の「を」は詠嘆の終助詞であって、格助詞ではない。こう読むほうが、これをかっこの外におくよりも、落ちつきが良いのではなかろうか。

○

秋のころほひなれば、物のあはれ取り重ねたる心地して、その日とある暁《あかつき》に、秋風涼しく、虫の音もとりあへぬに、海の方を見いだして居たるに、入道、例の、後夜より深う起きて、鼻すすりうちして行なひいましたり。

いみじうこと忌みすれど、たれもたれも、いと忍びがたし。

若君は、いともいともうつくしげに、夜光りけむ玉の心地して、袖より外《ほか》に放ち聞えざりつるを、見なれてまつはし給へる心ざまなど、ゆゆしきまで、かく人に違へる身をいまいましく思ひながら、片時見たてまつらでは、いかでか過ぐさむとすらむと、つつみあへず、

行く先をはるかに祈る別れ路《ぢ》に　堪《た》へぬは老いの涙なりけり

いともゆゆしや。

とて、おし拭ひかくす。

尼君、

もろともに都はいでき、このたびや、ひとり野中の道にまどはむ

とて泣き給ふさま、いとことわりなり。

ここら契りかはして積りぬる年月のほどを思へば、かう浮きたる事を頼みて捨てし世に帰るも、思へば、はかなしや。

御かた、

いきて又相見むことをいつとてか、限りも知らぬ世をば頼まむ

送りにだに

と、せちにのたまへど、かたがたにつけてえ然《さ》るまじきよしを言ひつつ、さすがに、道の程もいと後ろめたき気色《けしき》なり。（前の続き）

京への出発の当日のことである。「物のあはれヲ取り重ねたる心地して」は、「見いだして居たる」にかかる。別離の「あはれ」に一般の秋の「あはれ」を重ねたような気持ちで、今までの物思いより一層深い気持ちでいるのは、誰とも言ってないが、最後に「御かた」と出る明石の上、すなわち入道の娘である。「その日とある暁に」に並べて、「秋風涼しく、虫の音もとりあへぬ（トキ）に」と、状況をくわしく述べた。「虫の音もとりあへず」とは、「虫の音も」が主語で、多くの虫が繁く鳴き立てているさまをいうようだが、珍しい言い方のように思われる。葵の巻に、源氏が、撫子に添えて、

草がれのまがきに残るなでしこを、別れし秋の形見とぞ見る

にほひ劣りてや御覧ぜられむ。

と大宮に申しあげた、というのに続いて、

げに、何心なき御笑《ゑ》み顔ぞ、いみじううつくしき。宮は、吹く風につけてだに、木の葉よりけにもろき御涙は、ましてとりあへ給はず。

とある「何心なき御笑み顔」は、亡き葵の上の忘れ形見、源氏の歌で「草がれのまがきに

残るなでしこ」に寄せられた幼児の笑み顔なのである。ところで、「とりあへ給はず」は、源氏の消息を「とりあへ給はず」とみるのが普通のようであるが、『岩波　古語辞典』（岩波書店刊）が、「吹く風につけてだに、木の葉よりけにもろき御涙は」の述語として、「とりあへ」の項目の用例にしているのが良い、と私には思われる。そうして、「虫の音もとりあへぬに」の例といっしょにして、解釈が付けてもらえたら、と私は思っている。「鼻すすり」という名詞も珍しいと思って、索引に当たってみたら、東屋の巻に、一例、

忍びがたげなる鼻すすりを聞き給ひて、

とあった。

「たれもたれも」というのは、実際にはだれをさすのだろうか。明石の上、入道、それから、尼君をさしているのであろう。

さて、「若君は」と出るが、この場には、若君は居合わせていないのではなかろうか。恐らく、まだ床の中で寝ているのではなかろうか。そう考えると、ここの若君は、入道の心中のものではないだろうか。「見なれてまつはし給へる心ざまなど、ゆゆしきまで」が邪魔になるが、恐らく、

「若君は、いともいともうつくしげに、夜光りけむ玉の心地して、袖より外に放ち聞えざりつるを、かく人に違へる身をいまいましく思ひながら、片時見たてまつらでは、いかでか過ぐさむとすらむ」と、つつみあへず、「……」とて、おし拭ひかくす。

というように、入道を中心としての叙述のつもりであったのに、途中で筆が乱れて、「見なれてまつはし給へる心ざまなど、ゆゆしきまで」という文句がはいったので、文脈がすっきり通らなくなってしまった、というわけではなかろうか。「若君の、見なれて（入道ヲ）まつはし給へる心ざまなど」とまとまることはできるが、「若君は」では、そうなり得ない。「若君は、（ワレ）袖より外に放ち聞えざりつるを」は、入道の現在までのあり方を言い、「若君は」は、いわゆる提示語となる。「いともいともうつくしげに、夜光りけむ玉の心地して」は、「袖より外に放ち聞えざりつる」の理由となっている。

「ゆゆしきまで」は、「つつみあへず」にかかる、とする説もあるが、そうすると、「見なれてまつはし給へる心ざまなど」の始末が付かなくなる。これは「……心ざまなどヲ片時見たてまつらでは」とまとまるとすると、「ゆゆしきまで」が「つつみあへず」にかかるとすることは、いよいよ無理だ、ということになるはずである。筆が乱れてはいった文句を、筋道を立つように考えようとするのが元来無理なのであるが、現状のままで何とか始末を付けようとするなら、

……袖より外に放ち聞えざりつるを、（若君ノ）見なれて、（ワレヲ）まつはし給へる心ざまなど、（ウツクシサ）ゆゆしきまで（アリ）

という気持ちにでも考えなければ、いきようがないようである。それにしても、こう考えるには、「御心ざま」とあってほしい。「ゆゆし」は、源氏の美しさに、

神など空にめでつべきかたちかな。うたて、ゆゆし。（紅葉賀）

と言った、というのが参考になる。

明石の上の歌の「限りも知らぬ世」というのは、命の限りも知らない世、いつが命の限りの時かわからない世、言いかえれば、明日死ぬかもわからない無常な世、ということであろう。

○

①世の中を捨てはじめしに、かかる他《ひと》の国に思ひ下り侍りし事も、ただ、『君の御ため思ふやうに、明け暮れの御かしづきも心にかなふやうもや』と思ひ給へ立ちしかど、

②身のつたなかりける際《きは》の思ひ知らるる事多かりしかば、

③さらに、都に帰りて古受領の沈めるたぐひにて、貧しき家の蓬《よもぎ》・葎《むぐら》もとの有様改むることもなきものから、公・私にをこがましき名を広めて、親の御亡《な》き影をはづかしめむ事のいみじさになむ、『やがて世を捨てつる門出なりけり』と人にも知られにしを、

④その方につけては、『よう思ひ放ちてけり』と思ひ侍るに、君のやうやう大人《おとな》び給ひ、物思ほし知るべきにそへては、『など、かう口惜しき世

界にて、錦を隠し聞ゆらむ』と、心の闇《やみ》はれまなく、嘆きわたり侍りしままに、仏・神を頼み聞えて、『さりとも、かうつたなき身に引かれて、山賤《やまがつ》の庵には交り給はじ』と思ふ心一つを頼み侍りしに、思ひよりがたくて、嬉しき事どもを見奉り初《そ》めても、なかなか、身の程を、とざまかうざまに、悲しう嘆き侍りつれど、

⑤若君の、かう出《い》でおはしましたる御宿世の頼もしさに、かかる渚《なぎさ》に月日を過ぐし給はむもいとかたじけなう、契りことにおぼえ給へば、見奉らざらむ心惑ひは、しづめがたけれど、

この身は、永く世を捨てし心侍り、君だちは、世を照らし給ふべき光しるければ、『しばしかかる山賤の心を乱り給ふばかりの御契りこそはありけめ。天に生まる人の怪しき三つの道に帰らむ一時《ひととき》に思ひなずらへて』今日《けふ》永く別れ奉りぬ。

命尽きぬと聞《きこ》し召すとも、後の事おぼし営むな。

さらぬ別れに、御心動かし給ふな。

と、言ひ放つものから、

烟ともならむ夕までは、若君の御事をなむ、六時のつとめにも、なほ、心きたなくうち交ぜ侍りぬべき。

とて、これにぞ、うちひそみぬる。(前の続き)

これは、入道が娘の明石の上に言い聞かせているところであるが、①②③④⑤はみな続いていて、「今日永く別れ奉りぬ」までで一つの文である、という形になっている。こういう長い文を読む時には、ここでやっているように、ある一まとまりを考えて、それを繫《つな》いでいくのが、文脈をはっきりみるのに手っ取り早い方法だろう、と考えて、試みたわけである。④の中はさらに一まとまり一まとまりを考えて、番号は付けないが、改行によって見易くした。⑤も同様である。

①では、「世の中を捨てはじめし（トキ）に、かかる他の国に思ひ下り侍りし事も」と言って、その理由を述べているのであるが、「『……』と思ひ給へ立ちしなれど」と、「AはBなり」（AもBなれど）型の言い方でないので、ちょっとひっかかる。ここは、若紫の巻で、良清が、

> 大臣の後にて、いで立ちもすべかりける人の、世のひがものにて、交らひもせず、近衛の中将を捨てて、申したまはれりける司《つかさ》（播磨ノ国ノ守《カミ》）なれど、

と言っているのに当たる。京都にいて中央の政界での出世をあきらめて地方官に出たのを、「世の中を捨てはじめ」たこととしている。常識人には、それは「世のひがもの」のやり方と考えられたわけだが、本人としては、実質的には収入が多いといわれていた地位を求めたのであり、それは、わが娘を思ってのことであった。

君の御ため思ふやうに、明け暮れの御かしづきも心にかなふが並立の関係のまとまりで、これが「やうもや（アル）」を下に取っているので、別々に言うなら、前のほうも「君の御ため思ふやうなるやうもや（アル）」ということになるはずのところである。「思ふやうなるやうもや」は、暮らしが豊かで理想的でありうるかしら、という気持ち。自分の娘であるが、今は源氏の子の母であるから、尊敬の言い方をしている。「君がため」というのが普通であるが、「君の御ため」と「の」を用いているのも注意される。

②については、若紫の巻で、良清が、この人のことを、

かの国（播磨ノ国）の人にも、少しあなづられて、「何の面目にてか、又、都にも帰らむ」と言ひて、頭もおろし侍りにけるを、

と言っているのが注意される。具体的なことはわからないが、自分でも、これはまずいと思うようなことがあったのであろう。それを彼は、宿世のつたなさのせいにして、「身のつたなかりける際の思ひ知らるる事多かりし」と言っているのであろう。

③では、「貧しき家の蓬・葎もとの有様改むることもなきものから」を、どう解すべきかに苦しんだ。『大系』は、「改修する事も、しないであるが故に」と意味を付けているが、そういう意味で用いる「ものから」は、もっとあとの時代からのことで、『源氏物語』では、すぐ前にもあった、

若き人々の、いぶせう思ひ沈みつるは、（京ニ帰ルノガ）嬉しきものから、「見捨てがたき浜のさまを。または、えしも帰らじかし」と、寄する浪にそへて、袖ぬれがちなり。

というような用法が普通である。「さらに」も、「改むることもなき」という打消しを強めていると考える説もあるが、私は、まず、「親の御亡き影をはづかしめむ事」の「事」でまとまる語句はどこからか、ということを考えて、次のようにしてみた。

さらに↓　都に帰りて↓　古受領の沈めるたぐひにて↓　貧しき家の蓬・葎もとの有様改むることもなきものから、↓　公・私にをこがましき名を広めて、親の御亡き影をはづかしめむ事□

（↓印のそれぞれの語句が≻印の語句にかかって、≻印の語句でまとめられ、この一まとまりが□印の語で、大きなまとまりになることを示す）

右の関係で、「さらに」は、その上に、という気持ちと考える。②でいう、「身のつたなかりける際の思ひ知らるる事」が多いその上に、という気持ち。「貧しき家の蓬・葎もとの有様改むることもなきものから」は、普通の用法の「……改めることもないものの」「……改めることもないのに」とことわった言い方とみて、あとの、「公・私にをこがましき名を広めて、親の御亡き影をはづかしめむ」を、悪いほうに改めることとして言っていると考えた。くだいて言えば、改めるべきほうは改めることもないのに、改めていけないほうの評判のほうは悪くしてしまう、という気持ちで、一種の洒落のような気持ちで、「貧しき家の蓬・葎もとの有様改むることもなきものから」は添えられたもの、と考えるわけである。

「……はづかしめむ事のいみじさに」は、「……はずかしめることになるだろうということが、ひどく残念なので」という気持ち。この「いみじさになむ」のあとに、「そのままこの地に住みついて」という気持ちが、言わなくてもわかることとして、言われずにある。

「やがて世を捨てつる門出なりけり」は、考えてみると、彼が、近衛の中将を捨てて国の守となることを願い、播磨の国守に任ぜられて、赴任のためにした門出が、そのまま、世を捨てて出家入道する、その門出だったなあ、という気持ち。

④では、「その方」すなわち、世を捨てるという面でいうと、よくまあきれいに世俗の欲望から離れられたと、我ながら思うが、君が成人されるとともに、親として、君をこんな所に過ごさせていることについての嘆きが絶えないままに、神仏に願をかけていたが、思いも寄らない状態で源氏の君と御縁が出来ても、それがまた、かえって、身の賤しさを嘆くたねとなっていたよしを述べている。「山賤」という語は、⑤の終わりのほうにもあるが、入道が自分自身をさして言っている。

⑤では、

ア　若君の……頼もしさに、

イ　かかる渚に……おぼえ給へば、
ウ　見奉らざらむ……しづめがたけれど、
エ　この身は……君だちは……しるければ、

の四つの語句が、それぞれ、最後の一まとまり、中でもその終わりの「今日永く別れ奉りぬ」にかかってまとめられる、というように考えたいと思う。

「若君」は、明石の上の腹に生まれた源氏の子。この若君の生まれたのは、明石の上がよい宿世をもっていたからだ、という考え方で、「若君の、かう出でおはしましたる御宿世」と言った。「御宿世」は、君、すなわち、明石の上の御宿世であり、これによって、明石の上の将来は大丈夫と入道には信じられるわけである。

イの語句は、若君の母である明石の上が、若君とともに、こんな所で過ごしているのは、その身分に対してもったいなくあり、こんな所で過ごすはずの前世の約束ではないと思われなさるから、という気持ち。若君のことは言うまでもないこととして、明石の上を中心として言っているのであろう。「おぼえ給ふ」も明石の上に対する尊敬で、「見え給ふ」と同じ言い方だと考えれば、理解し易いであろう。「『かたじけなう、契りことなり』とおぼえ給へば」というのを、「と」を用いないでいうと、「かたじけなう、契りことに、おぼえ給へば」となるわけである。

エの「……心侍り」は、「……心がございますし」というような気持ちで、「君だちは……しるし」と並立の関係でまとまり、全体が接続助詞「ば」を取って接続語となっているので、前のほうだけ別に言うとすれば、「この身は、永く世を捨てし心侍れば」となるはずのものである。そうして、この、エの接続語は、前にもいったように、あとの長い一まとまりに、その中でも終わりの「今日永く別れ奉りぬ」の理由となるものであって、「しばしかかる山賤の心を乱り給ふばかりの御契りこそはありけめ」と直接に関係するものではないことに注意したい。

ところで、アイウエの語句を受けてまとめる最後の語句が読みにくいのであるが、これは、娘や若君と別れようとする入道の胸の中を、次のように「と」ではっきり引用して、

「しばしかかる山賤の心を乱り給ふばかりの御契りこそはありけめ。天に生まるる人の怪しき三つの道に帰らむ一時に思ひなずらへて（モノセム）」とて、今日永く別れ奉りぬ。

とすれば読み易いところを、最後を、「……思ひなずらへて、今日永く別れ奉りぬ」としたために、入道の心中の部分が、かっこに入れられなくなったので、読みにくくなった、というわけである。前にあげた本文で、終わりに点線のかっこをおいたのは、そういうことをはっきりさせたい、というつもりなのである。

さて、右に考えた入道の心中の部分は、「君も若君も、ちょっとの間賤しい私の心を乱し給うばかりの御宿縁があって、私のところでお生まれになったのでしょうが、やがては

別れて京に行かなければならない、いつまでもここに、というわけには行かないのが前世からの約束と思われる。別れはつらいけれど、このつらさは、天人がいやな三つの道に帰って行くという、その一時のつらさと同じなのだと考えて」といったような気持ちであろうか。

後記

本書が、私のかぞえ年九十歳の記念のように世に出るのは、私としてはうれしいことでありますとともに、『徒然草』の第七段の、

そのほど過ぎぬれば、容貌《かたち》を恥づる心もなく人に出《い》で交らはん事を思ひ、……

というところを、どう読んでいるのかと思われそうで、恥ずかしくもあり、複雑な気持ちですが、そこは、さとり切れない凡人の、自分が実践している古文読解の文法を広く知っていただき、出来るならご賛同を得て、古文教育の場で採り入れていただいて、文法的に考えることのおもしろさを、広く知らせていただきたいという望みを汲んでいただきたいというわけであります。

本書はもと、最初から下巻の「敬譲語」までを一冊とすべく書きあげたのでしたが、いろいろな都合で二冊にすることになり、「体言文」までを上巻「基礎編・本編」、以下を下巻「展開編」とすることになりました。※それについては、下巻が分量不足というわけで、別に書いてありました「已然形＝や」に関する論文やその他のものを添えて、展開編にふさわしく重みを付けました。それとともに、上巻のある部分を改稿したこともあって、二、

三の重複したところが校正の際に見付かりましたが、相互に補い合うふしもあるというわけで、あえてそのままに置きましたことは、おゆるしを願うところであります。

『古今和歌集』以後の「已然形＝や」については、『日本古典文学大系』の『古今和歌集』の解説の「六 文法」の中の「4 『なれや』」の項で簡単に私見を述べ、『万葉集』などの例も同様に考えるべきことは、どこかにちょっと書いたこともありますが、本書では、これらについて、私の行きついたところを細かに述べました。これによって、宣長の『詞の玉の緒』における「れや」の説は正され、関連しては、『万葉集』の長歌の中の「いかさまに思ほしめせか」などの文法的説明がらくになった、と自負しているところであります。

再録論文の一つである「終止形＝なり」の説は、国語学会の発足当時の口頭発表の「信濃にあんなる木曾路川について」を文字化したもので、長いこと問題にされなかった、松尾捨治郎氏の、伝聞推定説を支持し、広め、これについてのいくつかの論文が発表されるもとを成したものとして、私にとっては思い出の深いものとしてあるものです。しかも、その文字化したものも今では簡単には見られない状態にありますので、第一に取り入れました。

とにもかくにも、私としては一所懸命にまとめたものでありますので、いくらかでも採りうるふしがございましたら、採っていただけますなら、ありがたきしあわせと思う次第であります。

（昭和六十三年一月七日）

※　本書は、もともと一九八八年に三省堂より上・下巻として刊行され、一九九五年に同社より合本として刊行された。――ちくま学芸文庫編集部

解説　古典文を「文法的に読む」ために

小田　勝

本書の著者佐伯梅友は、生涯をかけて古典文の解釈文法（古典文を文法的に正確に読解するための文法）の道を切り開いてきた文法学者であり、その学説はしばしば「佐伯文法」と呼ばれる。この文法は文の解釈に資するための実用文法だから、独自の理論に基づいて体系的に構築された不動の理論文法書として提示されたものではなく、数々の文法教科書の編纂・改訂を通して、個別的、実践的、段階的に提示されてきた。橋本進吉の文節の考え方をいち早く導入し（導入当初佐伯は「文素」と呼んだ）、それを究極にまで徹底させた文法書を書いた後、あっさり文節の考えかたを捨ててしまうなど、佐伯文法は幾度もの転変を見せている。本書は、その佐伯文法の最終形として、「かぞえ年九十歳の記念のように世に出」（後記）されたものである。佐伯文法の到達点を示す充実した内容を、著者一流の気負いのない平易な語り口で読みもの風に仕上げており、まさに奇跡のような古典文法書となっている。

佐伯文法の最大の特徴は、語句の係り受けを最重視することである。文がどのように組み立てられているかを俯瞰的に捉え、語句相互の関係を明確にして、そこから筋を通して文意を得ようとするのである。佐伯は、『明解古典文法』（昭和四十四年）の指導資料で次のように述べている。

私は、「つれづれなるままに」の品詞分解はできなくても、この一まとまりが、どういう意味で、どの語句と関係するかということが考えられるほうが、文の読解には大切だと考えるのである。（『佐伯文法　形成過程とその特質』〔三省堂・昭和五十五年〕五九頁による）

『徒然草』の冒頭の「つれづれなるままに」は、どこに係るのだろう。佐伯が終生にわたって考え続けたのは、こういう問題であった。小西甚一は『国文法ちかみち』で「佐伯先生は、世にかくれもない文法の虫であって、頭のなかにはいつも「何が何を修飾する」とか「この文節はどの文節を受けるか」といったようなことばかり、ぎっしり詰まっている。」（ちくま学芸文庫版・平成二十八年、四頁）と書いているが、これは軽口《かるくち》のように見えて、佐伯の本質を見事に言い当てている。佐伯文法が提示した輝かしいテーマの数々――「はさみこみ」（本編第四章）、「筆のそれ」（本編第六章）、係り方に飛躍のある種々の句型（一八八頁の⑨など）、まとまる語句としての同格構文（八三頁以下）……等々は、まさに語句の係り受けへの執着から生み出された発想といえる。

語句の係り受けを考えるということに馴染みの薄い読者もおられるだろうか。そんな方に練習問題、というわけではないが、例えば次の傍線部の語句はどこに係るだろうか。

a　曇りなき鏡の上にゐる塵を目に立てて見る世と思はばや（西行・御裳濯河歌合）

b　曇りなう鏡の上にゐる塵を目に立てて見る世と思はばや（西行・山家集）

正解は、aは「鏡」、bは「見る」である。

係り受けの関係が同一の文は、文法的に同じ文であると捉えられる。ここに汎用的な解釈文法が成立する。例えば、佐伯は、次の二つの文は同じ形であると述べている（「文法中心の読み方」昭和五十五年）。

いづれの御時にか、女御・更衣あまたさぶらひ給ひける中に、いとやむごとなき際にはあらぬがすぐれて時めき給ふ、ありけり。（『源氏物語』冒頭の文）

いつの頃にか、山に　桜　ありけり。

これにならって私も、本書八四頁にある「いわゆる同格の関係（乙）」と同形の、ちょっと極端な文を示してみよう。

容貌《かたち》きたなげなく若やかなるほどの　おのがじしは塵もつかじと身をもてなし、文を書けど、おほどかに言《こと》選《え》りをし、墨つきほのかに心もとなく思はせつつ、またさやかにも見てしかなとすべなく待たせ、わづかなる声聞くばかり言ひ寄れど、息の下にひき入れ言《こと》少《ずく》ななる△が、［欠点ヲ］いとよくもて隠すなりけり。（源氏物語、

帚木）

童の↓　立てる△、［垣間見シテイル男ヲ］あやしと見て、「……」と言へば（堤中納言物語・虫めづる姫君）

長くても短くても、これが「白き扇の↓　いたうこがしたる△を」と同形であると理解すること、これが文の組み立てを俯瞰的に捉える、ということである（第二例の「童の立てる」は主語として「言へば」に係る）。

さて、以下では、本書の記述にそくして、注目すべき記述、また補正すべきであると思われる記述などについて、若干のコメントを記す。本書の記述に対する補正を書くことは、たいへん失礼なことであり、またおおけないことであるが、これはもちろん、本書の刊行後三十年以上の歳月の間に大きく進展した古典文法学の新知見に基づくものであるから、ご寛恕を乞う。

五〇頁、助動詞「る・らる」と「す・さす」とについて、「使役と受身と重なる場合は、常に使役が前で」、「せ　らる」「させ　らる」となるとあるが、近世以前の古典語では使役と受身とは重なることがない。すなわち、現代語の「嫌いなピーマンを食べさせられた。」のような文（「使役受身文」という）は古典語には存在しない。「（さ）せ-らる」という助動詞の承接順は中世にはみえるようになるが、みな「使役＋尊敬」か「尊敬＋尊敬」であって、それ以前の中古では、両者の語順自体が、「思ひ出でられさせ給ふに」（源氏物語・葵）のように「（ら）れ－さす」である。

八六頁の同格の助詞「が」は重要な指摘である。『源氏物語』の冒頭の文の

いとやむごとなき際にはあらぬが、すぐれて時めき給ふ△、ありけり。

の「あらぬ」は、「あらぬ人」の「人」が吸収されて連体形だけになったもので、もしこれが「あらぬ人」であったら、

いとやむごとなき際にはあらぬ人の、すぐれて時めき給ふ△、ありけり。

となっているはずのものである（四三四頁）。「この場合は、原則により「の」ではなく「が」が用いられます。」とある「原則」というのは、七三頁にある「連体形のあとには「の」ではなく「が」が付くのがきまりなのです。」を指している。つまり、同格構文は「Aの…連体形△」であるが、このAが体言ではなく、体言が吸収された連体形である場合には、助詞「の」が助詞「が」に置換されるのである。右の「あらぬが」の「が」はこのようにして生じた同格を表す格助詞であって、主格ではない。この文は、「たいして高貴な身分ではない方で、際だって帝の御寵愛を受けていらっしゃる方があった。」と現代語訳される（打消の中で用いられる「いと」は「たいして」の意）。なお同じ箇所にある、「『源氏物語』で、「が」を接続助詞とみなければならない例は極めてまれですから」という説明は、慎重にして正確な記述であると思う。石垣謙二の説によって、『源氏物語』に

接続助詞の「が」は無いとよく言われるが、その「極めてまれ」な例は、本書二〇〇頁に一例示されている。さらに、次のような例を追加しておこう。

むすめの尼君は、上達部の北の方にてありけるが、その人亡くなり給ひて後、むすめただ一人をいみじくかしづきて（手習）

［内大臣ハ子ヲ］いとあまたもて騒がるめるが、［玉鬘ガ］数ならで今はじめ立ちまじりたらんが（＝人数デモナイ身ノ上デ今初メテ仲間入リスルナラ、ソレハ）、なかなかなることこそあらめ。（玉鬘）

一四八頁の「①普通終止法」での「この場合は、主語に「の」または「が」の付くこともありません。もしあれば、正当な理由の考えられない限り、誤りと認めます。（例は省略）」は、強すぎる説明で補足が必要であろう。ここで述べられているのは、上代・中古では、「昔、男△ありけり。」という文は存するが、言い切られた述語（終止形）の主語に「の」「が」が付いた「昔、男のありけり。」（以下「の」で代表させる）という文は絶対に存在しない、ということである。係助詞の係らない、言い切られた述語の主語に「の」「が」が付いていたら、その述語は連体形であって、感動表現となる（「男のありける［コトヨ！］」。」のように。したがって「鶯の鳴く。」という文があったら、この「鳴く」は連体形で、「鶯の鳴く［コトヨ！］」。」の意と考えなければならない）。以上のことはその通りなのだが、「正当な理由の考えられ」る場合がいくつかあって、例えば「男のありけるなり。」はOKである（前に同格構文としてあげた「容貌《かたち》きたなげなく……」の文がこの句型である。これは「男のありけるかな。」と同様、「［…の…連体形」＋付属語」と捉えられるものである）。また、少し細かい話になるが、引用の助詞「と」の前では、「主語＋の（が）…終止形。」が許される（「汝《な》が来《く》と思へば［奈我来跡念者］」万葉集、「玉の消ゆと見つらむ」古今和歌集）。それから、院政・鎌倉時代になると、「年ごろありける侍の、妻《め》に具《ぐ》して田舎へ往《い》にけり。」（宇治拾遺物語）、「藁一筋が、柑子三つになりぬ。」（同）のような例が見え始めるから、その点にも注意されたい。

一五七頁、「な…そ」。「間に、連用形で終わる語句を置いて」とあるが、カ変とサ変に限り、「なこそ」「なせそ」のように、間に未然形が入る。ここで「な」が副詞であって助詞でないことを強調しているのは、この「な」を係助詞とする説（山田孝雄・松下大三郎）があるからである。

二一一頁、「第四章　はさみこみ」は、佐伯が提唱した解釈のための文法の白眉。例えば「朝から、風邪だろうか、頭が痛い。」の「朝から」は「痛い」に係るから、傍線部は言い切りの形をしてはいるが、ここで文が完全に言い切られるわけではないとして、この傍線部を「はさみこみ」と呼んだ。国語における「はさみこみ」（挿入句）は、佐伯が初めて指摘したもので（昭和二十八年）、これを認識することで、複雑な古典文の構造理解が飛躍的に明確になった。――ところで、先の文を「朝から、九官鳥だろうか、鳴いている。」とすると、まったく異なる構造になってしまうのだが（傍線部中の「九官鳥」は「鳴いている」の主語（！）だから。このような文は古典文にも存する）、こんな構造についてはどう考えたらよいのだろう。もう佐伯の考えを聞くことができないのは何とも残念である。なお、二一二頁に「前書きにあげた例も、「夜更けぬればや」とすれば、字余りにもならずにすむわけですが」とあるが、「夜更けぬればや」では、佐伯自身二一七頁と四〇一〜四〇三頁とで述べているように、文全体が疑問文（「夜が更けてしまったので、袖が濡れているのか」）になってしまうから、文の構成が変わってしまう（「夜更けぬればにや」なら「はさみこみ」のままで置き換えられる）。

二一八〜二一九頁では、「狩り暮らし……」の歌について、新見解を示している。佐伯は、岩波文庫『古今和歌集』（昭和五十六年）で（日本古典文学大系〔昭和三十三年〕も同じ）この歌に①のような切れ目を付けているが、本書の主張では②のように改められることになる。

①かりくらし　織女《たなばたつめ》にやどからん　あまのかはらに我はきにけり
②かりくらし　織女《たなばたつめ》にやどからんあまのかはらに　我はきにけり

なお佐伯は、右の『古今和歌集』の校注書で和歌に切れ目の空白を入れ、本書では和歌に句読点を付している。これは和歌においても、語句の係り受け関係を明示しようという、佐伯ならではの主張である。一体、散文の場合は原文にはない句読点を付して読む習慣があるから、強制的に文の構造を考えざるを得ないのだが、句読点を打つ習慣がない和歌では文構造を理解することに目が行きにくい。実際に句読点を打たなくても、

①君がため春の野に出でて若菜摘む我が衣手に、雪は降りつつ。

②君がため春の野に出でて、若菜摘む我が衣手に、雪は降りつつ。

③君がため春の野に出でて若菜摘む。我が衣手に雪は降りつつ。

のように、一度句読点を打ってみて、解釈を考えようとするのは、大切な姿勢であろうと思う（佐伯は、日本古典文学大系で②のようにしていたものを、岩波文庫では①に改めている）。

二二三頁で、『徒然草』の文を佐伯は次のように読む。

そのわたり、こゝかしこ見ありき、――田舎《ゐなか》びたる所、山里などは、いと目なれぬ事のみぞ、多かる――都へたより求めて、文やる――〔例エバ〕「その事かの事、便宜《びんぎ》に、忘るな」など言ひやる――こそ、をかしけれ。

「はさみこみ」を駆使して、文の組み立てを俯瞰的に捉えて筋を通す、佐伯解釈文法の凄みの一端を改めて窺うことができる。

その他、「ばかり・まで」の二類（一〇六頁）、限定語と枕詞との違い（二七一頁）、掛詞の解釈法（二七八頁）などの指摘が特に注意されると思う。

本書で佐伯文法、解釈文法に興味を持たれた方のために、いくつかの文献を紹介しておく。佐伯文法の解説書としては『佐伯文法　形成過程とその特質』があり、佐伯が著した主要な文法教科書七点も収められている。佐伯が著した古典の注釈書としては『源氏物語講読　上中下』（武蔵野書院・平成三〜四年）が詳細である（ただし『源氏物語』の全釈ではない）。本書の用例として多く登場する『古今和歌集』の注釈（日本古典文学大系と岩波文庫とで前に言及した）、『徒然草』の注訳（日本古典新書・創英社・昭和六十一年）もあるが、特に後者は注が著しく少ないのが何とも惜しまれる。その他、佐伯の著作のリストは、雑誌『国語学』一八〇集（平成七年）でみることができる。古典解釈文法の参考書としては、北山谿太『源氏物語の語法』（刀江書院・昭和二十六年、クレス出版・平成九年復刻）、時枝誠記『増訂版　古典解釈のための日本文法』（至文堂・昭和三十四年）、松尾聰『改訂増補　古文解釈のための国文法入門』（研究社・昭和四十八年）、中村幸弘・碁石雅利『日本古典　文・和歌・文章の構造』（新典社・平成二十四年）などがあり、本解説の筆者も本書と同じ方向性をもつ古典文法書をいくつか書いてみたことがある（小田勝『実例詳解 古典文法総覧』和泉書院・平成二十七年、など）。

文の組み立てを考えて、すっきりと筋を通して読む。

君がため惜しからざりし命さへ長くもがなと思ひけるかな

例えば右の歌を見たら、「「君がため」はどこに係るのだろう?」と問うてみよう(「惜しからざりし」か、「長くもがな」か、「思ひけるかな」か)。そんな古典文の読みかたが、本書の文庫化を機に、一層広く浸透することを願うものである。

(おだ・まさる　國學院大學教授　日本語学)

付録——用言・助動詞の活用表

○この表は、もっぱら平安時代の状況を示したもので、万葉集時代に特有なものについては、いっさい触れておりませんので、そのつもりでご覧いただきたいと存じます。

活用	語	未然形	連用形	終止形	連体形	已然形	命令形	例語
四段活用	咲＝く	＝か	＝き	＝く	＝く	＝け	＝け	嘆＝く・驚＝く
	継＝ぐ	＝が	＝ぎ	＝ぐ	＝ぐ	＝げ	＝げ	急＝ぐ・防＝ぐ
	残＝す	＝さ	＝し	＝す	＝す	＝せ	＝せ	押＝す・崩＝す
	待＝つ	＝た	＝ち	＝つ	＝つ	＝て	＝て	立＝つ・保＝つ
	問＝ふ	＝は	＝ひ	＝ふ	＝ふ	＝へ	＝へ	思＝ふ・願＝ふ
	飛＝ぶ	＝ば	＝び	＝ぶ	＝ぶ	＝べ	＝べ	遊＝ぶ・並＝ぶ
	読＝む	＝ま	＝み	＝む	＝む	＝め	＝め	包＝む・慎＝む
	降＝る	＝ら	＝り	＝る	＝る	＝れ	＝れ	渡＝る・憚＝る
段活用	尽＝く	＝き	＝き	＝く	＝くる	＝くれ	＝きよ	起＝く
	過＝ぐ	＝ぎ	＝ぎ	＝ぐ	＝ぐる	＝ぐれ	＝ぎよ	凪＝ぐ
	落＝つ	＝ち	＝ち	＝つ	＝つる	＝つれ	＝ちよ	朽＝つ
	恥＝づ	＝ぢ	＝ぢ	＝づ	＝づる	＝づれ	＝ぢよ	怖＝づ
	恋＝ふ	＝ひ	＝ひ	＝ふ	＝ふる	＝ふれ	＝ひよ	強＝ふ

上二

浴＝ぶ	＝び	＝び	＝ぶ	＝ぶる	＝ぶれ	＝びよ	大人《おとな》＝ぶ・滅＝ぶ
恨＝む	＝み	＝み	＝む	＝むる	＝むれ	＝みよ	
老＝ゆ	＝い	＝い	＝ゆ	＝ゆる	＝ゆれ	＝いよ	悔＝ゆ
古＝る	＝り	＝り	＝る	＝るる	＝るれ	＝りよ	懲＝る

下二段活用

得《う》	え	え	う	うる	うれ	えよ	
受＝く	＝け	＝け	＝く	＝くる	＝くれ	＝けよ	解＝く・更＝く
告＝ぐ	＝げ	＝げ	＝ぐ	＝ぐる	＝ぐれ	＝げよ	投＝ぐ・捧＝ぐ
失《う》＝す	＝せ	＝せ	＝す	＝する	＝すれ	＝せよ	任＝す
交《ま》＝ず	＝ぜ	＝ぜ	＝ず	＝ずる	＝ずれ	＝ぜよ	
建＝つ	＝て	＝て	＝つ	＝つる	＝つれ	＝てよ	捨＝つ
出《い》＝づ	＝で	＝で	＝づ	＝づる	＝づれ	＝でよ	撫＝づ・詣《まう》＝づ
寝《ぬ》	ね	ね	ぬ	ぬる	ぬれ	ねよ	
尋＝ぬ	＝ね	＝ね	＝ぬ	＝ぬる	＝ぬれ	＝ねよ	寝《い》＝ぬ・束《つか》＝ぬ
経《ふ》	へ	へ	ふ	ふる	ふれ	へよ	
憂＝ふ	＝へ	＝へ	＝ふ	＝ふる	＝ふれ	＝へよ	教＝ふ・捕《とら》＝ふ
比＝ぶ	＝べ	＝べ	＝ぶ	＝ぶる	＝ぶれ	＝べよ	並＝ぶ

下二段活用	求=む	=め	=め	=む	=むる	=むれ	=めよ	集=む・暖=む
	絶=ゆ	=え	=え	=ゆ	=ゆる	=ゆれ	=えよ	凍《こご》=ゆ・断《いば》=ゆ
	荒=る	=れ	=れ	=る	=るる	=るれ	=れよ	恐=る・流=る
	植=う	=ゑ	=ゑ	=う	=うる	=うれ	=ゑよ	飢=う・据《す》=う
上一段活用	着る	き	き	きる	きる	きれ	きよ	
	似る	に	に	にる	にる	にれ	によ	煮る
	干る	ひ	ひ	ひる	ひる	ひれ	ひよ	
	見る	み	み	みる	みる	みれ	みよ	
	試=みる	=み	=み	=みる	=みる	=みれ	=みよ	
	射る	い	い	いる	いる	いれ	いよ	
	居《ゐ》る	ゐ	ゐ	ゐる	ゐる	ゐれ	ゐよ	率《ゐ》る
	用=ゐる	=ゐ	=ゐ	=ゐる	=ゐる	=ゐれ	=ゐよ	
下一段	蹴る	け	け	ける	ける	けれ	けよ	
カ行	来《く》	こ	き	く	くる	くれ	こ(よ)	(こ=し・こ=しか き=し・き=しか)

	変格活用 サ行 す	〃 奏=す	〃 ご覧=ず	ナ行 死=ぬ	ラ行 あ=り	言い切る	続ける	接続助詞をとる	助動詞をとる
未然形	せ	=せ	=ぜ	=な	=ら			ば　で	す・さす　しむ　る・らる
連用形	し	=し	=じ	=に	=り		中止法（連用法）	て　つつ　ながら	つ　ぬ　たり
終止形	す	=す	=ず	=ぬ	=り	普通終止法		とも	らむ　らし　めり
連体形	する	=する	=ずる	=ぬる	=る	ゾ・ナム・ヤ・カ終止法	連体法	に　を　ものの　ものから	ごとし　ごとくなり　なり断定
已然形	すれ	=すれ	=ずれ	=ぬれ	=れ	コソ終止法		ば　ど（も）	り
命令形	せよ	=せよ	=ぜよ	=ね	=れ	命令終止法			
	（せ=し・せ=しか　し=き）	おは=す・物=す	信=ず・難=ず	往《い》=ぬ	を=り・侍《はべ》=り				

	む まし じ ず まほし	けり き けむ たし	べし まじ なり推定			

○「す」「る」は、四段活用とナ変・ラ変に、「さす」「らる」は、それ以外につく。

○「らむ」「らし」「めり」「べし」「まじ」「なり」は、ラ変では、連体形につく。

○「あンめり」「あンべし」「あンなり」となることがある。

○「見る」には、「見らむ」「見べし」という言い方も、古い言い方として行なわれる。

○「り」は四段活用にだけ。サ変には「せ=り」。

形容詞活用表

本活用	未然形	連用形	終止形	連体形	已然形	命令形
白=し	×	=く	=し	=き	=けれ	×
涼し=	×	=く	=○	=き	=けれ	×
言い切る			普通終止法	ゾ・ナム・ヤ・カ終止法	コソ終止法	
続ける		中止法 連用法		連体法		
接続助詞をとる		(は) して て とも		に を ものの ものから	ば ど(も)	

補助活用	未然形	連用形	終止形	連体形	已然形	命令形
白=し 涼し=	=から	=かり	=かり	=かる	=かれ	=かれ

	未然形	連用形	終止形	連体形	已然形	命令形	
言い切る			※普通終止法	※ゾ・ナム・ヤ・カ終止法	※コソ終止法	命令終止法	※「多かり」だけ。
続ける				まれに連体法			
接続助詞をとる	で						
助動詞をとる	しむ む まし じ ず まほし	つ き けり けむ （ぬべし）		らむ らし めり べし まじ なり（推定）			「めり」「べし」「なり」をとるとき、「かンめり」「かンべし」「かンなり」となることがある。

形容動詞活用表

	未然形	連用形	終止形	連体形	已然形	命令形
明らか＝なり	＝なら	＝に① ＝なり②	＝なり	＝なる	＝なれ	＝なれ

言い切る	続ける	接続助詞をとる	助動詞をとる
		ば で	しむ む まし じ ず まほし
	①中止法 ①連用法	①して ①て	②(つ) ②き ②けり ②けむ
普通終止法		とも	
ゾ・ナム・ヤ・カ終止法	連体法	に を ものの ものから	らむ らし めり べし まじ なり
コソ終止法		ば ど(も)	
命令終止法			
			「めり」「べし」「なり」のとき「なンめり」「なンべし」「なンなり」となることがある。

助動詞の活用表

（「きこゆ」「奉る」「まゐらす」「候ふ」などは省略した）

		未然形	連用形	終止形	連体形	已然形	命令形
す	咲か＝す	＝せ	＝せ	＝す	＝する	＝すれ	＝せよ
さす	得《え》＝さす	＝させ	＝させ	＝さす	＝さする	＝さすれ	＝させよ
しむ	継が＝しむ	＝しめ	＝しめ	＝しむ	＝しむる	＝しむれ	＝しめよ
る	残さ＝る	＝れ	＝れ	＝る	＝るる	＝るれ	＝れよ
らる	恨み＝らる	＝られ	＝られ	＝らる	＝らるる	＝らるれ	＝られよ
給ふ	泣き＝給ふ	＝給は	＝給ひ	＝給ふ	＝給ふ	＝給へ	＝給へ
侍り	落ち＝侍り	＝侍ら	＝侍り	＝侍り	＝侍る	＝侍れ	＝侍れ
給ふ	思ひ＝給ふ	＝給へ	＝給へ		＝給ふる	＝給ふれ	
つ	見＝つ	＝て	＝て	＝つ	＝つる	＝つれ	＝てよ
ぬ	暮れ＝ぬ	＝な	＝に	＝ぬ	＝ぬる	＝ぬれ	＝ね
たり	咲き＝たり	＝たら	＝たり	＝たり	＝たる	＝たれ	（＝たれ）
り	咲け＝り	＝ら	＝り	＝り	＝る	＝れ	（＝れ）

けり	咲き＝けり	（＝けら）	＝けり	＝けり	＝ける	＝けれ	
めり	降る＝めり			＝めり	＝める	＝めれ	
なり	鳴く＝なり			＝なり	＝なる	＝なれ	
む	咲か＝む	（＝ま）		＝む	＝む	＝め	
らむ	咲く＝らむ			＝らむ	＝らむ	＝らめ	
けむ	咲き＝けむ			＝けむ	＝けむ	＝けめ	
なり	人＝なり	＝なら	＝に ＝なり	＝なり	＝なる	＝なれ	＝なれ
たり	臣＝たり	＝たら	＝と ＝たり	＝たり	＝たる	＝たれ	＝たれ
やうなり	鬼の＝やうなり	＝やうなら	＝やうに ＝やうなり	＝やうなり	＝やうなる	＝やうなれ	＝やうなれ
如くなり	矢の＝如くなり	＝如くなら	＝如くに ＝如くなり	＝如くなり	＝如くなる	＝如くなれ	＝如くなれ

ごとし	矢の＝如し		＝如く	＝如し	＝如き		
べし	消ゆ＝べし	＝べから	＝べく ＝べかり	＝べし	＝べき ＝べかる	＝べけれ	
まじ	消ゆ＝まじ	＝まじから	＝まじく ＝まじかり	＝まじ	＝まじき ＝まじかる	＝まじけれ	
ず	咲か＝ず	（＝な） ＝ざら	＝ず ＝ざり	＝ず	＝ぬ ＝ざる	＝ね ＝ざれ	＝ざれ
まし	行か＝まし	（＝ませ）		＝まし	＝まし	＝ましか	
き	あり＝き			＝き	＝し	＝しか	
らし	行く＝らし			＝らし	＝らし	＝らし	
じ	行か＝じ			＝じ	＝じ	＝じ	

付　編

展　開　編

本　編

「ず」「き」の活用……60
付説　補助活用にとけこんだ「あり」……62
第三章　日本文法の根本……65
前の語句があとの語句にかかり，あとの語句が前の語句を受けてまとめる
第四章　体言が受けてまとめる語句……68
一　限定語……68
文の構成成分としては間接的なもの．どれだけのものが体言でまとめられるかを考えるのが便宜
二　限定語に当たる語句に，受ける体言が吸収された形のもの……70
これが体言なみに用いられる
三　「が」なしで体言に続けること……73
“強ひて行く駒の足折れ”など
四　「の」と「が」とについて……77
五　いわゆる同格の関係（甲）……79
“父の命《みこと》”“源氏の君”など
六　いわゆる同格の関係（乙）……83
“伏廬の曲廬”“白き扇のいたうこがしたる”“いとやむごとなき際《きは》にはあらぬがすぐれて時めき給ふ”など
七　「いわゆる同格の関係（乙）」に用いられる「の」に似た意味の「の」について……91
接続助詞「ものの」を生じる「の」
八　並立語……93
“あたら夜の月と花とを”
第五章　用言が受けてまとめる語句……96
一　主語……96
二　修飾語……98
三　修飾語のでき方……100
(1)体言や体言に準じられた語句でできるもの……100
○格助詞「を」「に」「へ」「と」「より」「から」「とて」「にて」「して」が付いて……102
○時を表わす語と数量を表わす語……105
○「ばかり」「まで」「ごとに」「ながら」などが付いて…105
(2)用言でできる修飾語……107

詳しい目次――索引にかえて

本書は、一九九五年九月十五日、三省堂より刊行された。明らかな誤りは適宜訂正した。

戦後日本漢字史　阿辻哲次

GHQの漢字仮名廃止案、常用漢字制定に至る制度的変遷、ワープロの登場。漢字はどのような議論や試行錯誤を経て、今日の使用へと至ったか。

現代小説作法　大岡昇平

西欧文学史に通暁し、自らの作品においては常に事物を明晰に観じ、描き続けた著者が、小説作法の要諦を論じ尽くした名著を再び。（中条省平）

折口信夫伝　岡野弘彦

古代人との魂の響き合いを悲劇的なまでに追求した人・折口信夫。敗戦後の思想まで、最後の弟子が師の内面を描く。追慕と鎮魂の念に満ちた傑作伝記。

日本文学史序説（上）　加藤周一

日本文学の特徴、その歴史的発展や固有の構造を浮き上がらせて、万葉の時代から源氏・今昔・能・狂言を経て、江戸時代の徂徠や俳諧まで。

日本文学史序説（下）　加藤周一

従来の文壇史やジャンル史などの枠組みを超えて、幅広い視座に立ち、江戸町人の時代から、国学や蘭学を経て、維新・明治、現代の大江まで。

村上春樹の短編を英語で読む 1979～2011（上）　加藤典洋

英訳された作品を糸口に村上春樹の短編世界を読み解き、その全体像を一望する画期的批評。村上の小説家としての「闘い」の様相をあざやかに描き出す。

村上春樹の短編を英語で読む 1979～2011（下）　加藤典洋

デタッチメントからコミットメントへ――。デビュー以来の80編におよぶ短編を丹念にたどることで浮かびあがる、村上の転回の意味とは？（松家仁之）

江戸奇談怪談集　須永朝彦編訳

江戸の書物に遺る夥しい奇談・怪談から選りすぐった百八十余篇を集成。端麗な現代語訳により、古の妖しく美しく怖ろしい世界が現代によみがえる。

王朝奇談集　須永朝彦編訳

『今昔物語集』『古事談』『古今著聞集』等の古典から稀代のアンソロジストが流麗な現代語訳で遺した82編。幻想とユーモアの玉手箱。（金沢英之）

紀貫之　大岡信

子規に「下手な歌よみ」と痛罵された貫之。この評価は正当だったのか。詩人の感性と論理的実証によって新たな貫之像を創出した名著。（堀江敏幸）

現代語訳 信長公記（全）　太田牛一　榊山潤訳

幼少期から「本能寺の変」まで、織田信長の足跡をつぶさに伝える一代記。作者は信長に仕えた人物で、史料的価値も極めて高い。（金子拓）

現代語訳 三河物語　大久保彦左衛門　小林賢章訳

三河国松平郷の一豪族が徳川を名乗って天下を治めるまで、主君を裏切ることなく忠勤にはげんだ大久保家。その活躍と武士の生き方を誇らかに語る。

雨月物語　上田秋成　高田衛／稲田篤信校注

上田秋成の独創的な幻想世界「浅茅が宿」「蛇性の婬」など九篇を、本文、語釈、現代語訳、評を付しておくる〝日本の古典〟シリーズの一冊。

一言芳談　小西甚一校注

往生のために人間がなすべきことは？　思いきった逆説表現と鋭いアイロニーで貫かれた、中世念仏者たちの言行を集めた聞書集。（臼井吉見）

古今和歌集　小町谷照彦訳注

王朝和歌の原点にして精髄と仰がれてきた第一勅撰集の全歌訳注。歌語の用法をふまえ、より豊かな読みへと誘う索引類や参考文献を大幅改稿。

枕草子（上）　清少納言　島内裕子校訂・訳

芭蕉や蕪村が好み与謝野晶子が愛した、北村季吟の注釈書『枕草子春曙抄』の本文を採用。江戸、明治と読みつがれてきた名著に流麗な現代語訳を付す。

枕草子（下）　清少納言　島内裕子校訂・訳

『枕草子』の名文は、散文のもつ自由な表現を全開させ、優雅で辛辣な世界の扉を開いた。随筆文学屈指の名品は、また成熟した文明批評の顔をもつ。

徒然草　兼好　島内裕子校訂・訳

後悔せずに生きるには、毎日をどう過ごせばよいか。人生の達人による不朽の名著。全二四四段の校訂原文と、文学として味読できる流麗な現代語訳。

方丈記

鴨長明
浅見和彦校訂・訳

天災、人災、有為転変。そこで人はどう生きるべきか。この永遠の古典を、混迷する時代に生きる現代人ゆえに共鳴できる作品として訳解した決定版。

梁塵秘抄

植木朝子編訳

平安時代末の流行歌、今様。みずみずしく、時にユーモラス、また時に悲惨でさえある、生き生きとした今様から、代表歌を選び懇切な解説で鑑賞する。

藤原定家全歌集(上)

藤原定家
久保田淳校訂・訳

『新古今和歌集』の撰者としても有名な藤原定家自作の和歌約四千二百首を収録。上巻には私家集『拾遺愚草』を収め、全歌に現代語訳と注を付す。

藤原定家全歌集(下)

藤原定家
久保田淳校訂・訳

下巻には『拾遺愚草員外』『同員外之外』および「初句索引」等の資料を収録。最新の研究を踏まえ、現在知られている定家の和歌を網羅した決定版。

定本 葉隠〔全訳注〕(上)(全3巻)

山本常朝/田代陣基
佐藤正英校訂
吉田真樹監訳注

武士の心得として、一切の「私」を「公」に奉る覚悟を語り、日本人の倫理思想に巨大な影響を与えた名著。上巻はその根幹「教訓」を収録。決定版新訳。

定本 葉隠〔全訳注〕(中)

山本常朝/田代陣基
佐藤正英校訂
吉田真樹監訳注

常朝の強烈な教えに心を衝き動かされた陣基は、武士のあるべき姿の実像を求める。中巻では、治世と乱世という時代認識に基づく新たな行動規範を模索。

定本 葉隠〔全訳注〕(下)

山本常朝/田代陣基
佐藤正英校訂
吉田真樹監訳注

躍動する鍋島武士たちを活写した聞書八・九と、信玄・家康などの戦国武将を縦横無尽に論評した聞書十、補遺篇の聞書十一を下巻には収録。全三巻完結。

現代語訳 応仁記

志村有弘訳

応仁の乱――美しい京の町が廃墟と化すほどのこの大乱はなぜ起こり、いかに展開したのか。室町時代に書かれた軍記物語を平易な現代語訳で。

現代語訳 藤氏家伝

沖森卓也/佐藤信/
矢嶋泉訳

藤原氏初期の歴史が記された奈良時代後半の書。藤原鎌足とその子貞慧、そして藤原不比等の長男武智麻呂の事績を、明快な現代語訳によって伝える。

改訂増補 古文解釈のための国文法入門
松尾聰
助詞・助動詞・敬語等、豊富な用例をもとに語意を吟味しつつ、正確な古文解釈に必要な知識を詳述。多くの学習者に支持された名参考書。（小田勝）

考える英文法
吉川美夫
知識ではなく理解こそが英文法学習の要諦だ。簡明な解説と豊富な例題を通して英文法の仕組みを血肉化させていくロングセラー参考書。（斎藤兆史）

わたしの外国語学習法
ロンブ・カトー
米原万里訳
16ヵ国語を独学で身につけた著者が明かす語学学習の秘訣。特殊な才能がなくても外国語は必ず習得できる！という楽天主義に感染させてくれる。

英語類義語活用辞典
最所フミ編著
類義語・同意語・反意語の正しい使い分けが、豊富な例文から理解できる定評ある辞典。学生や教師・英語表現の実務家の必携書。（加島祥造）

日英語表現辞典
最所フミ編著
日本人が誤解しやすいもの、英語理解のカギになるもの、まぎらわしい同義語、日本語の伝統的な表現・慣用句・俗語を挙げ、詳細に解説。（加島祥造）

言海
大槻文彦
統率された精確な語釈、味わい深い用例、明治の刊行以来昭和まで最もポピュラーで多くの作家に愛された辞書『言海』が文庫で。（武藤康史）

名指導書で読む 筑摩書房 なつかしの高校国語
筑摩書房編集部編
名だたる文学者による編纂・解説で長らく学校現場で愛された幻の国語教材。教室で親しんだ名作と、珠玉の論考からなる傑作選が遂に復活！

異人論序説
赤坂憲雄
内と外とが交わるあわい、境界に生ずる〈異人〉という豊饒なる物語を、さまざまなテクストを横断しつつ明快に解き明かす危険で爽やかな論考。

柳田国男を読む
赤坂憲雄
稲作・常民・祖霊のいわゆる「柳田民俗学」の向こう側にこそ、その思想の豊かさと可能性があった。テクストを徹底的に読み込んだ、柳田論の決定版。

ちくま学芸文庫

古《こ》文読解《ぶんどつかい》のための文法《ぶんぽう》

二〇一九年二月 十 日 第一刷発行
二〇二四年三月二十日 第三刷発行

著 者 佐伯梅友（さえき・うめとも）
発行者 喜入冬子
発行所 株式会社 筑摩書房
東京都台東区蔵前二―五―三 〒一一一―八七五五
電話番号 〇三―五六八七―二六〇一（代表）
装幀者 安野光雅
印刷所 三松堂印刷株式会社
製本所 三松堂印刷株式会社

ISBN978-4-480-09901-3 C0181